深圳大学港澳基本法研究中心

Review on the Implementation of
Hong Kong and Macao
Basic Laws

港澳基本法实施评论

邹平学·主编
张定淮·王千华　副主编

2015年卷·总第2卷

法律出版社
LAW PRESS·CHINA

主　　　编：邹平学
副　主　编：张定淮　王千华
编辑部地址：广东省深圳市南山区深圳大学科技楼12楼港澳基本法研究中心《港澳基本法实施评论》编辑部，518060
电　　　话：(0755)26733053　26733093
传　　　真：(0755)26733054
电 子 邮 件：jbfpl@ szu. edu. cn
网　　　址：http://cbl. szu. edu. cn/index. asp

序

在深圳大学港澳基本法研究中心成立5周年之际，一本专门关注基本法实施状况评价的学术年刊《港澳基本法实施评论》顺势而出。邓小平同志曾指出，1997年我们恢复行使主权之后怎么管理香港，也就是在香港实行什么制度的问题，我们的“一国两制”能不能成功，要体现在香港特别行政区基本法里，所以，这个基本法很重要。①“一国两制”事业是前无古人的伟大创举，其实践也取得了举世公认的成功。当然，我们也看到，在新的历史阶段，“一国两制”在实施过程中不断受到政治、经济、社会等各种问题的挑战，如何分析研究基本法实施的现实状况，以及如何保障基本法的正确、全面实施，仍是治国理政的重要任务，也是学术界研究关注的重大课题。

法者，治之端也。全面准确地理解基本法，把握主导权和话语权是基本法研究的大方向，是严格按照基本法办事、维护港澳长期繁荣稳定的前提条件。“一国两制”是一个完整概念，“一国”是“两制”的前提和基础，在“一国”的前提下尊重“两制”差异是全面准确理解基本法的根本原则。基本法是根据中华

---

① 邓小平：“在中央顾问委员会第三次全体会议上的讲话”，“会见香港特别行政区基本法起草委员会委员时的讲话”，载《邓小平文选》（第3卷），人民出版社1993年版。

人民共和国宪法制定的,基本法的规定应当在宪法规定的国家体制下才能有正确理解,同时基本法又是在保持港澳原有资本主义制度、生活方式不变的背景下制定的,基本法的每项规定都有立法当时的现实依据,正确理解基本法也离不开港澳社会的具体情况。只有遵循"一国两制",以客观、理性的观点在国家体制下,在掌握港澳社会具体情况下研究基本法,才能全面准确地理解基本法,维护基本法的权威,为港澳特区的繁荣稳定保驾护航。

基本法实施 10 多年以来,取得了一些成功经验亟待总结,也出现了一些错误认识亟待纠正,还遇到了一些新情况、新问题亟待跟踪研究。因此,建立并完善基本法实施的学术与社会评价机制成为必要,深圳大学港澳基本法研究中心组织的《港澳基本法实施评论》应时而生。深圳大学毗邻港澳,具有港澳研究的地缘优势,自 1983 年建校开始就研究港澳法及基本法,形成了一种港澳法律研究传统,凝聚了一批高水平研究人员。特别是基本法研究中心成立以来,更加专注于基本法的研究,发表了大量涉及基本法实施重大理论与前沿实践问题的文章,在社会上产生了很好的反响,引起各方关注。中心希望秉承实事求是和客观公正的态度,通过每年一卷的《港澳基本法实施评论》展示内地和港澳学界对基本法实施的认识和看法,相信这样公开和定期的学术和社会评价机制必然有助于改善和促进基本法的全面准确实施。

理越辩越明,道越论越清,思维的碰撞总会带来有益的启迪。《港澳基本法实施评论》刊载的作品既有全面宏观的针对港澳基本法实施一年的年度总体评价报告,也有专题性的针对基本法实施中的重点、难点、热点问题的评论文章,以及总结评述内地或港澳学者对基本法实施中争议性较大的问题产生的学术争鸣,希望为研究港澳基本法的学者、实施港澳基本法的机构、关注港澳发展的各界人士搭建一个畅所欲言、百家争鸣的交流平台,促进基本法的全面准确实施,让基本法真正成为"一国两制"的守护神,成为维护港澳特区繁荣稳定的守护神。

是为序。

黎　军*

2014 年 7 月

---

* 深圳大学副校长、深圳大学港澳基本法研究中心主任。

Contents

目录

年度特稿

2014年《香港特别行政区基本法》实施大事述评[①]

李晓兵[*]　朱国斌[**]

2014年,我国香港特别行政区(以下简称香港特区)成立17周年。作为"一国两制"实践的主体,香港特区在统一的中华人民共和国内实施特殊的法律、政治和社会制度,同时亦享有回归所带来的各种制度资源,在过去的17年里走上了与祖国内地优势互补、共同发展的宽广道路。[②] 在此过程中,一方面,《香港特别行政区基本法》(以下简称《香港基本法》)的有效实施为香港特区社会的发展进步提供了基本的政治共识基础和制度支撑;另一方面,《香港基本法》所确立的各项制度也面临着发展和完善的需求,并且日渐成为事关香港特区未来发展的重大法治与社会问题。为此,香港特区行政长官梁振英在出席香港特区成立17周年酒会致辞中指出,继续全面落实《香港基本法》,严格按照《香港基本法》施政,是保持香港

---

① 本文主体部分为李晓兵执笔,朱国斌参与提纲制订和写作修改,特此说明。文中材料部分来源于大众媒体。若有因疏忽而漏注之处,敬请读者批评指出。

* 南开大学法学院副教授,法学博士。

** 香港城市大学法律学院教授、博士研究生导师,法学博士。

② 中华人民共和国国务院新闻办公室:《"一国两制"在香港特别行政区的实践》(白皮书),人民出版社2014年版,第1页。

长期稳定繁荣的重大前提。[①]

2014年,不论是对于《香港基本法》的实施,还是政治和法治发展,都可以称作至为关键的一年。由于“双普选”(即行政长官直选和立法会直选)这一重大话题已经无法绕开,这一年里发生的很多法治事件都是围绕着选举与政制改革次第展开。在2014年里,国务院新闻办公室发表《“一国两制”在香港特别行政区的实践》白皮书,对香港特区落实“一国两制”的实践进行总结和梳理,对《香港基本法》的贯彻执行提出了系统的论述;香港特区启动了第三次政制改革程序,行政长官梁振英向全国人大常委会提交《关于香港特别行政区2017年行政长官及2016年立法会产生办法是否需要修改的报告》,人大常委会在此基础上通过了《关于香港特别行政区行政长官普选问题和2016年立法会产生办法的决定》,该决定在香港特区社会引起了强烈反响,各界对政制改革给予了高度的关注和期待;“占领中环”(“占中”)运动于9月28日爆发,经过长达79日的亢奋、激烈表达,最终落下帷幕,其对香港特区舆论、政治生态和法治秩序造成不小震撼,也对如何落实《香港基本法》提出了重大挑战。此外,在过去的这一年里,香港特区立法会也通过了诸多重要的法律文件;一些重要的法律得以实施;香港终审法院也有不少重要的判决出台,其中一些案件对于《香港基本法》的实施也具有重要意义和价值。本文仅从这些方面来对《香港基本法》的实施情况展开论述,并对《香港基本法》实施和发展中所出现的问题进行基本分析与讨论。

一、国务院新闻办公室发表《“一国两制”在香港特别行政区的实践》白皮书

2014年6月10日,国务院新闻办公室发表了《“一国两制”在香港特别行政区的实践》白皮书(以下简称“白皮书”)。[②] 这是香港特区回归祖国以来中央政府首次就“一国两制”在香港特区的实践发布的官方文件。

众所周知,白皮书(White Paper)是指具有权威性的报告或指导性文本,

---

① 星岛日报:“香港特区成立17周年酒会梁振英致辞”,资料来源 http://la.stgloballink.com/hk/2014/0701/111273.shtml,2015年4月4日访问。

② 中国新闻网站和政府门户网站均发表了白皮书,资料来源 http://www.gov.cn/xinwen/2014-06/10/content_2697833.htm,2015年2月5日访问。

一般用以阐述有权机关关于某个重大问题的重要看法，或者说明某些重大决策。简言之，“白皮书”就是中央政府就香港特区管治发表的一种政策性文件。“白皮书”除了“前言”、“结束语”和“附录”部分之外，其主体内容一共有五个部分，分别是“香港顺利回归祖国的历程”、“特别行政区制度在香港的确立”、“香港特别行政区各项事业取得全面进步”、“中央政府全力支持香港特别行政区繁荣发展”和“全面准确理解和贯彻‘一国两制’方针政策”。总体上看来，“白皮书”是从历史演进、制度变迁、社会发展和法治实践等各个层次系统阐述“一国两制”内涵和中央对港方针政策，是中央对港方针政策的重要宣示，对于我国香港特区社会各界全面准确理解和贯彻“一国两制”方针政策，深化和丰富“一国两制”伟大实践，保持香港长期繁荣稳定具有重要意义。① 一方面，“白皮书”对特别行政区制度创立和运作过程中的诸多问题进行了总结，对“一国两制”的理论和实践进行了全面阐释，对中央政府和香港特区的关系重新进行了厘清和定位；另一方面，“白皮书”提出了一些关于“一国两制”理论和实践的新的提法与论述，也发表了对于特别行政区制度和发展的新思考。

“白皮书”第二部分“特别行政区制度在香港的确立”指出：“宪法和香港基本法规定的特别行政区制度是国家对某些区域采取的特殊管理制度。在这一制度下，中央拥有对香港特区的全面管治权，既包括中央直接行使的权力，也包括授权香港特别行政区依法实行高度自治。对于香港特别行政区的高度自治权，中央具有监督权力。”“白皮书”第一次明确提出中央拥有对香港特区的“全面管治权”，还明确了中央直接行使对香港特区管治权的权力主体，即根据《宪法》和《香港基本法》的规定，包括全国人民代表大会及其常委会、国家主席、中央人民政府、中央军事委员会。“白皮书”特别重申“中央依法履行宪法和香港基本法赋予的全面管治权和宪制责任，有效管治香港特别行政区”。② “全面管治权”和“宪制责任”无疑是具有重要理论与实践意义的认识和提法。

---

① 国务院港澳办发言人就“白皮书”的发表接受新华社记者采访，资料来源 http://news.xinhuanet.com/politics/2014-06/11/c_1111097653.htm，2015 年 2 月 6 日访问。

② 参见“白皮书”第二部分“特别行政区制度在香港的确立”，载中华人民共和国国务院新闻办公室：《“一国两制”在香港特别行政区的实践》（白皮书），人民出版社 2014 年版，第 7～8 页。

"白皮书"第五部分"全面准确理解和贯彻'一国两制'方针政策"是整个文件的重中之重。"白皮书"特别指出,"要把'一国两制'在香港特别行政区的实践继续推向前进,必须从维护国家主权、安全、发展利益,保持香港长期繁荣稳定的根本宗旨出发,全面准确理解和贯彻'一国两制'方针政策,把坚持一国原则和尊重两制差异、维护中央权力和保障特别行政区高度自治权、发挥祖国内地坚强后盾作用和提高香港自身竞争力有机结合起来,任何时候都不能偏废。"①因此,"白皮书"强调要"全面准确把握'一国两制'的含义","坚持一国原则,最根本的是要维护国家主权、安全和发展利益,尊重国家实行的根本制度以及其他制度和原则。""'一国'是实行'两制'的前提和基础,'两制'从属和派生于'一国',并统一于'一国'之内。""香港特别行政区享有的高度自治权不是完全自治,也不是分权,而是中央授予的地方事务管理权。高度自治权的限度在于中央授予多少权力,香港特别行政区就享有多少权力,不存在'剩余权力'。"②这一部分中"坚决维护宪法和香港基本法的权威"和"坚持以爱国者为主体的'港人治港'"的表述具有新的时代意义。"白皮书"特别强调"宪法和香港基本法共同构成香港特别行政区的宪制基础",这一判断确认了香港管治与法治的正当性基础,廓清了《宪法》与《香港基本法》的关系,明确了《宪法》在香港特区的法律地位。《宪法》是《香港基本法》的制定依据,《香港基本法》不得排斥《宪法》在特区的适用,这是理解香港法治问题的基础。③ 联想到香港特区正在落实行政长官普选和立法会直选,关于"爱国者治港"的重述具有鲜活的指导意义。"白皮书"指出:"对国家效忠是从政者必须遵循的基本政治伦理。在'一国两制'之下,包括行政长官、主要官员、行政会议成员、立法会议员、各级法院法官和

---

① "白皮书"第五部分"全面准确理解和贯彻'一国两制'方针政策"开篇就分析指出,"一国两制"在香港的实践也遇到了新情况新问题,香港社会还有一些人没有完全适应这一重大历史转折,特别是对"一国两制"方针政策和基本法有模糊认识与片面理解。中华人民共和国国务院新闻办公室:《"一国两制"在香港特别行政区的实践》(白皮书),人民出版社 2014 年版,第 30 页。

② 参见"白皮书",第五部分"全面准确理解和贯彻'一国两制'方针政策",载中华人民共和国国务院新闻办公室:《"一国两制"在香港特别行政区的实践》(白皮书),人民出版社 2014 年版,第 31 页。

③ "白皮书"第五部分"全面准确理解和贯彻'一国两制'方针政策"第二节的标题为"坚决维护宪法和基本法的权威",其中对宪法和基本法的关系做出了新的论述。参见中华人民共和国国务院新闻办公室:《"一国两制"在香港特别行政区的实践》(白皮书),人民出版社 2014 年版,第 31 页。

其他司法人员等在内的治港者，肩负正确理解和贯彻执行香港基本法的重任，承担维护国家主权、安全、发展利益，保持香港长期繁荣稳定的职责。爱国是对治港者主体的基本政治要求。”[①]在此，“白皮书”提出了“治港者”这一概念及其所包括的治港者主体。

“白皮书”还从多个视角对于宪法在香港特区的法律地位这一具有举足轻重分量的理论问题进行了全面论述。综观“白皮书”全部内容，其中一共16 次提到宪法。概括起来，宪法在特别行政区的法律地位表现在以下几个方面：(1)明确特别行政区制度的宪法渊源；(2)明确了宪法和基本法的关系；(3)阐明了特别行政区的权力来源于中央；(4)阐明了中央对于特别行政区的全面管治权；(5)明确了特别行政区居民的基本权利和自由受宪法的保障；(6)阐述了“一国两制”概念的完整内涵，明确了“一国”原则在特别行政区的意义和基本要求；(7)明确了宪法构成香港特区的宪制基础；(8)明确了“爱国者治港”的宪法依据。通过这些论述，“白皮书”从国家根本法的角度来重新全面审视特别行政区制度的创立和实践，对于理解和解决“一国两制”实践中出现的诸多问题提供了最高法上的制度支撑和理论基础，[②]这对于全面认识宪法在香港特区治理过程中的作用和价值具有理论与现实的意义。

“白皮书”明确区分和界定了中央依法直接行使的管治权与特别行政区依法实行的高度自治权，事实上回应了特别行政区制度创立和实践过程中出现的各种新问题和挑战。如关于“一国”与“两制”的关系，“白皮书”明确指出，“一国两制”中的“一国”与“两制”并非平等，“一国”是前提，“两制”从属和派生于“一国”，中央对港拥有“全面管治权”，香港特区只有地方事务管理权。“白皮书”还特别重申，高度自治下香港特区享有多少权力，“在于中央授予多少权力”。另外，对于香港特区的政制改革，“白皮书”也给予了郑重表态，“特首须爱国爱港”被清清楚楚地写入了这个历史文件中，而且要求特首、立法会普选制度，要符合国家主权、安全和发展利益。这其实也是为

---

① “白皮书”第五部分“全面准确理解和贯彻‘一国两制’方针政策”第三节的标题为“坚持以爱国者为主题的‘港人治港’”，其中对“爱国者治港”做出了新的论述。参见中华人民共和国国务院新闻办公室：《“一国两制”在香港特别行政区的实践》(白皮书)，人民出版社 2014 年版，第 31 页。

② 李晓兵：“重新认识宪法在特别行政区的地位——宪法和基本法的关系之辩”，载《上海思想界》2014 年第 7～8 期(总第 13～14 期)。

香港特区正在酝酿和启动的第三次政制改革定调。“白皮书”中也有对于香港特区面临挑战的判断和估计,其中既提出香港这座城市面对内外经济环境的深刻调整和变化要不断提升竞争力的任务,同时,也特别指出,作为一个中国管治下的特殊地区,香港特区还要始终警惕外部势力利用香港干预中国内政的图谋,防范和遏制极少数人勾结外部势力干扰破坏“一国两制”在港的实施。①

“白皮书”的发表引起了香港社会的高度关注和热烈讨论,香港社会各界和多种政治力量围绕“白皮书”的内容争相表达各自的立场和主张。总体来看,社会主流意见对“白皮书”的发表都做了积极正面的评估。② 香港特区政府在当天就对“白皮书”的公布表示欢迎,特区政府发言人表示,香港回归祖国近 17 年,充分受惠于“一国两制”的独特优势,在经济、社会、民生等方面都取得显著成就。“白皮书”系统地阐述了“一国两制”在香港特区的实践情况,以及中央政府对香港发展的回顾、评价和展望。这份白皮书是每一位香港市民都应当全面认识的重要文件,特区政府将会以不同渠道,让市民了解有关内容,包括将“白皮书”的全文上载到政府新闻网及基本法网页,以及邀请相关中央官员来港与特区政府官员和社会人士分别进行简介会等。特区政府鼓励社会各界细心阅览有关内容,加深对在香港特区实践“一国两制”的认识。③ 行政长官梁振英 2014 年 6 月 10 日就“白皮书”会见传媒的开场发言指出,这部白皮书对香港社会和国际社会全面总结过去 17 年在香港成功实践“一个国家、两种制度”、“港人治港”、高度自治和进一步深入认识“一国两制”、“港人治港”的含义是有积极的作用。④ “白皮书”有助于香港

① 外交部发言人华春莹对“白皮书”的发布也做出了回应。她表示,国务院新闻办发表“白皮书”,是客观介绍“一国两制”在香港特区实践的情况及取得的成就,以及中央政府支持香港繁荣稳定的政策措施与成效,系统阐述中央政府关于“一国两制”的内涵及政策方针。资料来源 http://www.nanzao.com/sc/national/14c315cc355d5d4/wai-jiao-bu-xiang-gang-shi-wu-bu-rong-wai-bu-gan-she,2015 年 2 月 11 日访问。

② 朱国斌:“白皮书着眼香港和国家未来”,载《大公报》2014 年 7 月 25 日,资料来源 http://news.takungpao.com/hkol/politics/2014-07/2627748.html,2015 年 2 月 13 日访问。

③ “香港特区政府欢迎白皮书”,载《人民日报》(海外版)2014 年 3 月 13 日。

④ 香港特区行政长官梁振英 6 月 10 日就“白皮书”会见传媒的开场发言。资料来源 http://sc.news.gov.hk/TuniS/www.news.gov.hk/tc/record/html/2014/06/20140610_170121.shtml ,2015 年 3 月 20 日访问。

社会正本清源、厘清误识，并在“一国两制”和基本法的基础上凝聚起广泛的社会共识。[①] 香港基本法委员会副主任梁爱诗对于“白皮书”的出台表示理解和支持，她认为，“白皮书”完全符合“一国两制”和基本法，香港特区部分人的激烈反弹是因为过分狭隘地理解基本法，以为中央只有国防和外交权力，没有注意到基本法对中央权力的原则肯定与细节规定。[②] 全国港澳研究会副会长刘兆佳则认为，中央首次发表香港“白皮书”意义非比寻常，显示中央对香港特区目前的状况比较忧虑。这显示出“中央意识到香港的‘一国两制’发展到达转折点，到底会朝着中央的方针，抑或走向与中央对抗，甚至成为颠覆基地，威胁国家安全。”从“白皮书”的发表及其内容来看，刘兆佳估计，中央对港政策只会越来越强硬，不会再采取容忍及姑息的态度。[③]

“白皮书”在香港社会也引发了一些异议声音，甚至还出现了一些激烈而尖锐的反对声音。香港大律师公会在 2014 年 6 月 11 日对“白皮书”中提及的香港司法机关问题进行回应，认为“白皮书”中有关内容会误导社会对香港司法独立的认识，[④]“白皮书”不应该把法官和司法人员列入“治港者”。[⑤] 另外，在其回应中，香港大律师公会还重申了关于法治的认识：尊重法治（根据香港特区及国际文明社会所理解的“法治”）远远超乎事事只求

---

① “坚守‘一国两制’方针和基本法是香港繁荣稳定的根本保证”，载《光明日报》2014 年 6 月 17 日。

② 田飞龙：“白皮书波澜：央港关系的法治转型和中国人史观重建”，载《法治周末》2014 年 6 月 19 日。

③ 龚学鸣：“中央对港现状感忧虑　借白皮书表明立场”，载《大公报》2014 年 6 月 11 日。

④ 香港大律师公会在对“白皮书”的回应中指出：“虽然全国人大常委会无疑拥有解释基本法的权力，但大律师公会一贯主张，‘全国人大常委会释法’[除依据第 158(3)条外：该条款有自己的规则，并须由法院提请]应绝少及审慎地进行，否则这将会在香港人、内地人和国际社会的眼中产生司法独立受损的观感。”资料来源 http://www.hkba.org/whatsnew/misc/White_Paper_Response_chi.pdf，2015 年 3 月 22 日访问。

⑤ 参见“白皮书”第五部分“全面准确理解和贯彻‘一国两制’方针政策”中的第三小部分“坚持以爱国者为主体的‘港人治港’”，指出“在‘一国两制’之下，包括行政长官、主要官员、行政会议成员、立法会议员、各级法院法官和其他司法人员等在内的治港者……”香港大律师公会的回应则指出：“香港特别行政区的法官和司法人员不应被视为在工作上被加入政治要求的‘治港者’或管治团队的一部分。任何将法官及司法人员公开而错误地定性为‘治港者’或以官方形式训示他们进行任何政治使命或任务的举措，将会对香港市民、内地人民和广大国际社会发出错误信息，令人误以为法院是政府机器的一部分，并且‘同声同气’，互相配合。不论其他地方法院是否有这样的情况，这绝对不是香港法院行事的方式。”资料来源 http://www.hkba.org/whatsnew/misc/White_Paper_Response_chi.pdf，2015 年 3 月 23 日访问。

“依法办事”或“依法施政”那么简单,它包括在权力行使上适当地自我制约,以便司法独立的重要性得到适当的重视和彰显。据《大公报》报道,6 月 27 日下午,由反对派法律界议员郭荣铿①带头的香港法律界人士发起所谓的“黑衣游行”抗议“白皮书”的发表。数百名游行者穿上黑衣、静默行走,由中环金钟道高等法院游行至终审法院,静默站立 3 分钟。游行队伍中包含 9 位历任大律师公会主席。② 现任大律师公会会长石永泰为保持政治中立,坚持不参与游行。针对香港法律界人士的游行,香港特区政府律政司发言人回应指出,《香港基本法》为香港司法制度提供稳固的宪制依据,香港特区享有独立司法权和终审权,特区法院独立进行审判,不受任何干涉。“白皮书”是有系统地阐述及总结“一国两制”在香港落实的情况,而非干预香港的司法独立或法治。法治是香港赖以成功的基石,亦是大众珍惜的核心价值之一。特区政府十分重视法治和司法独立,而律政司一直视维护法治和捍卫司法独立为首要任务,律政司司长及全体人员会继续致力履行此宪制责任。③ 律政司对此也回应指出,香港特区享有独立的司法权和终审权,强调“白皮书”并非干预香港特区的司法独立或法治。香港基本法委员会委员谭惠珠认为,所谓“白皮书会破坏香港司法独立”的指控并没有根据,指出《香港基本法》已经明确地保障了特区拥有独立的司法权和终审权。④

2014 年 8 月 14 日,香港律师会举行特别会员大会以深夜计票的方式通过了对时任会长林新强的不信任动议。⑤ 之所以出现这一事件是因为林新强在“白皮书”刚刚发布之后曾公开支持中央政府发表有关香港“一国两制”

---

① 郭荣铿认为,“白皮书”内容违背“港人治港”原则,基本法已经名存实亡。

② 这 9 位历任大律师公会主席分别是:李柱铭、余若薇、张健利、李志喜、汤家骅、梁家杰、陈景生、戴启思与林孟达。

③ “对白皮书忧虑 港法律界黑衣游行”,资料来源 http://www.imastv.com/news/article.php?id=42817,2015 年 4 月 日访问。

④ “律政司:维护法治是首任 白皮书非干预司法独立”,载《大公报》2014 年 6 月 28 日。

⑤ 按照惯例,所有香港事务律师必须是香港律师会的成员。2014 年 8 月 14 日,香港律师会针对律师任建峰所提出的“要求律师会尽快就白皮书发出声明,捍卫香港法治和司法独立”、“要求林新强收回 6 月 16 日就白皮书所发表的言论”、“林新强作为会长的不信任动议”三个“动议”进行表决。参见“挺白皮书遭反对派以言入罪 林新强:言论有事实根据”,载《大公报》2014 年 8 月 27 日;资料来源 http://paper.takungpao.com/resfile/PDF/20140827/PDF/a4_screen.pdf,2015 年 4 月 3 日访问。亦参见“香港律师会会长‘亲共’竟被逼辞职 曾表示‘共产党好伟大’”,资料来源 http://www.guancha.cn/local/2014_08_16_257229.shtml?BJJX,2015 年 4 月 3 日访问。

的立场和主张。① 林新强于 8 月 19 日表示决定辞去会长职务。在林新强辞职之后,香港律师会会长由时任副会长熊运信接任。这是香港首位被投下不信任动议而自动请辞的律师会会长。② 香港律师会在改选之后则发表声明,指接纳林新强辞去会长职务,副会长熊运信获选为新会长,即时生效。香港律师会是香港的专业团体,在香港社会具有较大的社会影响力。针对林新强会长被迫辞职这一事件,有学者评价指出,香港律师会部分律师推动的这个不信任案带有很强的政治意味,而香港律师会恰恰是一个非政治的机构,强调的是法律专业精神,非政治化一直是他们的主张之一。律师会会长发表言论有其自由,律师会部分律师还有一些大律师对林新强的批评也是自由的,但不能以此为理由推动罢免会长,使罢免成为一项政治行动。特别会员大会通过的另两项动议也谈不上基于法律角度,带有强烈的政治意味。③

二、香港行政长官梁振英向全国人大常委会提交《关于香港特别行政区 2017 年行政长官及 2016 年立法会产生办法是否需要修改的报告》

2014 年 5 月 3 日,香港特区政府结束了对 2017 年行政长官产生办法和

① 2014 年 6 月 16 日,林新强会见传媒时表示,"白皮书"不是法律文件,是中央发出的工作报告,是"有分量的政治文件",社会应以正确态度看待它。他认为"白皮书"有助澄清本港与中央关系,帮助市民了解本港的地位,并未提出新观念,未改变过香港现行制度,亦未提过改变香港的定位。他欢迎"白皮书"多次提到会保持本港独立司法及终审权,并严格按照基本法办事,保障香港实行高度自治,代表中央认同本港司法独立的重要,以及有信心依法落实"一国两制"。对于大律师公会担心法官和司法人员当成"治港者",会影响司法独立,林新强表示,不想批评任何人的意见,尤其对大律师公会表示尊重,但表示:"一般我们说政府是行政机关,但其实大多数,政府广义包括行政、立法、司法机关。如果你看美国及英国政府。英国没有成文的宪法法例,但所行的都是一样,行政、立法、司法就是政府。所以治港者广义的解释,我不觉得白皮书有什么问题。"参见"律师会:白皮书不影响司法独立",载《大公报》2014 年 6 月 17 日,资料来源 http://news. takungpao. com. hk/paper/20140617. html,2015 年 4 月 4 日访问 。

② 按照律师会的章程,没有关于不信任动议和罢免的规定,不信任动议在法律上没有效力。林新强说:"辞职是为了团结律师会,我不希望看到律师会因此而分裂","我依然选择了主动辞职,这样理事会的压力就没有那么大。我虽然辞任,但留在理事会,可以继续为律师会和香港服务"。在这次投票中,2400 票赞成,1500 票反对,500 票是废票,而律师会中有 9000 多会员,有近 5000 人并没有参与投票。资料来源 http://www. guancha. cn/local/2014_08_16_257229. shtml? BJJX,2015 年 4 月 4 日访问。

③ "香港律师会会长'亲共'竟被逼辞职 曾表示'共产党好伟大'",资料来源 http://www. guancha. cn/local/2014_08_16_257229. shtml? BJJX ,2015 年 4 月 4 日访问。

2016 年立法会产生办法为期 5 个月的咨询。[①] 在咨询期间,特区政府就行政长官和立法会产生办法的相关议题进行了广泛、深入的了解,并收集社会各界意见,主责官员先后出席了 226 场政改座谈会,一共收到约 124,700 份来自不同团体和个别人士的书面意见。2014 年 7 月 15 日,行政长官梁振英向全国人大常委会提交《关于香港特别行政区 2017 年行政长官及 2016 年立法会产生办法是否需要修改的报告》,这标志着香港政制发展"五部曲"迈出了重要的第一步。[②] 同日,林郑月娥出席特区立法会内务委员会特别会议,就行政长官提交全国人大常委会报告及《2017 年行政长官及 2016 年立法会产生办法公众咨询文件》作出简介。

《关于香港特别行政区 2017 年行政长官及 2016 年立法会产生办法是否需要修改的报告》(以下简称"报告")指出,基于整体意见,香港社会普遍殷切期望于 2017 年落实普选行政长官;社会大众普遍认同在基本法和全国人大常委会的相关解释及决定的基础上,理性务实讨论,凝聚共识,落实普选行政长官;社会大众普遍认同于 2017 年成功落实普选行政长官对香港未来

---

① 香港特别行政区政府于 2013 年 10 月 17 日宣布成立由政务司司长领导,律政司司长和政制及内地事务局局长为成员的政改咨询专责小组,负责处理 2017 年行政长官及 2016 年立法会产生办法的公众咨询工作。特区政府随后在 2013 年 12 月 4 日发表《2017 年行政长官及 2016 年立法会产生办法咨询文件》,就两个产生办法的相关议题收集社会各界意见,咨询期为 5 个月。参见"香港政改报告提交人大:特首人选须爱国爱港",载《京华时报》2014 年 7 月 16 日;《2017 年行政长官及 2016 年立法会产生办法咨询文件》文本,资料来源 http://www. 2017. gov. hk/filemanager/template/tc/doc/Con_Doc_c_(FINAL)_With_Cover. pdf ,2015 年 4 月 5 日访问。

② 第十届全国人大常委会第八次会议 2004 年 4 月 6 日通过了《关于〈中华人民共和国香港特别行政区基本法〉附件一第七条和附件二第三条的解释》:"上述两个附件中规定的须经立法会全体议员三分之二多数通过,行政长官同意,并报全国人民代表大会常务委员会批准或者备案,是指行政长官的产生办法和立法会的产生办法及立法会法案、议案的表决程序修改时必经的法律程序。只有经过上述程序,包括最后全国人民代表大会常务委员会依法批准或者备案,该修改方可生效。是否需要进行修改,香港特别行政区行政长官应向全国人民代表大会常务委员会提出报告,由全国人民代表大会常务委员会依照《中华人民共和国香港特别行政区基本法》第四十五条和第六十八条规定,根据香港特别行政区的实际情况和循序渐进的原则确定。修改行政长官产生办法和立法会产生办法及立法会法案、议案表决程序的法案及其修正案,应由香港特别行政区政府向立法会提出。"根据这一解释,人大常委会确立了修改香港特区行政长官和立法会的产生办法必须依法完成的"五部曲"程序:第一部,由行政长官向全国人大常委会提出报告,提请全国人大常委会决定产生办法是否需要进行修改;第二部,全国人大常委会决定是否可就产生办法进行修改;第三部,如全国人大常委会决定可就产生办法进行修改,则香港特区政府向立法会提出修改产生办法的议案,并经全体立法会议员 2/3 多数通过;第四部,行政长官同意经立法会通过的议案;第五部,行政长官将有关法案报全国人大常委会,由全国人大常委会批准或备案。

施政、经济和社会民生,以致保持香港的发展及长期繁荣稳定,有正面作用;社会大众普遍认同行政长官人选须“爱国爱港”。①

关于行政长官候选人产生办法,“报告”指出,主流意见认同《香港基本法》第 45 条已明确规定提名权只授予提名委员会,提名委员会拥有实质提名权,其提名权不可被直接或间接地削弱或绕过。就提名委员会的组成,较多意见认同提名委员会应参照目前选举委员会的组成方式,即有四大界别同比例组成,以达到广泛代表性的要求。同时,也有不少意见认为提名委员会可按比例适当增加议席,借此吸纳新的界别分组或提高现有界别分组的代表性。但也有不少意见认为,提名委员会的人数应维持在目前选举委员会的委员数目,即 1200 人,如需作出增加,也不应超过 1600 人。就提名委员会如何按“民主程序”提名行政长官候选人,则有多种不同意见,“报告”总结指出:有意见认为提名程序可分为两个阶段:第一阶段先经由一定数目提名委员会委员推荐参选人;第二阶段再由提名委员会从参选人当中提名若干名候选人。有不少意见认为参选人须至少获得一定比例提名委员会委员的支持才可正式成为候选人,借以证明该参选人具有提名委员会内跨界别的支持、体现“少数服从多数”的民主原则,并符合提名委员会作为一个机构作出提名的要求。有一些意见则认为应维持现行选举委员会的 1/8 提名门槛。亦有一些团体和人士提出其他提名门槛和提名程序的建议,当中包括在提名委员会之外引入“公民提名”、“政党提名”等建议。关于行政长官候选人的数目,“报告”认为,主要有两大类意见:一类意见提出为了确保选举的庄严性及能够让选民对候选人的政纲和理念有充分认识,有需要设定候选人数目;另一类意见则认为无须就候选人数目设限。在提出需要设定候选人数目的意见中,因应过去行政长官选举的候选人数目在 2 ~ 3 人,有些意见提议可将候选人数目定为 2 ~ 3 人;也有部分意见提出其他数目。关于普选行政长官的方式,“报告”指出,有相对较多意见认为应举行两轮投票,以增加当选人的认受性。但也有部分意见认为应只举行一轮投票,以简单多数制

① 参见香港特别行政区行政长官《关于香港特别行政区 2017 年行政长官及 2016 年立法会产生办法是否需要修改的报告》,资料来源 http://www.2017.gov.hk/filemanager/template/tc/doc/report/ce_report.pdf, http://www.npc.gov.cn/wxzl/gongbao/2014-11/18/content_1892144.htm,2015 年 4 月 5 日访问。

选出行政长官当选人。①

关于立法会产生办法,“报告”认为,社会大众普遍认同由于成功落实 2017 年普选行政长官乃普选立法会目标的先决条件,目前应集中精力处理好普选行政长官的办法。另外,由于 2012 年立法会产生办法已作出较大变动,故此普遍认同就 2016 年立法会产生办法无须对《香港基本法》附件二作修改。②

在“结论和建议”部分,“报告”总结指出,香港社会各界普遍期望能如期依法落实普选行政长官,特区政府成立专责小组及发表《2017 年行政长官及 2016 年立法会产生办法公众咨询文件》,以开放、兼听和务实的态度聆听社会各界不同意见和建议,目的是希望社会能理性讨论,凝聚共识,如期落实《香港基本法》所确立的行政长官普选目标。③ 这次公众咨询结果显示,香港市民就 2017 年行政长官及 2016 年立法会产生办法相关议题上的讨论,表现出理性和务实的态度。香港社会普遍期望特区的选举制度能进一步民主化,并按照《香港基本法》和全国人大常委会的相关解释及决定,如期落实 2017 年行政长官普选的目标及做好 2016 年立法会选举的工作。香港社会普遍期望能先在 2017 年落实普选行政长官,全港 500 多万的合资格选民可于 2017 年以“一人一票”方式选出下任行政长官。因此,应先集中精力处理好 2017 年普选行政长官,把握如期落实普选行政长官的机会,2016 年立法会产生办法无须对《香港基本法》附件二作修改。在落实 2017 年普选行政长官后,社会再专注讨论如何实现《香港基本法》第 68 条所规定,最终达至全部立法会议员由普选产生的目标,完成这历史性工作。同时,“报告”还特别提出了值得注意的问题,即在提名程序这关键议题方面,虽然在咨询期内已有法律专业团体和其他社会人士指出“公民提名”不符合《香港基本法》的规定,但有不少香港市民在咨询期结束后仍然认为普选行政长官的提名程序应包括“公民提名”这元素在内。④

整体来看,行政长官梁振英 2014 年 7 月 15 日向全国人大常委会提交

---

① 参见香港特别行政区行政长官《关于香港特别行政区 2017 年行政长官及 2016 年立法会产生办法是否需要修改的报告》。

② 同上。

③ 同上。

④ 同上。

的“报告”反映了香港社会在政制改革问题上的基本民意。正如林郑月娥联同“政改三人组”成员出席立法会特别内务委员会，简介行政长官报告和咨询报告时指出那样，香港社会普遍殷切期望于 2017 年落实普选行政长官。而社会大众在政改问题上有三大普遍认同，包括：(1)在基本法和全国人大常委会的相关解释及决定的基础上理性务实讨论，凝聚共识，落实普选；(2)于 2017 年成功落实普选行政长官对香港未来施政、经济和社会民生，保持香港的发展及长期繁荣稳定，有正面作用；(3)行政长官人选须“爱国爱港”。① 刘兆佳教授对于政改咨询报告及特首报告则评价指出，两份报告写得不错，报告并非是申明政府立场，而是要反映咨询期内收集的意见，当中没有遗漏或刻意隐瞒一些重要的意见；报告中未有明确否定“公民提名”，是刻意避免就“公民提名”等敏感议题表达立场。政府并未在咨询报告中否定“公民提名”，若明确予以否定，或会立即引发社会政治冲突，而将之交由在政改问题上有主导权及决定权人大常委会处理，是恰当的做法。②

三、全国人大常委会通过《关于香港特别行政区行政长官普选问题和2016 年立法会产生办法的决定》

2014 年 8 月 31 日，第十二届全国人大常委会第十次会议通过了《关于香港特别行政区行政长官普选问题和 2016 年立法会产生办法的决定》(以下简称“8・31 决定”)。③ 这是全国人大常委会在审议香港特区行政长官梁振英提交的“报告”基础上，充分考虑香港社会的有关意见和建议而作出的关于实现此次香港政制改革基本目标的重要决定。

“8・31 决定”的基本内容既包括行政长官的普选办法，也包括立法会 2016 年的选举产生办法。首先指出：“从 2017 年开始，香港特别行政区行政长官选举可以实行由普选产生的办法。”而关于香港特区行政长官选举实行

---

① “特首向人大交报告启动政改　主流民意拥普选　提名只授提委会”，载《大公报》2014 年 7 月 16 日。

② 刘兆佳：“中央不接受‘公提’”，载《大公报》2014 年 7 月 16 日。

③ 《关于香港特别行政区行政长官普选问题和 2016 年立法会产生办法的决定》文本，资料来源 http://www.npc.gov.cn/npc/cwhhy/12jcwh/2014-08/31/content_1876904.htm，http://www.2017.gov.hk/filemanager/template/tc/doc/20140831a.pdf，2015 年 4 月 6 日访问。

由普选产生的办法,"须组成一个有广泛代表性的提名委员会。提名委员会的人数、构成和委员产生办法按照第四任行政长官选举委员会的人数、构成和委员产生办法而规定"。"提名委员会按民主程序提名产生二至三名行政长官候选人。每名候选人均须获得提名委员会全体委员半数以上的支持。""香港特别行政区合资格选民均有行政长官选举权,依法从行政长官候选人中选出一名行政长官人选。""行政长官人选经普选产生后,由中央人民政府任命。""8·31 决定"对于 2016 年立法会产生办法则指出,"香港基本法附件二关于立法会产生办法和表决程序的现行规定不作修改,2016 年香港特别行政区第六届立法会产生办法和表决程序,继续适用第五届立法会产生办法和法案、议案表决程序。在行政长官由普选产生以后,香港特别行政区立法会的选举可以实行全部议员由普选产生的办法"。①

这一决定是在香港特区第三次政制改革过程中,在肯定香港特区政改咨询成果的基础上,由人大常委会对于行政长官普选问题做出的一项重大决定,同时也是落实基本法规定和全国人大常委会相关决定的重大举措。一方面,"8·31 决定"重申了人大常委会对正确实施《香港基本法》和决定行政长官产生办法的宪制责任,提出了香港发展民主政治和推进政制改革的基本原则,明确了香港特区行政长官特殊而重要的法律地位和宪制角色;另一方面,"8·31 决定"也澄清了香港社会对于基本法规定的错误理解和认识,确立了实现特区行政长官普选目标的基本原则和法律框架,为凝聚香港社会政制改革的共识提供了基本的法律支撑。进言之,决定为落实行政长官直选和立法会直选("双普选")的目标提供了宪制性的法律基础,并提出了相应的时间表和路线图。

全国人大常委会"8·31 决定"的做出引发了香港社会各界的高度关注和热烈争论,这标志着香港特区政制改革"五部曲"迈出了第二步。"8·31 决定"遵循了《香港基本法》第 45 条所规定的"行政长官的产生办法根据香港特别行政区的实际情况和循序渐进的原则",同时也符合其所确定的"最终达至由一个有广泛代表性的提名委员会按民主程序提名后普选产生的目标"。

全国人大常委会基本法委员会副主任梁爱诗认为,人大常委会的决定

---

① 参见《关于香港特别行政区行政长官普选问题和 2016 年立法会产生办法的决定》。

合理且不保守，框架清晰，有助凝聚共识。她强调，人大常委会的决定是一个严肃的决定，目前只能在框架下商讨出一个市民大众都可以接受的方案，而不是采取对抗的态度。① 新界社团联会荣誉会长罗叔清则撰文指出，这一决定中的提名委员会提名二至三名行政长官候选人的上下限规定，一方面，确保行政长官选举成为有竞争、选民有选择的民主选举，同时避免候选人数过多带来的选举程序复杂、选举成本高昂的问题，有利于普选在庄严、有序的情况下顺利进行。另一方面，每名候选人均须获得提名委员会全体委员半数以上的支持，明定了提名行政长官候选人的民主程序。其意义在于可以确保提名的行政长官候选人体现广泛代表性，防止政党操控提名，可以确保通过普选产生的行政长官既能代表香港特区的整体利益又能对中央负责，避免普选的行政长官与中央对抗而不被中央任命而出现宪制危机。②

总体来看，“8·31决定”是一种“守前门”性质的制度设计，让获得提名委员会通过的候选人再经过香港500万选民的投票而获得香港百姓的支持，这样，候选人能够得到中央政府的信任和支持，但同时又把选择权交给香港500万选民，让《香港基本法》所确定的普选基本目标得到落实。从将来特别行政区普选制度的实施和运作来看，这样的制度设计是一种稳健而积极的选择，在此基础上展开的实践对于香港未来民主政治的发展和有效治理以及香港整个社会转型，都提供了一种现实意义的制度支撑，是结合特别行政区政治发展和中国未来发展而作出的审慎而负责任的判断。③

对于全国人大常委会作出的“8·31决定”，香港特区和内地社会各界反响强烈。有评论者指出，从2014年6月中央政府发布的关于香港“一国两制”的“白皮书”到这次全国人大常委会通过的“8·31决定”，可以清楚地看到中央在强调对香港特区的管治权。可以预见，无论香港的激进反对派以何种方式来反对特区政府的政改方案，全国人大和中央政府在香港问题都不可能有任何退让。④

列席全国人大常委会会议的港区全国人大代表查史美伦透露，开会期

---

① “框架已明确　全城推普选”，载《大公报》2014年9月5日。

② “香港普选有了正确方向”，载《大公报》2014年9月3日。

③ 李晓兵：“七十年前法国与今日香港政改”，载《大公报》2015年5月28日。

④ 寒竹：“《8·31决定》彰显中央对香港的管治权”，资料来源http://www.guancha.cn/hanzhu/2014_09_01_262625.shtml，2015年5月30日访问。

间的讨论相当务实和热烈,与会代表并非"处于象牙塔之上"。她认为,这次全国人大常委会的决定"既没落闸又没开闸",只是讲清楚应该讲的事情。[①]全国人大常委会委员范徐丽泰对于"8·31 决定"评价指出,候选人需要提委会过半数支持是合理做法,这样才显示候选人得到各界别接受,才是让市民有真正选择。她强调,提委会与选委会的功能不同,两者不能混为一谈,而人大决定不是落闸。人大就香港普选定下框架,但政改仍有讨论空间,如参选人的入闸门槛、参选人的投票方式、如何处理只有 1 位参选人获得过半数提委支持等。至于为何特首候选人数目只有 2~3 人,范徐丽泰解释,假如没有 2 位候选人,便不是真正的竞选,所以设为 2 人;最多 3 人是因为过往多届特首选举最多也只是 3 人,所以设为 3 人也是很实际的考虑。[②]

全国政协副主席董建华在 9 月 3 日的记者会上表示,支持人大常委会决定。他说,"8·31 决定"确定了香港从 2017 年开始实行一人一票普选行政长官的民主目标,500 万选民一人一票选出特首是货真价实的民主。香港政制发展不应原地踏步,让民主止步于此。他坚决反对"占领中环",呼吁参与者将抗争的精力和创意放在完善选举制度细节上。[③]

四、违法"占领中环"的发动与结束

2014 年 9 月 28 日,"占领中环"(Occupy Central,"占中";全称"让爱与和平占领中环",Occupy Central with Love and Peace)正式启动。[④] 这是一场由香港大学法律系副教授戴耀廷、香港中文大学社会学系副教授陈健民及基督教牧师朱耀明发动的名为"争取普选"为目标的政治运动。"占中"提出

---

① "人大决定'既没落闸又没开闸'",载《大公报》2014 年 9 月 26 日。

② 这是全国人大常委范徐丽泰在出席香港侨界社团联会政改座谈会时的表态,她认为,全国人大常委会的这次决定是"关于香港特别行政区行政长官普选问题",并没有指明 2017 年行政长官普选,这表示了日后普选行政长官也是沿用这个框架,除非社会能给予一个更好的改变理由,否则没有理由转变。范太又表示,候选人数目于日后能够有所增减,视乎日后主流意见,以及要符合实际需要。她强调,香港社会不是一成不变,而民主发展是一步一步、循序渐进,不是一步登天。参见"范太:否决政改才是落闸　过半数是国际惯例",载《大公报》2014 年 9 月 2 日。

③ "香港各界拥护人大常委会决定　斥外力干涉港政改",资料来源 http://www.chinanews.com/ga/2014/09-03/6560089.shtml,2015 年 6 月 2 日访问。

④ 资料来源 http://www.oclp.hk/。关于事件发生的背景,参见"时事背景:'占领中环'运动",资料来源 http://www.bbc.com/zhongwen/trad/china/2014/06/140618_hk_occupy_central_background,2015 年 6 月 2 日访问。

以公民抗命为手段,采取占领香港金融区中环(后来发展到商业区铜锣湾、九龙区旺角)的交通要道的方式,来达到争取符合《公民权利和政治权利国际公约》,并能公平实践“选举权”、“被选举权”和“提名权”的行政长官和立法会普选的目的。

“占中”发起人所指向的目标是实现“普选特别行政区行政长官”。事实上,此目标早已被明确载入《香港基本法》。《香港基本法》第 45 条第 2 款规定:“行政长官的产生办法根据香港特别行政区的实际情况和循序渐进的原则而规定,最终达至由一个有广泛代表性的提名委员会按民主程序提名后普选产生的目标。”为全面了解回归后香港特区政治改革发展过程,在此有必要简单回顾一下全国人大常委会根据《香港基本法》关于香港特区政改的决策过程。

2004 年 4 月 6 日,全国人大常委会曾作出了《关于〈中华人民共和国香港特别行政区基本法〉附件一第七条和附件二第三条的解释》,其中特别提出:“是否需要进行修改,香港特别行政区行政长官应向全国人民代表大会常务委员会提出报告,由全国人民代表大会常务委员会依照《中华人民共和国香港特别行政区基本法》第四十五条和第六十八条规定,根据香港特别行政区的实际情况和循序渐进的原则确定。修改行政长官产生办法和立法会产生办法及立法会法案、议案表决程序的法案及其修正案,应由香港特别行政区政府向立法会提出。”这实际上是对行政长官产生办法修改程序提出了更为具体化的规定,也形成了香港特区“政改五部曲”的雏形。①

2007 年 12 月 29 日,全国人大常委会又通过了《关于香港特别行政区 2012 年行政长官和立法会产生办法及有关普选问题的决定》,②其中提出“2017 年香港特别行政区第五任行政长官的选举可以实行由普选产生的办法”,并对“政改五部曲”进一步予以明确。

2014 年 8 月 31 日,全国人大常委会通过了《关于香港特别行政区行政长官普选问题和 2016 年立法会产生办法的决定》,更加明确了 2017 年行政

---

① 参见《关于〈中华人民共和国香港特别行政区基本法〉附件一第七条和附件二第三条的解释》。亦参见 http://www.basiclaw.gov.hk/gb/basiclawtext/images/basiclawtext_doc18.pdf,2015 年 6 月 3 日访问。

② 资料来源 http://www.basiclaw.gov.hk/gb/basiclawtext/images/basiclawtext_doc21.pdf,2015 年 6 月 3 日访问。

长官普选的原则和制度框架。

然而,“占中”发起人对将以何种提名机制来实现 2017 年“普选行政长官”极为忧惧。戴耀廷等人就认为若香港民众若不施以更进一步行动,普选的目标将会无法达到。他在其发表文章中提出,①“公民抗命”是“杀伤力更大的武器”,②到争取真普选的“最后时刻”,要有“包括意见领袖在内”的“一万人以上”“违法”、“非暴力”、“长期”地“占领中环要道”,“瘫痪香港的政经中心,迫使北京政府改变立场”。③

随着罔顾香港法治传统的“占领中环”行动[后被媒体命名为“雨伞运动”(Umbrella Movement)]的发动和持续推进,香港社会旋即陷入了持续不断的混乱、冲突甚至对抗中,不少香港市民都担忧“占中”活动如果受到非理性行为的影响可能会导致暴力冲突,可能会给香港带来社会秩序的动荡,进而会干扰和打乱香港政治经济活动的节奏,严重影响香港经济和市民日常生活。特别是香港社会各阶层围绕“占中”的争论更是让香港社会面临着分化和精神上被“撕裂”的困境,而“占中”给香港法治所带来的冲击更是让人不得不对香港的未来感到担忧。④

经过几轮潮涨潮落的拉锯、冲突和反反复复的沟通,“占中”的颓势日益呈现,势成强弩之末。其一厢情愿的主张和偏执的旨在激发香港社会激进情绪的主张,使行动遭到香港社会各界激烈的反对,反“占中”的声音日渐响亮并影响主导香港的主流民意,“沉默的大多数”开始苏醒,多数民众希望香港局势在可见的未来逐渐回归常态。⑤

最终在 2014 年 11 月 25 日,香港警方完成旺角占领区的清场行动。12 月 11 日,香港警方顺利实施金钟清障行动。12 月 15 日,香港警方成功清除铜锣湾的占领区,香港立法会也在同一天劝退了在立法会大楼门口的示威者。至此,持续了 79 天的非法“占中”运动宣告结束,困扰香港社会的“占

① 戴耀廷等发起人的文章集中刊载于 http://oclp.hk/index.php? route = occupy/article。

② 戴耀廷的第一篇文章“公民抗命的最大杀伤力武器”最早于 2013 年 1 月 16 日发表在《信报》。

③ 李晓兵:“‘占中’冲击香港法治传统 尊重基本法应成基本要义”,载《法制日报》2014 年 11 月 11 日。

④ 同上。

⑤ 李晓兵:“‘占中’究竟会给香港带来什么?——福是造来的 不是求来的”,载《文汇报》(香港)2014 年 11 月 12 日。

中”运动终于画上句号。

“占中”这种公民抗命行为无疑是违法的。经过这一轮违法的“占中”行动,香港社会政治、经济秩序受到了严重冲击,也让香港社会陷入了持续的混乱和激烈的冲突,并造成了社会各阶层精神上的撕裂和对立,香港市民正常的社会生活受到极大的影响和干扰,影响甚至削弱了香港本土和外部各界人士对于香港未来发展的信心,并给香港社会引以为傲的法治传统和法治精神带来难以挽回的伤痛。①

“占中”行动发动于香港,但其最终成型并持续近 3 个月之久,这其中也具有较为复杂的国际背景因素,是国际大气候和香港小气候相互激荡、混合交织、互动影响的结果。近年来,香港本土的一些政治力量一直试图得到外部力量的支持和声援,②末代港督彭定康在 2014 年 3 月重返香港期间曾受到“港独”分子挥舞港英旗帜欢迎,他评价香港“过去数年民主发展甚至受到压迫”。在“白皮书”之后,彭定康又声称,《中英联合声明》是一份国际协议,若香港人认为其中保障香港 50 年不变、保障港人所享的自由的联合声明条款被削弱,除了向中国外,亦可以向英国表达关注。在“占中”行动发动之前,彭定康则在英国《金融时报》上发文声称英国在确保中国尊重其承诺方面负有持续的“道德和政治义务”。英国众议院 2014 年也曾宣布外交事务委员会将就《中英联合声明》签署 30 周年之际英国与香港特区的关系展开调查。③ 同时,香港的回归过程还伴随着世界政经格局的转换,特别是“英退美进”的局势。从政治、经济和社会各个方面来看,英国在香港回归之后对

---

① 李晓兵:“2014 香港重大法治事件:曲折中前行”,载《法制日报》2015 年 1 月 20 日。

② 香港本土的一些政治力量甚至指出,英国作为《中英联合声明》签署国有责任监督“一国两制”的落实情况。2014 年 7 月 12 日,陈方安生与李柱铭曾应英“皇家国际事务研究所”之邀,赴英国伦敦进行为期一周的访问,分享他们就香港政治发展形势及政制改革的看法。

③ 英国众议院外交事务委员会后来还曾准备到香港调查《中英联合声明》落实情况,但被拒绝入境。该委员会主席奥塔韦后来发表声明,中方此举是“史无前例地公然与英国对抗”,英国政府应作出更强烈的反应,包括召见中国大使及向北京和特区政府正式提出书面抗议。不过,也有一些英国政界人士对于香港所面临的政治困境作出了理性分析,英国最高法院院长纽伯格勋爵也在《金融时报》上发文指出:“目前我没有看到任何削弱香港司法独立的迹象。”英国前首相戴卓尔夫人私人秘书、上院议员查尔斯 · 鲍威尔在接受 BBC Four 采访时则认为,中国关于香港选举的立场,从 1990 年公布基本法开始,就一直是清楚明白的,香港已经拥有广泛的自治权,自治程度远超当年英方和中方就香港问题开展谈判时的预期。

于香港的影响总体上是在减弱,而美国近年来则强力推行"重返亚太"战略,[①]在此背景下,香港成为了美国实现其"重返亚太"战略目标的关键着力点。香港在其回归前就是国际上收集中国情报的中心,其回归之后依然如此,美国驻港总领事馆的编制则由回归前的600人增加至现在的过千人,规模比其他地方大。2013年7月出任美国驻香港总领事的夏千福(Clifford Hart)具有军方背景,他在履职之后便明确表态支持香港本地政治反对派提出的"真普选"方案,变相力撑和推动"占中行动"。2014年2月,美国众议院外交事务委员会主席爱德华·罗伊斯(Ed. Royce)率团访问香港,并与李柱铭和陈方安生会谈,其中就涉及了香港的政改问题。随后,李柱铭和陈方安生受邀访问美国与加拿大,在白宫与美国国家安全会议官员见面并会晤美国副总统拜登,就香港"双普选"问题进行了会谈。在2014年"占中"运动期间,美国更是为"占中"运动提供理论和智力上的支持,同时还提供经济资助,并试图协调反对派各方的力量,在国际上还为其提供国际舆论的声援。[②]

正是在此背景下,"占中行动"最终通过法律化的方式和平收场,这是此届香港特区政府依法治港的一大亮点。而在此过程中所暴露出来的外国政治势力干预香港政治经济活动进程有所强化的趋势,必然引发中央政府在香港特区政改问题上保持高度警惕和强硬的立场。一方面,中央政府根据及办法的规定而强调"爱国爱港"的标准,这也是基于经济安全、资讯安全和国家安全的综合考虑。另一方面,在基本的制度设计上,也不得不采取较为稳妥保守的模式,即强调通过《香港基本法》所规定的"提名委会"来实现普选特首的目标。因为,如果香港通过普选产生的特首出现对抗中央甚至与外国势力有牵连的情况,这不仅会让"一国两制"法治实践遭受重大挫折,而且将对国家安全产生重大的影响。

五、"香港世纪涉贪案"——许仕仁、郭炳江等涉贪案判决

2014年12月23日,香港特区高等法院就"本港有史以来涉最高层官员

---

① 白官方面认为美国势力在全球失衡,其在中东用力过多而在亚太太少,因此,应有所调整以实现均衡。

② 李晓兵:"从中英关系发展看香港未来",载《大公报》2015年6月6日。

的许仕仁收受利益贪污案”[①]作出判决，特区前政务司司长许仕仁因严重的贪腐行为而被判入狱 7 年半，并要归还涉案 1118.2 万港元贿款。同时，被判刑入狱的还有新鸿基地产（新地）联席主席郭炳江、新鸿基地产前执行董事陈钜源、港交所前高级副总裁关雄生。其中，郭炳江被被判入狱 5 年，罚款 50 万港元，5 年不得出任公司董事；陈钜源被判入狱 6 年，罚款 50 万港元，6 年内不得出任公司董事；关雄生被判监 5 年。[②] 至此，号称“香港世纪涉贪案”在历经半年之久的审讯之后终于有了一个令人期待的结果。[③]

12 月 19 日，该案的陪审团裁定许仕仁涉嫌贪腐的 5 项罪名成立，包括 3 项公职人员行为失当、1 项串谋向公职人员提供利益、1 项违反防贿赂条例；郭炳江被裁定 1 项罪名成立，即串谋公职人员行为失当；陈钜源和关雄生被裁定 2 项罪名成立，即串谋公职人员行为失当和串谋向公职人员提供利益。[④]

《明报》社评写道：“这宗案件在本港具有里程碑式意义。虽然是独立案件，可是案件暴露官员腐败谋私、官商勾结的实质，发人深省。同时，这也反映出即使制度未能及时制止官员的不法行为，犹幸廉政机制与司法独立仍能发挥作用，彰显公义，凸显廉洁与法治核心价值弥足珍贵之处。”[⑤]这一案件之所以引起了社会的广泛关注，一方面是因为许仕仁特殊的身份和高级

---

① 梁美仪：“守护香港廉洁公正”，载《明报》2014 年 12 月 22 日。

② HKSAR v. HUI RAFAEL JUNIOR, ALSO KNOWN AS HUI SI – YAN RAFAEL AND OTHERS [2014] HKCFI 2373; HCCC 98/2013 (23 December 2014), at http://www.hklii.hk/eng/hk/cases/hkcfi/2014/2373.html, https://webb – site.com/codocs/HCCC98_2013_141223.pdf, 2015 年 6 月 5 日访问。

③ 对此案，诸多内地媒体均有报道，资料来源 http://www.thepaper.cn/newsDetail_forward_1287227, http://www.morningpost.com.cn/2014/1219/183040.shtml, 2015 年 6 月 5 日访问。据媒体报道，许仕仁的太太罗美美日在收押所看望许仕仁后已表示，许仕仁将会上诉，夫妻两人财政上一直分开，目前许仕仁已经破产，考虑到财政状况，后续上诉将考虑申请法律援助。香港设有法律援助制度，可为合资格申请人在诉讼中提供代表律师或大律师的服务，但要获得法律援助，需要申请人的财务状况符合法定规定，且案情具有合理理据提出诉讼或抗辩。参见“港贪许仕仁”，载《凤凰人物》2014 年第 19 期。另外，新鸿基地产前联席主席郭炳江当即向法庭提出上诉，资料来源 http://money.163.com/14/1231/04/AEP2BLJM00253B0H.html, 2015 年 6 月 5 日访问。

④ 许仕仁案专题报道，资料来源 http://specials.mingpao.com/cfm/Main.cfm? SpecialsID = 261。亦参见《南华早报》（英文版）专题报道，资料来源 http://www.scmp.com/topics/rafael – hui – si – yan, 2015 年 6 月 5 日访问。

⑤ “许仕仁等成阶下囚　廉政法治仍可信赖”，载《明报》2014 年 12 月 20 日。

别的位阶,其被认为是涉及刑事罪行的香港特区最高级别前官员;另一方面是因为新鸿基地产是本港其中一家规模最大的地产发展公司。“就被告身份,这可说是‘强强组合’,而所涉及不当利益之授受,构成什么状况的官商勾结,许多人都期望透过案情得以知道一鳞半爪……许仕仁的罪名包括‘在履行公职过程中优待新地新鸿基地产’,裁决可解读为确立有官商勾结情事。”①

许仕仁早年加入港英政府,曾在多个部门任职,也曾被借调到廉政公署工作。在香港特区成立之初,许仕仁出任特区政府首任财经事务局局长,其在1998年亚洲金融风暴期间表现出众,成功击退国际金融大鳄炒家,为维护香港金融秩序稳定立下功劳,这被认为是许仕仁从政的重大功绩之一。后来,许仕仁又出任积金管理局管理局行政总监,主持设计、策划强制性公积金,因而也被称为是香港的“强积金之父”。2005年6月30日,根据香港特区行政长官曾荫权的提名和建议,许仕仁又任命为政务司司长,成为香港特区政府问责团队的首席主要官员,即香港特区行政体系里的“二把手”,其主要职责是协助行政长官管治香港,并就政策事务向行政长官提供意见,并在行政长官离港期间署理行政长官的职务。2008年,许仕仁又出任全国政协常委。另外,许仕仁在1986年12月还曾获委任为“太平绅士”,1998年获颁授“金紫荆星章”,2007年4月获香港大学颁授名誉社会科学博士学位,这些在香港都是具有很高社会评价的荣誉。②

许仕仁贪腐案的审判过程复杂而漫长,对于香港社会产生了重大影响。此案涉及香港最高层的官员和超级富豪的贪腐,案件调查涉及面非常宽,当年廉政公署对涉案人员的拘捕行动曾引发香港政界和商界的震动,被认为是廉政公署自1974年成立以来进行的最大规模调查。同时,此案的审理过程也相当复杂,自2014年5月8日在香港高等法院审理之后,案件审讯历时7个月,控方在此过程中传召了数十名证人,包括多名港府前任和现任高官,出庭做供。案件当事人为打这场持久的官司花费了数亿港元的律师费,堪

① “许仕仁等成阶下囚　廉政法治仍可信赖”,载《明报》2014年12月20日。

② “港贪许仕仁”,载《凤凰人物》2014年第19期。

称是香港史上的"天价律师费案"。[①] 在法庭宣判前,审理此案的法官曾听取各被告方求情,前行政长官曾荫权、香港大学前任校长徐立之、许仕仁的皇仁书院校友、香港前工商局局长周德熙、香港立法会前议员刘千石以及许仕仁早年资助的孤儿都提交了求情信,一方面肯定其基本的素养;另一方面称其也为香港社会做出诸多贡献,请法官在量刑时考虑。[②]

审理许仕仁贪腐案,香港社会各界和主流媒体的反映与评价基本都是正面的。同时,有论者也客观指出,案件反映香港的反贪制度有漏洞和有可改进之处。例如,《明报》社论指出,规管制度与社会监督对许仕仁收取不当利益,都未能查出或引发当局注意,说明制度与机制在许仕仁个案失效。政府要从中汲取教训,检视品格审查和申报制度,堵塞漏洞,防止再发生同类情况。"现时问责官员与行政会议成员,只须填报拥有什么资产,却无须申报有什么负债和财务责任;以许仕仁为例,他 2005 年通过品格审查就任政务司长,可是当时他实际上已欠债 5200 万元,外界对此却毫不知情,也就无从监察他行使权力时会否受到债权人影响。因此,强化品格审查和申报制度,是此案揭示政府须实时处理的事。"[③]

当然,许仕仁走上腐败之路,是其个人问题,但既定机制未能及早揭发则是制度问题。犹幸香港廉政公署能够紧守岗位,把违法的人绳之于法,特别是此案调查工作,主要在前任公署专员汤显明任内进行,显示了办案人员的独立性和公正不阿。汤显明在专员任内也有违规行为,后来也被置于廉政公署和立法会检视之下。许仕仁与新鸿基地产官商勾结贪腐案,从积极方面观之,显示了廉政公署清理公职队伍内部腐朽因子,强化捍卫作为核心价值的廉政决心,向社会证明了香港廉政公署仍然是香港社会的一块金字招牌。

此外,将高官和一众巨富绳之以法则是对"法律面前人人平等"和司法独立的这一法治精神的正面诠释。论者指出,"不管多大的官、多有钱的富豪,只要触犯法律,就要在公平、公开审讯之后,面对公正的制裁。司法独

---

① "许仕仁案何以成为香港史上最烧钱的官司",资料来源 http://news. xinhuanet. com/gangao/2014 - 12/31/c_127351075. htm,2015 年 6 月 6 日访问。

② "港贪许仕仁",载《凤凰人物》2014 年第 19 期。

③ "许仕仁等成阶下囚　廉政法治仍可信赖",载《明报》2014 年 12 月 20 日。

立、不受任何因素影响,在此案显露无遗,法庭在廉署调查的基础上,匡正制度上的缺失,说明行政、立法、司法三权分立,相互制衡的体制,运作良好有效。"①

六、一批重要法律的制定或实施

在2014年,香港特区也有一些重要的法律得以制定或实施。在基本政治制度方面,生效的法律文件有《2014年乡郊代表选举法例(修订)条例》和《2014年选举法例(杂项修订)条例》;在基本的司法制度方面,生效的法律文件有《2014年司法(杂项条文)条例》;在特别行政区居民基本权利保护方面,生效的法律文件有《2014年性别歧视(修订)条例》。②

香港特区立法会修改通过的《2014年乡郊代表选举法例(修订)条例》(刊登于《香港特别行政区政府宪报》2014年4月4日,第18卷第14期第1号法律副刊)于2014年4月3日生效。其基本容包括:修订《村代表选举条例》及相关法例,就长洲及坪洲的街坊代表职位订定条文;就街坊代表的选举并将选举管理委员会的若干职能扩及该等选举订定条文;改善村代表的选举的投票及点票安排;对有多于5000名选民的村代表或街坊代表的选举,设立选举开支上限;以及作出相关、相应及轻微文本修订。

香港特区立法会制定通过的《2014年选举法例(杂项修订)条例》(刊登于《香港特别行政区政府宪报》2014年7月18日,第18卷第29期第1号法律副刊)于2014年7月17日生效。该法律文件的主要内容包括:修订多项选举法例,以作出关乎以下事宜的技术性修订:恶劣天气的影响、取消选民或投票人登记的程序、在区议会(第二)功能界别登记的申请、监察投票代理人及监察点票代理人的委任、借电子方式送交文件、有多于一票的投票人的投票程序、在大点票站的点票程序、选举代理人的权限、延迟或押后选举、投票或点票、指定投票站或点票站、选民登记周期的时限规定及与选举有关的罪行,以及作出其他不影响选举制度的实质内容的次要修订。

香港特区立法会制定通过的《2014年司法(杂项条文)条例》(刊登于

---

① "许仕仁等成阶下囚 廉政法治仍可信赖",载《明报》2014年12月20日。

② 各条例载于香港政府律政司香港法例双语资料系统,资料来源http://translate.legislation.gov.hk/gb/www.legislation.gov.hk/chi/home.htm,2015年6月20日访问。

《香港特别行政区政府宪报》2014 年 12 月 24 日，第 18 卷第 52 期第 1 号法律副刊）于 2014 年 12 月 23 日生效。该法律文件的基本内容包括：修订若干法例，以就刑事法律程序中使用的视听设施、常任裁判官的专业资格、区域法院刑事案件的裁决理由及判刑理由的宣告、有当然权利向香港终审法院提出的民事上诉、劳资审裁处的司法管辖权及权力，以及各法院及审裁处的诉讼人储存金，订定条文，并且作出轻微的修订。

香港特区立法会修订通过的《2014 年性别歧视（修订）条例》（刊登于《香港特别行政区政府宪报》2014 年 12 月 12 日，第 18 卷第 50 期第 1 号法律副刊）于 2014 年 12 月 11 日生效。该法律文件的基本内容包括：修订《性别歧视条例》，将以提供或可能提供货品、设施或服务的人为对象的性骚扰，定为违法行为；以及令关乎在要约提供、谋求提供或提供货品、设施或服务时发生的性骚扰的条文，适用于在香港境外的本地船舶或飞机上发生的该类性骚扰。

除了上述法律文件之外，在经济、民生领域也有若干法律文件生效。2014 年 3 月 3 日，香港特区新《公司条例》（第 622 章）及其附属法例（新条例）开始实施，这一法律的出台被认为是为香港成立及营运的公司提供现代化的法律框架，并提升香港的竞争力。香港特区财经事务及库务局局长陈家强曾表示，新条例旨在达到四个主要目标，即加强企业管治、方便营商、确保规管更为妥善和使香港的法例现代化，以巩固香港作为国际商业和金融中心的地位。因此，这也被视为是香港公司法踏进新纪元的标志性事件。[①]

2014 年 3 月 27 日，香港特区立法会修订通过的《2014 年产品环保责任（修订）条例》正式生效。该法律文件修订了《产品环保责任条例》，以规定出售货品的零售商，须就在售货时提供的塑料购物袋，或在与售货有关连的情况下提供的塑料购物袋，向顾客收费。同时，还就在售货时违反该规定的罪行，订定关于定额罚款及追讨定额罚款的条文，还结合相关事宜的规定并订定了相关的条文。

2014 年 8 月 1 日，香港特区政府历时 5 年制定的《食物内除害剂残余规例》正式实施，这意味着香港特区进一步提高了对进口食品、农产品的质量安全要求。该规例对 584 种食品农产品中的 360 种农药制定了 7083 项残留限量

---

① 李晓兵：“2014 香港重大法治事件：曲折中前行”，载《法制日报》2015 年 1 月 20 日。

标准。食物含有的除害剂最高残余限量如果不达标,则该商品将被要求退出市场。任何人在香港进口、制造或售卖含有不符合《食物内除害剂残余规例》除害剂残余要求的食物,即属违法,最高可罚款5万港元及监禁6个月。①

2014年11月20日,香港特区立法会修订通过了《2013年掳拐儿童法例(杂项修订)条例》。新修订条例针对父母拐卖子女行为,赋予特定的法律主体在有合理怀疑违反法院命令的情况下,羁留疑被父母拐卖的儿童并交回有抚养权的父或母或送往安全地方等。这一立法的出台被认为是改善香港就掳拐儿童所提供的法律保障的重要举措。②

在民生立法方面,香港特区政府还于2014年12月16日公布了《长远房屋策略》,这是自1998年以来相隔16年之后特区政府再次公布在房屋方面的长远策略性文件。此文件确立了香港特区未来10年的建屋计划,即以2015/16至2024/25的10年为规划,落实加建新公屋和居屋、持续土地供应、实施需求管理措施等策略,以稳定楼市。根据新的安排,香港特区政府长远房屋策略督导委员会建议,因应整体房屋需求变化,将未来10年的总房屋供应目标由47万个单位增加到48万个单位,新增的1万个全部是资助出售单位,这意味着10年资助出售单位供应量增加到9万个。公私营房屋供应比例维持“六四之比”,即公营房屋、私营房屋的供应目标分别为29万和19万个单位。③

七、《人权法案条例》与“难民工作权案”

2014年2月18日,香港终审法院对GA诉入境事务处处长案、PA诉入境事务处处长案、FI诉入境事务处处长案、JA诉入境事务处处长案(GA v. Director of Immigration, PA v. Director of Immigration, FI v. Director of Immigration, & JA v. Director of Immigration)(终院民事上诉2013年第7号、第8号、第9及第10号/FACV7,8,9&10/2013,原上诉法庭民事上诉2011年第45号、第46号、第47号及第48号/CACVNO. 45,46,47&48 OF

① 香港附属立法如规例由香港特区政府部门制定。资料来源http://translate.legislation.gov.hk/gb/www.legislation.gov.hk/chi/home.htm,2015年6月20日访问。

② 李晓兵:“2014香港重大法治事件:曲折中前行”,载《法制日报》2015年1月20日。

③ 资料来源http://www.thb.gov.hk/tc/policy/housing/policy/lths/LTHS201412.pdf,2015年6月23日访问。

2011）作出合并宣判。[1] 在该案中，上诉人（申请人）为 GA、PA、FI 及 JA，答辩人（答辩人）为入境事务处处长。香港终审法院一致驳回上诉，裁定：根据《香港基本法》第 33 条，《香港人权法案条例》第 14 条、《经济、社会和文化权利国际公约》第 6 条和普通法，难民身份经核实的人士和酷刑申请获确立的人士停留于香港期间，并不享有任何工作权利。

此案是 2014 年终审香港法院审结的重要案件之一，其中所涉及的一个基本法律问题就是如何理解和确定《香港基本法》的相关规定与《香港人权法案条例》之间的关系。在四名申请人中，GA、FI 和 JA 均为经核实难民，而 PA 则为酷刑申请获确立的人士。诉讼各方均接纳，他们“事实上已在香港滞留了一段长时间”。本司法复核法律程序展开时，他们并未获给予工作许可。上诉人寻求挑战入境处处长（以下简称处长）不允许他们这一类人士在香港工作的决定。原讼法庭基于处长未有恰当地考虑 GA 的情况，撤销处长拒绝接纳 GA 要求工作许可的决定，并裁定处长必须重新考虑他的要求。除此之外，各项司法复核申请均被驳回。于上诉时，上诉法庭驳回上诉人的上诉。在 2013 年的不同日子，GA、FI 和 PA 每人分别获给予工作许可，而 JA 则因为干犯与毒品有关的罪行而现正于狱中服刑。虽然如此，香港终审法院认为本上诉应该继续进行，因为案件提出了重大法律议题，为了公众利益理应处理本上诉。在此上诉中，上诉人依赖《香港人权法案》第 14 条、《经济、社会和文化权利国际公约》第 6 条及《香港基本法》第 33 条，力陈他们享有在香港工作的宪法权利。由于有这项权利，须经过相称性（即比例原则）分析后，才有理由支持行使不允许他们工作的酌情权。此外，他们亦依赖《香港人权法案》第 3 条，力陈不允许他们工作构成不人道或有辱人格的待遇。他们也辩称，普通法亦赋予他们工作的权利。[2]

香港终审法院一致驳回了上诉人的上诉请求。香港终审法院裁定，上诉人没有宪法权利工作，因此法院无须考虑相称性这个问题。终审法院亦裁定，上诉人在普通法上没有工作的权利，《香港人权法案条例》（第 383 章）

---

① 判决书全文载于 http://www.hklii.hk/eng/hk/cases/hkcfa/2014/14.html，2015 年 6 月 24 日访问。

② 参见案件中文摘要，资料来源 http://www.hklii.hk/eng/hk/cases/hkcfa/2014/14_Press(Chi).html，2015 年 6 月 25 日访问。

第 11 条(除了该条例第 5 条另有规定外)的用意是豁免有关一个人进入、逗留于及离开香港的出入境法例,而这种出入境管制包括应否允许一个人工作这个范畴。因此,上诉人未能依赖《香港人权法案》第 14 条。上诉人不能依赖《经济、社会和文化权利国际公约》第 6 条。终审法院重申以下原则:国际条约并没有向个别公民赋予或施加任何权利或责任,除非及直至该等条约透过立法成为本土法例的一部份。上诉人的陈词指出,《经济、社会和文化权利国际公约》第 6 条已纳入《入境条例》(第 115 章)第 17G(2)条、第 38AA 条及第 37ZX 条,但终院拒绝接纳这番陈词。终审法院进一步裁定,英国政府日期为 1976 年 5 月 20 日的保留条文明显是一项为摒除或修改《经济、社会和文化权利国际公约》第 6 条下的责任而设的保留条文,《香港基本法》第 33 条只赋予自由选择职业的权利,而并非工作的权利。香港终审法院亦难以理解普通法赋予工作权利的说法。可是,香港终审法院裁定,处长的酌情权并非没有限制,尤其是其不能减损《香港人权法案》第 3 条所赋予不受酷刑或其他残忍、不人道或有辱人格的待遇或处罚的绝对权利。上诉人有责任举证证明如果处长不给予上诉人工作许可,会有重大和迫切风险引致不人道或有辱人格的待遇。可是,由于甚有可能出现事实上的争议,终审法院拒绝就上诉人在本案中是否曾受不人道或有辱人格的待遇作出事实裁定,亦不会将此问题发还至另一法庭作裁定,由于 GA、FI 和 PA 均已获给予工作许可,而 JA 现时则正在服刑,所以就此议题所作的裁定只会沦为一项学术讨论。①

八、"拉布案"及立法与司法权关系

2014 年 9 月 10 日,香港终审法院就"梁国雄诉香港特区立法会主席及律政司司长案"(Leung Kwok Hung v. the President of the Legislative Council of the HKSAR and Secretary of Justice)(终院民事上诉 2014 年第 1 号/FACV No. 1 of 2014,原高院上诉法庭民事上诉 2012 年第 123 号 / CACV No. 123 of 2012)做出裁决,确定:立法会主席在根据《香港基本法》第 72 条第 1 项主持会议时有权力为辩论设限和结束辩论,法院对立法会主席是否拥有权力、

① 参见案件中文摘要,资料来源 http://www.hklii.hk/eng/hk/cases/hkcfa/2014/14_Press(Chi).html,2015 年 6 月 25 日访问。

特权及豁免权有司法管辖权，但法院不会行使司法管辖权，以裁定该项权力是否行使得当。①

本案上诉人梁国雄是香港社会知名政治人物、社会活动分子、立法会议员。本案所涉及的“拉布”②话题也是香港特区极为有争议性的政治话题，而上诉所涉及的法律问题则关涉《香港特别行政区立法会议事规则》和《香港基本法》的关系，即根据二者的规定，在什么情况下可以就立法会主席在立法过程张所作出的决定提出司法复核？在本案中，立法会主席宣称根据《香港基本法》第 72 条第 1 项及《香港特别行政区立法会议事规则》第 92 条结束辩论的决定是否可以予以司法复核？

本案发生的社会背景是 2012 年 2 月 8 日《2012 年立法会(修订)条例草案》(以下简称《条例草案》)被提交立法会进行首读，之后，于 2012 年 5 月 2 日又进行了二读。《条例草案》旨在订明，已辞去立法会议员席位的人，在其辞职后 6 个月内，丧失在立法会同一届任期中举行的补选参选资格。于二读

---

① 判决书全文载于 http://www. hklii. hk/eng/hk/cases/hkcfa/2014/74. html，2015 年 6 月 24 日访问。

② “拉布”是西方议会政治的专业术语，英语为“filibuster”，即“冗长辩论”，香港称为“阻挠议事”。狭义是议会中居于劣势的一小部分甚至单独一位议员，无力否决特定法案、人事或为达到特定政治目的时，在取得发言权后以“马拉松式”演说，达到瘫痪议事、阻挠投票，逼使人数占优的一方作出让步的议事策略。而广义的冗长辩论，则是议会中议员利用议事规则漏洞作冗长演讲为主，并用各种方法辅助，以达到拖延会议进程的一种议事策略。在初期，该策略仅为通过发表超长辩论而达到拖延表决或者拖延会议进程的目的。其后因为部分议会议事规则逐步完善，该策略相应发展为动议大量修正案，从而获得数量总和相当的发言时间而达到拖延会议的目的。后来又有部分议会议员将该策略发展为通过不断要求清点法定人数拖延会议进程，香港立法会曾出现 7 个多小时会议期间，清点人数以及等待人数时间长达 4 个小时。此外通过故意缺席会议导致法定人数不足而流会，迫使会议顺延至下一会议日，亦是该策略的一部分。从 2009 年高速铁路香港段拨款审议起，香港反对派就不断上演“拉布”政治秀。例如，涉及 192 多亿元的石鼓洲焚化炉拨款议案攸关香港市民福祉，经过 10 个星期会议、超过 50 个小时讨论才终于在 2015 年 1 月 9 日通过。2015 年 1 月 23 日，为帮助渔业渡过难关的渔业贷款基金拨款申请被“拉布”拖延。原本在立法会财委会当日审议渔业贷款基金的 8.1 亿元拨款申请后，还需审议创新及科技局拨款申请。在反对派的“拉布”下，两项申请均告搁浅。反对派议员先后提出休会动议、动议终止议程，虽这两项议程最后均被否决，但这两项动议已花逾 2 小时。为应对“拉布”，立法会主席曾钰成 2013 年提出，如果内务委员会的 2/3 议员同意，主席就可在大会上，进行终止辩论的程序，从而进行表决。此后，立法会主席依《立法会议事规则》，结束议程拖拉、长期无法完成的有关辩论。此举就被媒体称为“剪布”。有香港舆论指出，长久之策是将“拉布”、“剪布”依法纳入规管，应早日修订《立法会议事规则》限制“拉布”。参见“香港反对派频频‘拉布’惹众怒”，资料来源 http://news. xinhuanet. com/gangao/2015 - 01/30/c_127441872. htm，2015 年 6 月 24 日访问。

前,两位议员提出共 1306 项对《条例草案》的修订。此乃上诉人及其他议员公开宣布对《条例草案》使用的"拉布"手段。2012 年 5 月 17 日,辩论已持续超过 33 小时。在此期间,主席曾多次指出,上诉人及其他"拉布"议员的发言与草案条款及修订无关。某位议员提及在其他立法议会设有的一项"终止动议",并提议主席立即结束辩论。其后,主席在同日上午 9 时宣布决定让所有涉及的议员及官员发言至中午 12 时以结束辩论,该决定是以《香港特别行政区立法会议事规则》第 92 条规则为依据。该条规则规定,对于议事规则内"未有作出规定的事宜",立法会所须遵循的方式及程序由立法会主席决定。辩论按指示结束。议员对《条例草案》提出的修订便付诸表决,所有修订均被否决。《条例草案》最终于 2012 年 6 月 1 日成为法律。[①]

在本案中,终审法院一致裁定驳回上诉。终审法院对于本案所涉及的两项争议点做出了明确的回应。首先,在顾及《香港基本法》及《香港特别行政区立法会议事规则》下,立法会主席在立法程序期间作出的决定,在何等情况下可被司法复核?其次,在鉴于首项问题的答案下,立法会主席于 2012 年 5 月 17 日,宣称以《香港基本法》第 72 条第 1 项条及《香港特别行政区立法会议事规则》第 92 条规则为依据,决定在全体委员会审议阶段结束对《条例草案》修订的辩论,该决定可否被司法复核?

关于首项争议点,终审法院裁定,基于公共政策、《香港基本法》中就宪法上三权分立所订立的规定,以及三权分立的法则和深扎在普通法中的不干预原则,终审法院只会行使司法管辖权以裁定立法会或其主席是否拥有某项权力、特权或豁免权,而非裁定某项权力、特权或豁免权的行使方式。关于次项争议点,上诉人陈词称,立法会主席的决定可被司法复核,因为《香港基本法》第 73 条第 1 项赋予作为立法会议员的上诉人参与立法会立法程序的权利,但该项权利被主席的有关决定剥夺;亦因为《香港特别行政区立法会议事规则》第 92 条规则没有赋予主席结束辩论的权力。终审法院裁定,《香港基本法》第 73 条的目的,是赋予作为立法机构的立法会而非个别的立法会议员若干职权。终审法院进一步裁定,固有或附带于立法会主席在《香港基本法》第 72 条第 1 项下"主持会议"的权力,主席有权对辩论设定

① 判决书全文载于 http://www.hklii.hk/eng/hk/cases/hkcfa/2014/14.html,2015 年 6 月 25 日访问。

限制和终结辩论。至于主席有否恰当地行使权力，或主席的决定是否构成未经授权地订立议事规则等问题，均非由终审法院考虑。据此，终审法院一致裁定驳回上诉。[①]

本案的重要宪法学意义在于，终审法院根据权力分立原则，确认司法机关不会也不应该干预立法机关的内部运作。结合 2009 年 9 月 24 日由高等法院原诉庭判决的“郑家纯诉李凤英案”（Cheng Kar Shun v. Li Fung Ying），[②]法院明确认定，司法机关对立法机关的内部运作（the internal workings）无管辖权。[③]

九、沪港通加强内港两地资本市场联系，推动资本市场双向开放

2014 年 4 月 10 日，国务院总理李克强在博鳌论坛主旨演讲指出，将积极推动建立上海和香港股票交易的互联互通机制，建立上海和香港资本市场双向开放和健康发展。同时，与国际市场深度融合，提升对外开放的层次和水平。[④]

当日，中国证券监督管理委员会与香港证券及期货事务监察委员会发布联合公告，其中规定，为促进内地与香港资本市场共同发展，中国证券监督管理委员会、香港证券及期货事务监察委员会决定原则批准上海证券交易所、香港联合交易所有限公司、中国证券登记结算有限责任公司、香港中央结算有限公司开展沪港股票市场交易互联互通机制试点。上海证券交易所和香港联合交易所将允许两地投资者通过当地证券公司（或经纪商）买卖规定范围内的对方交易所上市的股票。沪港通包括沪股通和港股通两部分：沪股通，是指投资者委托香港经纪商，经由香港联合交易所设立的证券交易服务公司，向上海证券交易所进行申报（买卖盘传递），买卖规定范围内的上海证券交易所上市的股票；港股通，是指投资者委托内地证券公司，经由上海证券交易所设立的证券交易服务公司，向香港联合交易所进行申报

① 参见案件中文摘要，资料来源 http://www.hklii.hk/eng/hk/cases/hkcfa/2014/74_Press(Chi).html，2015 年 6 月 25 日访问。

② Cheng Kar Shun v. Li Fung Ying [2011] 2 HKLRD 555.

③ [2011] 2 HKLRD 615.

④ 李克强：“加强沪港股市互联互通”，资料来源 http://finance.sina.com.cn/stock/hkstock/hkstocknews/20140410/103718757439.shtml，2015 年 8 月 23 日访问。

(买卖盘传递),买卖规定范围内的香港联合交易所上市的股票。沪港通正式启动需要 6 个月准备时间。

公告还规定,沪港通遵循两地市场现行的交易结算法律法规和运行模式,主要制度要点有以下五个方面:(1)适用的交易、结算及上市规定。交易结算活动遵守交易结算发生地市场的规定及业务规则。上市公司将继续受上市地上市规则及其他规定的监管。沪港通仅在沪港两地均为交易日且能够满足结算安排时开通。(2)结算方式。内地结算、香港结算采取直连的跨境结算方式,相互成为对方的结算参与人,为沪港通提供相应的结算服务。(3)投资标的。试点初期,沪股通的股票范围是上海证券交易所上证 180 指数、上证 380 指数的成份股,以及上海证券交易所上市的 A + H 股公司股票;港股通的股票范围是香港联合交易所恒生综合大型股指数、恒生综合中型股指数的成份股和同时在香港联合交易所、上海证券交易所上市的 A + H 股公司股票。双方可根据试点情况对投资标的范围进行调整。(4)投资额度。试点初期,对人民币跨境投资额度实行总量管理,并设置每日额度,实行实时监控。其中,沪股通总额度为 3000 亿元人民币,每日额度为 130 亿元人民币;港股通总额度为 2500 亿元人民币,每日额度为 105 亿元人民币。双方可根据试点情况对投资额度进行调整。(5)投资者。试点初期,香港证监会要求参与港股通的境内投资者仅限于机构投资者及证券账户及资金账户余额合计不低于人民币 50 万元的个人投资者。

沪港通被认为是内地资本市场对外开放的重要内容,有利于加强两地资本市场联系,推动资本市场双向开放,具有多方面的积极意义:(1)有利于通过一项全新的合作机制增强我国资本市场的综合实力。沪港通可以深化交流合作,扩大两地投资者的投资渠道,提升市场竞争力。(2)有利于巩固上海和香港两个金融中心的地位。沪港通有助于提高上海及香港两地市场对国际投资者的吸引力,有利于改善上海市场的投资者结构,进一步推进上海国际金融中心建设;同时有利于香港发展成为内地投资者重要的境外投资市场,巩固和提升香港的国际金融中心地位。(3)有利于推动人民币国际化,支持香港发展成为离岸人民币业务中心。沪港通既可方便内地投资者直接使用人民币投资香港市场,也可增加境外人民币资金的投资渠道,便利人民币在两地的有序流动。①

2014 年 6 月 13 日，中国证监会发布了《沪港股票市场交易互联互通机制试点若干规定》，主要是明确了沪港通交易应遵循两地市场现行交易结算法律法规的总体原则；规范了上海证券交易所及其设立的证券交易服务公司、中国内地结算、内地证券公司等主体参与港股通业务的职责，以及香港联交所及设立的证券交易服务公司、香港结算等开展沪港通业务的职责；明确了名义持有人制度；明确了港股通交易由中国内地结算向香港结算承担清算交收责任，沪股通交易由香港结算向中国内地结算承担清算交收责任，两地市场结算风险相对隔离，互不传递，中国内地结算和香港结算互不参加对方市场互保性质的风险基金安排；明确禁止暗盘交易。2014 年 9 月 26 日，上海证券交易所又发布了《上海证券交易所沪港通试点办法》，规定了港股通参与主体、港股通股票范围及调整机制、交易特别事项、额度控制、投资者适当性管理、交易异常情况处理、自律管理等方面的内容。

由于香港特区在 9 月底爆发"占中"运动，沪港通的开通一度被认为因此而无限期搁置。2014 年 11 月 8 日，国家主席习近平在人民大会堂会见香港特区行政长官梁振英，梁振英在会面中向习近平表达了尽快开通沪港通的要求和愿望，习近平主席对沪港通的问题上给出了非常清晰且积极的回应，有关部门将很快公布正式推出沪港通的日期。梁振英认为："沪港通的启动将有利于促进上海和香港两个交易所的发展，同时也将进一步夯实香港作为中国以及国际金融中心的地位。"②

2014 年 12 月 17 日上午，沪港通股票交易正式通车，香港特区行政长官梁振英和香港交易所主席周松岗在启动仪式上开锣。通过沪港通这条双向通行管道，两地资金涌向对方股市。这既有"北水南下"，也有"南水北上"，买卖均以人民币交收。这是中国资本市场历史性的一刻。沪港通意义重大，它标志着沪港两地股市顺应全球化和市场国际化的发展趋势实现互联互通、互惠互利。它既是香港金融市场发展的一个里程碑，更是 A 股对外开放迈出的关键一步。自 2004 年启动离岸人民币业务以来，香港拥有全球最

---

① 《中国证券监督管理委员会香港证券及期货事务监察委员会联合公告》，资料来源 http://edu. sse. com. cn/col/shhkconnect/rules/jointannouncement/，2015 年 8 月 23 日访问。

② "习近平回应梁振英：沪港通很快正式推出"，载《第一财经日报》2014 年 11 月 10 日。

大的离岸人民币资金池,人民币存款及存款证总额超过 1.1 万亿元。沪港通将明显提升人民币于离岸市场和在岸市场之间的健康双向循环,刺激香港离岸人民币市场的流动性和交投量,有利于香港离岸人民币业务发展,巩固香港作为首要离岸人民币中心和国际金融中心的地位。沪港通的开启旨在于“以开放促改革”,未来有望帮助内地市场与国际接轨,改善内地股票市场运行质量,推动内地资本市场国际化。从更高的战略层面上说,沪港通启动也标志着国家在探索人民币资本项目可兑换、推动人民币国际化的道路上迈出重要一步。①

港交所行政总裁李小加对此评价指出,香港从来都是一个资金自由港,每天都有来自全球的资金流进或流出香港,面对内地市场大步迈向国际化的巨大机遇,凭借“一国两制”给予香港的优势,香港没有不赢的道理,相信长远而言,沪港通将彻底改变香港资本市场的面貌,并对香港和内地资本市场产生深远的影响。②

香港特区行政长官梁振英在主持沪港通开通仪式致辞中则指出,沪港通有划时代的创新、改革和开放的意义,标志着香港和内地金融事业的共同发展和共同繁荣。从今日开始,我国香港特区及海外的机构及个人投资者可以直接透过沪港通这个新平台,参与有关 A 股的投资,而内地合资格的投资者亦可以投资有关的港股。此外,香港银行由今日开始实施新安排,香港居民兑换人民币,将不再有每日兑换上限的限制,以便香港居民参与沪港通以及各种人民币的金融交易。沪港通的具体意义主要体现在,一方面增强两地股票市场的综合实力,扩大两地投资者的投资渠道,提升两地市场的竞争力;另一方面则支持和配合内地资本项目逐步开放,以及人民币国际化的进程,推动人民币成为国际市场的投资货币。我国香港特区作为世界上一个主要的国际金融中心,在“一国两制”的方针下,有“一国”的优势,同时有“两制”的优势;有“国内”的特点,亦有“境外”的特点。因此,香港特区是国内与国外之间的“超级连系人”。沪港通促进内地与国际股票市场接轨,是金融领域中香港连系作用的升级版,沪港通同时巩固香港作为主要离岸人

---

① “沪港通开启中国资本市场新时代”,资料来源 http://news.xinhuanet.com/fortune/2014-11/17/c_1113277293.htm,2015 年 8 月 24 日访问。

② “沪港通巩固港金融地位”,载《大公报》2014 年 12 月 26 日。

民币业务枢纽的地位,为日后国家资本市场的进一步开放,为香港金融事业的不断壮大,创造更多和更好的条件。①

十、结语

从总体上回顾,2014 年对于香港特区的法治发展来说,可谓是大戏连连、高潮迭起,甚至让人感觉有些应接不暇、眼花缭乱。除了一些重要的立法文件在特别行政区公布出台或生效实施,香港高等法院或终审法院做出一些重要司法判决也让一些重要的案件基本上尘埃落定,使法律问题能够得以澄清。不过,最为引人注目的政治与法治实践还是围绕香港特区行政长官普选问题而展开的特别行政区第三次政制改革。这次政制改革实际上是要根据全国人大常委会的解释来落实《香港基本法》,特别是其第 45 条所规定的特区行政长官普选的目标。政制改革不再是对于《香港基本法》制定之初所确立的特别行政区宪制框架的简单调整,而是关系到香港特区宪制秩序的提升和再造。因此,香港社会各界对于这次政制改革给予了高度的关注和反响是可以期待的。在 2014 年里,不论是国务院新闻办公室发表的"白皮书",还是全国人大常委会通过《关于香港特别行政区行政长官普选问题和 2016 年立法会产生办法的决定》,无疑都将会在香港特区政治发展史上留下浓墨重彩。此外,连续 79 天的违法"占领中环"运动也会在当代香港历史上留下深深的印记。

2015 年 1 月 1 日,香港政党民主建港联盟公布香港年度汉字,"法"字在诸多的候选汉字中最终获选,这一结果可谓是表达了香港市民对于 2014 年的感想及对 2015 年的期盼。评选委员会认为,"法"字获选为年度汉字,反映市民对"法"的重视,尤其在"占中"事件后,普罗大众深刻认识到违法行为、法治概念遭扭曲,对社会和人际关系造成的破坏,深深体会到守法才能令社会稳定,才能保障市民过正常生活。"法"字当选,可说对社会有警醒作用。②

---

① "行政长官主持沪港通开通仪式致辞全文",资料来源 http://sc.isd.gov.hk/gb/www.info.gov.hk/gia/general/201411/17/P201411170300.htm。

② "'法'获选香港年度汉字",资料来源 http://www.chinanews.com/ga/2015/01-02/6930129.shtml,2015 年 6 月 27 日访问。

回顾 2014 年香港特区所发生的这些重要法治事件,总体上来看,2014 年对于香港特区政治与法治的发展来说是艰难而又关键的一年,在这一年里,香港特区法律制度和法治实践在风风雨雨之中一路走来,经历了重大的考验和严峻的挑战。2014 年又是香港特区在曲折中奋勇前行的一年,在经历了诸多重大法治事件之后,香港特区在以法治化的程序和方法解决重大社会、政治和经济问题方面有了宝贵的经验,对于特别行政区未来法治的发展和社会危机的化解无疑具有重要的参考意义和价值。

2014年《澳门特别行政区基本法》实施大事述评

王　禹*　朱世海**

1993年3月31日，全国人大通过了《澳门特别行政区基本法》（以下简称《澳门基本法》），同日时任国家主席江泽民颁布第3号国家主席令，并规定《澳门基本法》自1999年12月20日起开始实施。《澳门基本法》是我国在澳门特别行政区（以下简称澳门特区）实施"一国两制"、"澳人治澳"与高度自治的法律化和制度化。维护国家的主权、安全和发展利益，维持澳门特别行政区的繁荣稳定，离不开《澳门基本法》的有效实施。本文在此回顾2014年《澳门基本法》实施过程的重要事件。

一、中央一如既往地支持澳门特区政府

正确处理中央和特别行政区的关系是顺利推进"一国两制"实践的前提基础。《澳门基本法》规定澳门特区是中华人民共和国不可分离的部分（第1条），直辖于中央人民政府，是中华人民共和国一个享有高度自治权的地方行政区域（第12条），行政长官对中

---

* 澳门理工学院"一国两制"研究中心副教授，法学博士。

** 澳门科技大学法学院副教授，法学博士。

央人民政府负责(第45条),行政长官必须执行中央人民政府就基本法规定的事务发出的指令(第50条)。澳门特区必须置身于中央设计的全国一盘棋内才能更加有效发展。

(一)中央领导殷切寄语

2014年3月4日,全国两会召开。3月5日,国务院总理李克强在政府工作报告里提到:"我们将坚定不移贯彻'一国两制'方针,全面准确落实基本法,保持香港、澳门长期繁荣稳定。支持香港特别行政区、澳门特别行政区行政长官和政府依法施政,大力发展经济、有效改善民生、依法推进民主、维护社会和谐。进一步扩大内地与港澳合作,促进港澳自身竞争力提升。在国家全面深化改革和现代化进程中,香港、澳门一定会实现更好发展。"[①]3月6日,全国人大常务会委员长、中央港澳工作协调小组组长张德江出席澳区代表会议,提出三点希望,分别是支持澳门特区政府依法施政和办好2014年几件大事,尤其是第四届行政长官选举、澳门特区成立15周年大庆。张德江又希望在澳门经济发展好的同时,要有忧患意识,居安思危,支持澳门经济适度多元发展。同时,张德江希望澳门加强与内地合作交流,培养好自己的人才,研究横琴如何与澳门配合发展,以及拓展澳门自己的发展空间;在强化中葡平台作用上亦要有新思维,如探讨成为中葡网络中心平台等。[②]

2014年12月20日,习近平在出席澳门特区第四届政府成立大会上发表讲话。他指出,在新的历史起点上,要把澳门经济社会发展的良好局面巩固好,发展好,必须再接再厉、开拓进取,为澳门长期繁荣稳定打下更为坚实的基础。他提出四点希望。第一,继续奋发有为,不断提高特别行政区依法治理能力和水平。要善于运用法治思维和法治方式进行治理,特别是要完善与《澳门特区基本法》实施相配套的制度和法律体系,夯实依法治澳的制度基础,努力打造勤政、廉洁、高效、公正的法治政府,加强公职人员队伍建设和管理,在全社会弘扬法治精神,共同维护法治秩序。第二,继续统筹谋划,积极推动澳门走经济适度多元可持续发展道路。这是关系澳门居民利

---

① "李克强:扩大内地与港澳合作 提升港澳自身竞争力",资料来源 http://www.chinanews.com/gn/2014/03-05/5912528.shtml,2015年2月20日访问。

② "习近平李克强张德江俞正声分别参加审议讨论",资料来源 http://news.xinhuanet.com/politics/2014-03/06/c_119646467.htm,2015年2月20日访问。

益的大事，也是关系区域发展乃至国家发展的大事。要做好顶层设计，制定具体推进的步骤和措施，坚持提升自身发展素质能力和加强区域合作“两条腿”走路，拓宽澳门发展空间，努力实现与内地共同发展、共同进步。第三，继续筑牢根基，努力促进社会和谐稳定。要坚持以人为本的施政理念，察民情、知民需、解民忧、纾民困，妥善处理社会多元诉求，平衡好各方利益，积极营造更加公平公正的社会环境，让广大居民更好分享发展成果。第四，继续面向未来，加强青少年教育培养。澳门青少年是澳门的希望，也是国家的希望，关系澳门和祖国的未来。要实现爱国爱澳光荣传统代代相传，保证“一国两制”事业后继有人，就要加强对青少年的教育培养。要高度重视和关心爱护青年一代，为他们成长、成才、成功创造良好条件。习近平指出，“一国两制”是国家的一项基本国策。牢牢坚持这项基本国策，是实现香港、澳门长期繁荣稳定的必然要求，也是实现中华民族伟大复兴中国梦的重要组成部分，符合国家和民族根本利益，符合香港、澳门整体和长远利益，符合外来投资者利益。习近平强调，继续推进“一国两制”事业，必须牢牢把握“一国两制”的根本宗旨，共同维护国家主权、安全、发展利益，保持香港、澳门长期繁荣稳定；必须坚持依法治港、依法治澳，依法保障“一国两制”实践；必须把坚持一国原则和尊重两制差异、维护中央权力和保障特别行政区高度自治权、发挥祖国内地坚强后盾作用和提高港澳自身竞争力有机结合起来，任何时候都不能偏废。继续推进“一国两制”事业，是中央政府、特别行政区政府和包括港澳同胞在内的全国各族人民的共同使命，无论遇到什么样的困难和挑战，我们对“一国两制”方针的信心和决心都绝不会动摇，我们推进“一国两制”实践的信心和决心都绝不会动摇。①

（二）中央支持第八届APEC旅游部长会议在澳门成功召开

亚太经济合作组织（Asia－Pacific Economic Cooperation，APEC）成员地区人口近30亿人，是世界上最大也是增速最快的旅游市场，旅游资源十分丰富。为加强亚太地区的旅游交流与合作，自2000年起，开始举行APEC旅游部长会议，每两年举行一届。2014年9月12日，第八届APEC旅游部长会议在澳门东亚运动会体育馆国际会议中心隆重举行。这是APEC旅游部长

---

① “习近平出席庆祝澳门回归祖国15周年大会并发表重要讲话”，资料来源 http://news.xinhuanet.com/2014－12/20/c_1113715423.htm，2015年2月20日访问。

会议首次在中国举行,来自 APEC21 个成员经济体和 3 个观察员的旅游部长和部长代表、世界旅游组织、世界旅游业理事会、亚太旅游协会等国际组织的 150 多名代表出席会议。中国国务院副总理汪洋、全国政协副主席何厚铧、澳门特区行政长官崔世安、时任国家旅游局局长邵琪伟、各成员经济体代表等共同主持了开幕仪式。

国务院副总理汪洋发表主旨演讲时表示,APEC 旅游部长会议是加强地区旅游交流合作的重要平台。今天的亚太地区,旅游业的地位和作用不断提高,旅游交流与合作的快速发展,拉动了区域经济增长,加速了区域经济一体化进程。他就此次会议提出了四点希望:希望此次会议成为亚太旅游合作发展的新起点;希望此次会议开启旅游引领经济繁荣的新时代;希望此次会议为区域经济一体化注入新动力;希望此次会议为今年 APEC 领导人会议提供更多新的成果。汪洋副总理指出,中国的发展离不开亚太,亚太的发展也需要中国,中国与亚太地区的旅游合作也十分紧密,中国愿意与 APEC 各经济体开拓全方位、多层次的旅游合作,在推动亚太旅游市场一体化等方面做出更积极的贡献。他又赞扬澳门的旅游资源独特,正在加快建设世界旅游休闲中心,且大力发展旅游、会展及文化创意等产业。中央政府全力支持行政长官及特区政府依法施政,并全力支持澳门扩大与各地的旅游交流与合作,选择在澳门举办本次会议,就是支持澳门扩大旅游对外合作的一项具体举措。

崔世安致辞时表示,特区政府非常荣幸成为会议的承办单位。2014 年是澳门特区成立 15 周年,因此会议此际在澳举行,别具意义。期望借着此次旅游部长会议,让各成员经济体和参会代表进一步认识澳门,了解澳门最新情况及作为旅游目的地的发展。崔世安续说,第八届亚太经合组织旅游部长会议的主题是“开创亚太旅游合作与发展新未来”,深信各成员经济体将透过本届会议集思广益,就亚太地区旅游业的未来发展进一步加强合作、沟通和联系。他又指出,澳门特区政府正致力建设世界旅游休闲中心,打造成为世界旅游目的地。旅游业不仅为经济增长的动力,也是连接世界各民族的桥梁,澳门作为会议的东道城市,除了热情款待各成员经济体及参会代表外,更欢迎各国朋友来澳旅游,感受澳门独有的中西共融文化及风土人情。

第八届 APEC 旅游部长会议的主题是“开创亚太旅游合作与发展新未来”,在这个主题之下,与会者围绕亚太区域旅游市场一体化,推动旅游产业转型和增长，利用现代科技促进智慧旅游，促进亚太地区旅游的互联互通，以及推进旅游业的低碳发展合作等多个议题展开交流与探讨。会议最后讨论并通过《澳门宣言》。[①] 倡议各经济体继续深化旅游合作。会议主席、时任中国国家旅游局局长邵琪伟介绍说，《澳门宣言》提出了 APEC 成员将努力实现 2025 年成员体国际旅游人数总规模超过 8 亿人次的目标，并鼓励各成员继续推进《旅游便利化倡议》，为亚太区域旅游市场一体化发展创造更有利的环境。

（三）中央政府支持澳门特区与内地加强各领域的交流合作，完善交流合作机制

2014 年 12 月 18 日，由商务部高燕副部长和时任澳门特区政府经济财政司司长谭伯源分别率领两地政府代表团在澳门政府总部举行 2014《内地与澳门关于建立更紧密经贸关系的安排》（以下简称《安排》）联合指导委员会高层会议。在崔世安行政长官、中央驻澳联络办公室姚坚副主任、广东省招玉芳副省长、外交部驻澳门特派员公署潘云东副特派员、海关徐礼恒关长、国务院港澳办向斌司长、商务部陈星司长、广东省港澳办廖京山主任和经济财政司司长办公室陆洁婵主任等嘉宾见证下，商务部高燕副部长和时任经济财政司司长谭伯源共同签署了《〈内地与澳门关于建立更紧密经贸关系的安排〉关于内地在广东与澳门基本实现服务贸易自由化的协议》（以下简称《协议》）。

根据《协议》，由 2015 年 3 月 1 日起，广东省对澳门服务贸易的开放部门多达 153 个，同时采用正面清单开放的领域新增了 24 项开放措施，包括新增个体工商户开放行业 84 个。进一步提高内地与澳门经贸合作的水平，《协议》在《安排》及其补充协议原来开放内容的基础上加深广东省服务业对澳门的开放程度，基本实现服务贸易自由化。《协议》在《安排》已实施开放措施的基础上签署，广东省率先对澳门特区基本实现服务贸易自由化，《协议》的签署将为下一阶段内地其他省区与澳门之间实施全面服务贸易自由化打下基础。

《协议》实施后，涉及世界贸易组织服务贸易分类标准 160 个部门的 95.6%，按照世界贸易组织服务贸易分类标准要求，已达到了服务贸易自由

① 资料来源：澳门特别行政区新闻局。

化的目标。《协议》中实行国民待遇的服务领域有 58 个,包括广告服务、摄影服务、会议服务、饭店和餐饮服务、导游服务、公路货物运输服务等。澳门服务提供者可以在广东省通过商业存在的形式进入内地市场,并在省内享受与内地企业同样的市场准入条件,对于澳门相关服务业界扩大市场范围起到积极作用,特别有助于澳门会展业、旅游业及物流业的发展,有利于澳门经济适度多元发展。另外,对于目前还设有限制条件的服务领域,其要求较现时《安排》及其补充协议的宽松。

按照《协议》,澳门居民可以在广东省按照内地相关法律法规的要求登记成为个体工商户经营者,《协议》开放 130 个可经营的服务种类,较现时《安排》及其补充协议已开放的行业大幅增加 84 个。此外,为提高澳门特区与广东省的投资便利化水平,《协议》对澳门服务提供者在广东省投资对澳门开放的服务贸易领域,在设立公司及变更公司的合同、章程的审批均改为备案管理,备案后按内地有关规定办理相关手续。但涉及保留限制性措施以及电信、文化领域公司、金融机构的设立和变更按现行外商投资法律法规以及相关规定办理,另外,公司以外其他形式商业存在的设立及变更按现行有关规定办理。

《安排》于 2003 年签署,自 2004 年起全面实施至今,通过签订多份补充协议,进一步加强内地与澳门的经贸关系,为两地实现全面服务贸易自由化打下了坚实的基础。

在服务贸易方面,至 2014 年 11 月 30 日,经济局共发出了 444 张“澳门服务提供者证明书”,领取证明书的企业主要来自货代、运输、仓储、物流、电信、广告、法律、会展、批发、零售、职业介绍、建筑及相关工程、管理咨询、房地产、空运服务的销售和营销、视听、旅行社、医疗和牙医、航空运输、商标代理、印刷和出版等服务。按照 2003 年至 2013 年签署的《安排》及其 10 份补充协议,当中先在广东省试行,其后放宽至其他省市或全国范围的开放领域有法律、医疗及牙医、旅游、视听、社会服务及个体工商户 6 个领域。而现时先行在广东省开放或给予放宽的措施涉及法律、建筑专业服务、医疗及牙医、会展、保险、银行、证券期货、旅游、公路运输及文化娱乐等 26 个服务领域,主要是进一步降低在广东省内相关行业的门槛、扩大在广东省内的可经营领域,以及对广东省下放审批权限等。此外,《安排》给予澳门服务提供者的多项优惠措施在广东省先行,当中银行服务在横琴设立分行或法人机构,提出申请前一年年末总资产由 60 亿美元下降至不低于 40 亿美元，受惠于银行门槛的下降，澳门国际银行于 2014 年 1 月 24 日设立横琴代表处，成为首家获准进驻横琴的外资银行及澳门特区银行；在文化娱乐服务方面，《安排》允许在横琴、前海设立独资娱乐场所；在电信服务方面，澳门服务提供者在广东省东莞市、珠海市试点设立独资或合资企业，经营离岸呼叫中心业务，澳资股权比例不设限制。

截至 2014 年 11 月 30 日，澳门身份证明局共发出 2134 份永久性居民身份证明书，这些证明书拟送交至内地设立个体工商户的地点主要集中在广东省，达 1912 份，占 89.6%。截至 2014 年 6 月底，澳门居民在内地注册的个体工商户有 1018 户，从业人员 2580 人，注册资本 8065 万元人民币。其中，在广东省的有 730 户，注册资金 5178 万元人民币。目前，“个人游”已扩展至 21 个省市合共 49 个城市，至 2014 年 10 月，累计有 6907 万人次的内地旅客以“个人游”方式到访过澳门，带动了澳门整体经济和各行各业的发展。2013 年全年来澳的内地旅客为 1863 万人次，其中来自广东省的有 820 万人次（占 44%），而以个人游方式来澳的广东省游客约有 544 万人次，占内地个人游旅客的 68%。2014 年 1 月至 10 月，来澳的内地旅客有 1764 万人次，其中来自广东省的有 746 万人次（占 42%），而以个人游方式来澳的广东省游客约有 539 万人次，占内地个人游旅客的 68%。

在货物贸易方面，由刚实施时的 273 项，后经业界要求及与内地磋商并按《安排》规定，自 2006 年起所有澳门原产的货物，经订定原产地标准后，全部可以享受零关税待遇进口内地，现时按 2014 年内地税号订定的原产地标准货物已达 1313 项。至 2014 年 11 月 30 日，以零关税优惠输往内地的货物总出口货值达 5.5 亿澳门元，豁免税款近 4454 万澳门元。而在 2014 年首 11 个月以零关税方式进入内地市场的货物总出口金额约为 8004 万澳门元，与 2004 年《安排》第一年实施时的 183 万澳门元比较，增长达 44 倍。①

2014 年澳门与内地在出入境管理的一件大事是横琴口岸 24 小时通关。2014 年 12 月 18 日零时，广东省珠海横琴口岸实行 24 小时通关，拱北海关下属横琴海关监管验放首批进境旅客。这是内地与澳门首个适用于普通旅客的 24 小时通关口岸。同时，珠海拱北口岸开、闭关时间分别提前和延后各

① 资料来源：澳门特区行政区新闻局经济财政司司长办公室。

1个小时,珠澳跨境工业区口岸于0时至7时临时向步行的在澳门工作的内地劳务人员、学生和澳门居民开放。这标志着国务院批准的广东省珠海市与澳门特区之间的拱北口岸、横琴口岸和跨境工业区口岸新通关安排的正式实施。12月18日正式投入使用的横琴新口岸占地面积24万㎡,总建筑面积42,000㎡,口岸大厅建成人工查验通道32条,自助查验通道12条,口岸区域共安装监控摄像镜头850个,可满足旅客通关8万~10万人次/日,大大提升通关效率。横琴过渡期口岸也在12月17日启用,设计日通关能力达10万人次,车辆4.5万辆次,其中旅客通关大厅为临时性工程。珠海市将对旧旅检大厅进行拆除,并在此基础上修建永久性旅客通关大厅。① 澳门特区行政长官崔世安表示,澳珠之间三口岸的新通关安排体现了中央政府关心澳门居民,支持澳门特区持续稳定发展、不断改善民生,支持澳门特区与内地省区促进友好合作。新通关安排实现了特区政府和市民多年来的期盼,也充分反映了粤澳合作的重要成效。

二、第四届特区政府顺利产生

澳门特区第三任行政长官于2009年12月20日就职,并将于2014年12月19日届满,因而必须在2014年年中选出第四任行政长官候任人,并报中央人民政府任命。根据《行政长官选举法》,有关行政长官的选举程序大致如下:(1)成立行政长官选举管理委员会;(2)选举产生行政长官选举委员会;(3)提名候选人;(4)竞选;(5)投票与核算;(6)中央人民政府任命。

2014年3月4日第三任行政长官崔世安赴北京参加两会前,表达有意参选第四任行政长官的意愿。2012年3月3日行政长官发布第13/2008号行政命令,并在3月17日政府公报上公布,订定2014年6月29日为行政长官选举委员会委员的选举日。这就意味着澳门特区第四任行政长官选举的相关程序开始启动。根据2012年全国人大常委会批准的附件一修正案和新修订的《行政长官选举法》,选举委员会由300人增加到400人,有关选举界别的名额分配如下:

1. 第一界别工商、金融界共120人。

2. 第二界别共115人:(1)文化界26人;(2)教育界29人;(3)专业界

---

① "珠澳三口岸通关新安排18日凌晨实施",资料来源人民网,2014年12月20日访问。

43 人;(4)体育界 17 人。

3. 第三界别共 115 人:(1)劳工界 59 人;(2)社会服务界 50 人;(3)宗教界 6 人:天主教代表 2 人、佛教代表 2 人、基督教代表 1 人、道教代表 1 人。

4. 第四界别共 50 人:(1)立法会议员的代表 22 人;(2)澳门特区全国人大代表 12 人;(3)澳门特区全国政协委员的代表 16 人。

这里的 400 名选举委员会委员其中有 344 名需要按照《行政长官选举法》选出。根据《行政长官选举法》,自行政长官选举委员会委员选举日期公布后 15 日内,行政长官必须委任成立行政长官选举管理委员会。2014 年 3 月 12 日行政长官发布第 60/2014 号批示委任行政长官选举管理委员会,由 1 名主席和 4 名委员组成 ,其权限主要是负责领导及推行选委会委员选举和行政长官选举,订定选委会委员选举和行政长官选举的地点及运作时间,并就选委会委员选举和行政长官选举的有关事宜作出解释和发出指引等。2014 年 4 月 28 日行政长官发布第 78/2014 号批示委任行政长官选举委员会委员选举和行政长官选举的总核算委员会。

2014 年 5 月 28 日第四任行政长官选举委员会的候选名单确定,与上次 300 人的选举委员会相比,名单出现大幅增长,年轻人涌向,其中教育界、体育界和劳工界需要差额选举产生。[①] 6 月 29 日行政长官选举委员会选举产生,在 5448 名有资格参与投票的选民中,共有 4505 人参与投票,选出 344 名委员,总投票率为 82.69% 。[②]

2014 年 6 月 25 日行政长官发布第 28/2014 号行政命令,订定 2014 年 8 月 31 日为行政长官选举日。7 月 15 日崔世安正式宣布寻求连任,将参选下任澳门特区行政长官。7 月 31 日崔世安取得 331 张提名票,被确定为唯一候选人。在 8 月 31 日举行的行政长官选举中,有 396 名委员出席并参与了投票,其中空白票 13 张,废票 3 张,崔世安得票 380 张有效票。9 月 2 日澳门终审法院确认了这一当选结果。

值得指出的是,崔世安在竞选过程中,不仅面对选举委员会,而且还面向全体市民。其竞选办公室自 7 月 16 日投入运作以来,通过座谈会、公听会、会面、信件、电话、传真、官方网站、电邮、官方微信账号及在小区与居民

---

① "特首选委参选名单确定",载《澳门日报》2014 年 5 月 29 日。

② "投票率 82.69% 选举具忍受性,四百选委顺利诞生",载《澳门日报》2014 年 6 月 30 日。

交流等多元方式,收集居民对政纲和社会发展的意见,至 8 月 31 日选举日止,共收到 92,819 份意见及建议。①

2014 年 9 月 20 日国务院总理李克强在中南海紫光阁向崔世安颁发任命崔世安为澳门特区第四任行政长官的国务院令。国家主席习近平在人民大会堂会见当选并获任命的第四任行政长官崔世安。习近平肯定崔世安和特区政府过去 5 年的工作成绩,但认为当前澳门面临的内外环境有新变化,要求崔世安与特区政府审势度势,统筹谋划,把工作做得更好。

《澳门基本法》规定行政长官提名并报请中央人民政府任命政府主要官员和检察长。2014 年 11 月 30 日国务院任命第四届澳门特区政府主要官员和检察长。任命情况如下:陈海帆(女)为行政法务司司长;梁维特为经济财政司司长;黄少泽为保安司司长;谭俊荣为社会文化司司长;罗立文为运输工务司司长;张永春为廉政公署廉政专员;何永安为审计署审计长;马耀权为警察总局局长;赖敏华(女)为海关关长;叶迅生为检察院检察长。上述官员将于 2014 年 12 月 20 日起履行职责。

2014 年 12 月 11 日行政长官崔世安委任第四届行政会委员,11 名委员分别是陈海帆、梁庆庭、廖泽云、马有礼、欧安利、郑志强、陈明金、何雪卿、黄如楷、林金城、陈泽武。有关行政命令将于 12 月 20 日公布。

2014 年 12 月 20 日第四任行政长官崔世安,特区政府主要官员及检察长在国家主席习近平监誓下宣誓就职。

三、"离补法案"风波

所谓"离补法案",是指澳门政府于 2013 年 12 月 16 日向立法会提交的《候任、现任及离任行政长官及主要官员的保障制度》法案。《澳门基本法》规定行政长官是澳门特区首长,对中央人民政府和澳门特区负责;行政长官也是澳门特区政府首长,领导澳门特区政府。澳门特区政府官员认为,行政长官的双重宪制地位和宪制责任是《澳门基本法》所确立的,而透过特区法律对候任、现任和离任行政长官的相应保障予以规范,是实施《澳门基本法》的需要。特区主要官员由行政长官提名,由中央人民政府任免,是辅助行政长官制定政策和施政的重要组织设置。因此,同样需要就候任、现任及离任

① "多团体支持崔连任,崔竞选办收九万二份意见",载《澳门日报》2014 年 9 月 1 日。

主要官员的工作条件及合理权益建立相关的制度，此亦是实施《澳门基本法》的需要。为了加强政治体制的制度化建设，填补法律体系在这方面的空白，特区政府开展了相关研究，在参考比较法及考虑特区现行制度的基础上提出《候任、现任及离任行政长官及主要官员的保障制度》法案，以期制定一套公平合理的政治职位据位人的保障制度。

根据该法案建议，候任行政长官及主要官员自获得中央人民政府任命之日起，每月可分别获发放相应职位月薪酬的 90% 和 70% 津贴。同时享有获得适当办公场所、行政后勤支持等与公共行政人员福利。基于行政长官的宪制地位和职责，在司法保障方面，行政长官任职期间，如有严重违法行为，除按《澳门基本法》第 71 条第 7 项的特定程序予以弹劾，并报中央政府免除职务外，不适用刑事程序。

该法案亦建议在行政长官离任后亦应给予相应的保障。为离任行政长官设立一项月补贴的制度，离任行政长官可获得月薪之 70%，以及其他权利。但在离任行政长官从事有报酬的私人业务之日起终止。主要官员方面，法案除建议给予候任官员必要的待遇和工作条件，每月可获发放金额相当于主要官员月薪酬 70% 的津贴及获得行政和后勤等支持。建议属确定委任的公务员或司法官，可保留原职位，如符合退休的要件者亦可退休。法案规定，主要官员于离任时，享有一次性的离任补偿，金额相当于其离职日月薪酬的 14% 乘以自就职日至终止职务日担任有关官职的月数。同时，法案亦就权利丧失的情况作出规定，如根据《澳门基本法》规定的程序被弹劾，并报中央人民政府决定免除其职务的行政长官，在离任时不享有离任月补贴和其他权利；因执行职务实施犯罪而被判刑的离任人，不享有离任月补贴或离任补偿及其他权利。

"离补法案"从政府提交草案文本到立法会小组通过，并没有进行公开咨询，澳门主要媒体也没有广泛报导。草案于 2013 年 12 月 16 日获立法会一般性通过，但没有进行过任何公开咨询或向公务员团体征询意见。因此，当市民通过香港媒体获知有关草案内容后，反对声音不断，并质疑特区政府"暗箱操作"。5 月 25 日下午 3 时，约 2 万澳门市民身着白色衣衫走上街头，抗议旨在让高官以公帑自肥，及容许特首任内刑事豁免权的"离补法案"。呼吁澳门政府正视民意，立即撤回"离补法案"，否则会发动民众包围立法会。

游行约于晚上 8 时结束,参与人士和平散去,整个游行秩序良好,过程顺利。此次集会游行,局方共派出约 250 名警员维持秩序。①

澳门行政会召开紧急会议,3 位身兼行政会委员的立法会议员夜晚紧急会见传媒,表示将向立法会主席提议将法案重新发还委员会深入讨论。5 月 26 日行政长官崔世安与立法会主席贺一诚会晤,崔世安向贺一诚致送信函,请求删除 5 月 25 日表决"离补法案"的议程。立法会主席贺一诚接受要求,交由 27 日全体会议议决是否取消表决。5 月 27 日立法会全体会议议决是否接纳行政长官请求,中止细则性审议、表决《候任、现任及离任行政长官及主要官员的保障制度》法案议程。出席议员全票通过即场中止法案的细则性审议、表决。

5 月 29 日,行政长官崔世安亲自宣布将去函立法会,撤回法案。崔世安进一步表示,将来提案前必公开咨询。5 月 29 日下午召开的立法会全体会议时亦正式接纳其撤案请求。崔世安解释"借法案去建设相关制度有其必要,但因社会分歧甚大,为免影响和谐社会而作撤案决定。政府对未来咨询持开放态度,有商有量,希望社会广泛参与,再提案并无时限"。他强调:"法案拟予特首任内免刑责并非凌驾中央,离任月津贴不是'自肥'。他会谦卑检讨、深刻反思事件以及未来施政。"②

反"离补法案"活动,似乎突然激发了澳门居民的政治热情。澳门市民以往关注政治的热情普遍较低,长期以往民众对政府工作的真实意愿就很容易被忽视。而这次反"离补法案"游行的主要参与者是澳门的青少年,他们以往对政治活动的参与和讨论一般只限于网络互动,而不愿站出来表达,却在这场活动中纷纷从网络走出,参与游行。这从另一个侧面反映出近年来澳门民众特别是年轻人参与政治的热情有所提升。

反"离补法案"活动,也说明澳门的民意机构与社会团体以及民众的沟通有待于进一步畅通。澳门回归前后,传统社团都在官民沟通方面扮演重要的桥梁角色,然而随着社会急速变迁,传统社团的凝聚力和桥梁角色出现下滑的现象。反"离补法案"游行活动的结果可能导致市民日后更多采用如游行、示威等较为激进的抗议方式去抗争和反对不合民意的施政,将会极大

---

① "高官离补从长计议",载《澳门日报》2014 年 5 月 26 日。

② "两万人游行反离补法案促撤回",载《市民日报》2014 年 5 月 29 日。

地损害社会秩序。因此,反"离补法案"活动对澳门特区政府今后的立法和施政工作具有深远的教育与警示作用。政府有必要不断拓宽政府与市民的沟通渠道,提升立法、司法、行政机关运作公权力的透明度,加深政府与民众的良性互动和坚定信任,这些都是今后考验澳门特区政府施政能力的重要标准。

四、"民间公投"事件

澳门特区行政长官是澳门特区的首长,代表澳门特区。《澳门基本法》第 47 条规定,澳门特区行政长官在当地通过选举或协商产生,由中央人民政府任命。按照附件一的安排,行政长官由一个具有广泛代表性的选举委员会选出。在 2014 年之前,这个选委会由 300 人组成,2012 年全国人大常委会批准的附件一修正案,将其增加到 400 人。近年来随着香港特区政改进程的推进以及澳门特区的经济急速增长,青年人参政意识增强,一些年轻人不满民主进程缓慢。

2014 年 8 月 24 日至 31 日,澳门公民团体"澳门良心"(Macao Conscience)、"开放澳门协会"(Open Macao Society)和"澳门青年动力"(Youth Dynamic)举行"2014 特首选举民间公投"。投票的议题有两题:第一题"你是否赞成 2019 年澳门行政长官由普选产生?"第二题"你是否信任 2014 年澳门行政长官选举唯一候选人崔世安成为行政长官?"以上两题均可选"是"、"否"或"弃权",投票资格为年满 16 周岁持有澳门居民身份证居民。澳门此次的"民间公投"活动,与引发香港陷入混乱的"占领中环"运动组织的公投形成呼应,引起了中央政府和澳门特区政府高度重视。澳门特区政府与中央人民政府驻澳门特区联络办公室对此次民间公投运动表明态度。

澳门特区政府发言人谭俊荣代表特区政府发表声明指出,特区政府注意到,本澳有三个小团体发起筹备所谓的"民间公投",目标针对本澳选举制度及即将举行的第四届澳门特区行政长官选举。特区政府严正声明,澳门是法治之区,任何形式的所谓"公投"在澳门均没有宪制性法律依据,不具备任何法律基础,是非法的,也是无效的。对于个别小团体意图挑战澳门法治基础的行径,特区政府坚决反对。为确保新一届的行政长官选举,将严格按照基本法相关规定,以及经过正当法律程序修改的、2012 年 9 月 11 日正式生效的《行政长官选举法》来开展。特区政府有决心、有信心,确保新一届澳门特区行政长官选举依法进行,并且圆满完成。谭俊荣表示,目前政府未考虑采取进一步行动,但有关部门日后对“公投”活动可能会跟进。[①]

中央人民政府驻澳门特区联络办公室负责人表示:在澳门特区搞任何所谓“公投”活动均是没有法律依据的。根据国家宪法和澳门基本法的规定,澳门特区是直辖于中央人民政府的地方行政区域,一个地方行政区域是无权自行创制“公投”制度或发起所谓“公投”活动的。特区政府发表的严正声明明确指出,澳门是法治之区,任何形式的所谓“公投”在本澳均没有宪制性法律依据,不具备任何法律基础,是非法和无效的。中联办完全赞同和支持特区政府依法管理有关事务的立场和态度。该负责人指出,澳门特区第四任行政长官选举是2014年澳门的一件大事,各项工作正在依照《澳门基本法》和特区相关法律规定稳步进行。广大市民对2012年处理澳门政制发展问题后,澳门特区行政长官选举委员会名额增加和刚刚结束的行政长官选举委会选举的结果是肯定的,普遍希望特区第四任行政长官选举能够依法有序顺利进行。相信各界人士会十分珍惜今天澳门来之不易的发展成果,努力维护繁荣稳定的大好局面,任何违反《澳门基本法》的规定、否定法定制度的行为和做法均是不得人心的。[②]

2014年7月23日,民间公投运动的组织方之一“开放澳门协会”向民政总署申请于8月1日至4日分别在水坑尾街、佑汉新村第一街、高士德大马路及宋玉生广场之行人公共地方举行四个题为“2014澳门特首选举民间公投之宣传”的“集会”。7月24日,澳门民政总署以‘无权公投’为由,拒绝有关申请,不容许举行拟举办的活动。因此开放澳门协会理事长根据第2/93/M号法律第12条的规定,[③]针对民政总署管理委员会主席于2014年7月24日所作的不容许举行该协会拟举办活动的批示向终审法院提起上诉。上诉人指称被上诉决定违反平等原则,而且还错误地解释了第2/93/M号法

① “澳门政府:‘公投’非法无效”,载《大公报》2014年7月9日。

② “中联办:违基本法不得人心”,载《澳门日报》2014年7月9日。

③ 第2/93/M号法律第12条(上诉):对当局不容许或限制举行集会或示威之决定,任何发起人得在获知申诉所针对之决定作出之日起计8日内,向终审法院提出上诉。

律第 6 条的规定。[①] 2014 年 7 月 30 日，澳门终审法院作出第 95/2014 号案裁判。终审法院合议庭认为，“民间公投”是为了解和征求市民对于改变现行选举制度，从而达至普选特首的意见。实际上是一项民意调查；相关宣传活动不应被认为是法律技术层面上所指的“集会”，即其权利受到法律保护，以及若禁止或限制该权利的行使将使终审法院有理由介入审理的“集会”。因此，终审法院并不具备审理上诉人所提出之问题的管辖权，因为终审法院根据第 2/93/M 号法律第 12 条介入审理相关事宜的前提条件是出现不允许或限制举行集会或示威的情况，而本案不在此列。综上所述，合议庭裁定不审理上诉。

继第 95/2014 号合议庭裁判后，开放澳门协会理事长周庭希再次向民政总署管理委员会主席申请拟于 8 月 24 日分别在佑汉新村第一街、墨山街、水坑尾街、风顺堂街及哥英布拉街（花城公园旁）之行人公共地方举行集会，主题为“‘2014 澳门特首选举民间公投’民意表达活动”。8 月 11 日，民政总署管理委员会主席通知发起活动的团体，决定不容许在公共地方举办上述活动。随后周庭希以开放澳门协会理事长身份就民政总署管理委员会主席不容许开放澳门协会拟举办的“2014 澳门特首选举民间公投民意表达活动”集会的决定，上诉人认为开放澳门协会拟举办活动的内容符合终审法院案件编号 95/2014 判词所提出对集会的定义，“民间公投站的运作在本质上构成集会”，并且被上诉人违反了平等原则，因此根据第 2/93/M 号法律第 12 条的规定，向本终审法院提起上诉。2014 年 8 月 18 日，澳门终审法院作出第 100/2014 号合议庭裁判，驳回“开放澳门协会”不服民政总署不容许其在公共场地举办“民间公投”而提起的司法上诉。判决指出：基本法和澳门现行法律体系都没有赋予澳门居民享有举行“公投”的权利，所谓“民间公投”是没有任何法律基础、不受法律保护的。故终审法院驳回了上述。

上诉两个案件的判决结果依法有效，其实质意义在于判定民间公投活动的非法性质。“民间公投”的组织者转而以网络的方式进行“公投”，组织者宣布有 8000 多人参与了这次投票活动。无论他们采取何种方式，只要声称所谓“公投”，就具有明显的非法性和危害性。我国是单一制国家，澳门特

① 第 2/93/M 号法律第 6 条（不容许拟举行的集会或示威）：如因第 2 条之效力而不容许集会或示威，民政总署管理委员会主席须将该事项作出书面通知，并明确指出有关理由。

区是我国单一制国家结构形式下的一个享有高度自治权的地方行政区域,是我国不可分离的一部分。公投是一项严肃的宪制安排,具有特定的含义,只能依照宪制性法律的规定,在政权机关的组织下,就涉及国家认同、主权、领土归属、宪法修改、政治体制等重大政治议题,依照法定程序进行。我国《宪法》和《澳门基本法》没有赋予特别行政区举行公投的权力,澳门特区作为中华人民共和国的一个地方行政区域,也无权创制"公投"制度。澳门的社会舆论对所谓"民间公投"破坏法治、挑战中央权力的危害性也提出了许多批评。而关于选举委员会是否代表民意的问题,也不能被简单解读为 400 人参与的选举。这些委员来自代表澳门社会公众的多个功能组别和社会团体,例如,工商、金融、文化、教育、专业、体育、劳工和社会服务界等,体现了广泛代表性。

五、博彩业发展面对新挑战

博彩业在澳门历史悠久,早至 19 世纪中叶,澳葡当局宣布博彩合法化,并对博彩业实行专营制度。20 世纪 60 年代以来,博彩业结合旅游业的发展,成为澳门经济支柱之一。20 世纪 90 年代,澳门博彩业在本地生产总值中的比重超过建造业、金融保险、制造业"三大支柱"之和。40% 的新楼为赌业人士所有,赌场直接聘用的员工接近 1 万人——也就是说,每 43 个澳门人中就有 1 个在博彩行业供职。1999 年澳门回归后,特区政府即把"加强博彩业监管机制,提高经营管理水平"作为施政纲领之一。澳门被定位为以博彩旅游业作龙头发展的城市。2001 年,澳门立法会正式通过了《娱乐场幸运博彩经营法律制度》(俗称《博彩法》),为澳门的"开放赌权"提供了法律依据。2003 年中国内地开展港澳个人游后,澳门旅游业和博彩业的发展更是备受重视。2006 年澳门赌场总营业额已超越拉斯维加斯,成为全球第一赌城。2009 年,博彩税的收益约占澳门特区政府财政收入七成多。2013 年,澳门博彩总收益达 3607.49 亿澳门元(462.5 亿美元),居世界第 1 位,缴纳博彩税 1343.8 亿澳门元(172.28 亿美元)。至 2013 年年底,博彩税收占澳门特区政府税收收入的 91.7%,占公共财政收入的 85.9%。[①]

除娱乐场博彩外,澳门的博彩活动还包括赛马、赛狗、彩票和近年兴起

① 资料来源:澳门特别行政区政府博彩监察协调局。

的足球博彩及篮球博彩。特区政府成立后，决定待博彩的专营权于 2001 年年底期满后开放博彩业，借此发展具竞争力的博彩业，为澳门居民创造更多就业机会，并且进一步巩固澳门作为区域内博彩中心的地位。

澳门博彩业的成功可以总结出以下经验：第一，回归后特区政府决定开放赌权，2002 年特区政府分别将赌牌批给澳门博彩股份有限公司、银河娱乐场股份有限公司和永利度假村股份有限公司，其后威尼斯人集团、美高梅金殿超濠股份有限公司和新濠博亚博彩股份有限公司分别通过转“转批给”的方式获得赌牌。开放赌权有力地刺激了博彩业有序竞争，使赌权由垄断经营走向适度开放，为博彩业注入了新动力，为其长远可持续发展打下较好基础，提升整体产业素质和服务水平，有效应对了来自澳门周边地区博彩业扩张的竞争压力。第二，澳门博彩业收入为改善社会民生做出贡献。2013 年年底，博彩税收占特区政府税收收入的 91.7%，占公共财政收入的 85.9%。此外，博彩收入的 2.4% 用于改善澳门的市政建设和公共工程，收入的 1.5% 提交给澳门基金会用于发展社会文化事业。目前，六家博彩企业共为社会提供了 8.1 万个就业岗位，占就业人口总数的 22.5%。博彩业在社会民生事业方面积极作为，赢得了正能量。第三，特区政府对博彩业规模的调控使博彩业始终处于政府有效的监管下有序发展。澳门赌权开放后，娱乐场和赌台数量不断增长。在中央有关博彩业健康有序发展的要求指引下，特区政府出台政策，规定至 2022 年的未来 10 年内赌台年均增速限制在 3% 以内。在政策调控下，近年赌台增速明显放缓。博彩业根据中央的指示精神和特区政府的规管调控，逐步朝健康有序的方向发展。第四，产业结构逐渐调整，促进澳门经济适度多元。回归前，澳门赌收结构单一，主要依赖贵宾厅和豪赌客，既不重视发展中场，更不重视非博彩项目的多元化经营。贵宾厅收入占到博彩收入的 80% 以上。回归后，赌收结构不断调整，中场收入占比逐渐提升，已接近四成，有利于丰富澳门旅游客源，提高博彩业抗风险能力。通过博彩业的发展，同时带动旅游业、服务业和其他相关产业的共同发展，逐步实现特区政府回归初期确定的“以旅游博彩业为龙头、以服务业为主体，带动其他行业协调发展”的经济定位和目标。最后，回归后特区政府分别在机构设置、法律制度和监管范围上逐步加强对博彩业的监管。在监管立法上，先后制定了涉及博彩业的法律 4 件，行政法规 8 件，批给合同和转批给合同 6 件，行政命令 15 件，行政长官批示 27 件及经济财政司司长批示

3 件,建立了博彩监管法制体系;在监管执法上,专门成立“博彩监察暨协调局”,再辅以财政局、司法警察局等机构依照法律法规授权,组成博彩监管执法体系;在监管范围上,将博彩借贷、中介人资格登记、反洗钱、负责任博彩等与博彩业经营有重大关系的领域纳入监管范畴,努力将博彩业对社会的负面影响降至最低程度。①

从 2014 年起,澳门的赌收开始不断下降,据澳门博彩监察协调局公布数据显示,澳门赌业收入自 2014 年 6 月起开始下跌。2014 年 12 月澳门博彩毛收入同比下降 30.4%,至 233 亿澳门元,预期同比下降 30%。到 2014 年 12 月 31 日,2014 年全年澳门博彩毛收入 3515 亿澳门元,较 2013 年下降 2.6%,为澳门回归后首个年度下滑。2014 年中国政府不断加大反腐力度,掀起“打老虎”的高潮,澳门博彩业受到严重波及。

澳门作为开放型的微观经济体,本地市场狭小,对外依存度很高,这导致了其经济社会的发展很容易受到周边国家和地区的影响。澳门经济(特别是博彩业)与内地有着紧密联系,对内地经济有着高度的依赖性。澳门经济本身的高度外向型,以及缺乏自主性的缺点,使澳门在面临外部经济环境发生变动时,很难不受到波及。澳门回归 10 多年来,博彩业一业独大,目前博彩业已经分别占到澳门 GDP 和政府财政收入的绝大部分,博彩业成为澳门的支柱产业,但博彩业对其他社会经济资源具有极强的吸附力,导致其他产业的生存和发展空间很容易受到博彩业的挤压。2014 年,澳门博彩业毛收入为 3500 亿元,而同期包括批发及零售业、酒店业、饮食业、建筑业、金融业等在内非博彩行业的毛收入总和才为 1900 亿元,非博彩行业支持澳门经济保持平稳的能力有待加强。②

除此之外,澳门其他产业的相应人才也十分缺乏。目前,澳门产业结构单一,技术含量低,劳动密集型的特征,决定其就业人口的构成也以低技术、高劳动型为主。即使在博彩业迅速发展的背景下,澳门的就业人口低技能、低教育程度的状况并没有太大的改善。2011 年,完成中学教育的人口占人口总数的 48.9%,而未完成小学教育的占 10%。具有高等教育学历的人口比例仅占 16.7%,由此可见澳门人口的教育程度不高,使澳门难以应付迅速

① 资料来源:中央政府驻澳门联络办《回归以来澳门博彩业发展基本情况》。
② 资料来源:澳门特别行政区政府印务局《二〇一四年财政年度政府工作总结》。

发展的市场需要，制约了澳门产业结构向技术型、信息化、多元化转变。澳门在人才及技术方面的短板对加速经济健康可持续发展是一个巨大的挑战。

在庆祝澳门回归 15 周年的讲话中，中国国家主席习近平提出，要加强与完善澳门博彩业的监管，积极培育新的经济增长点，推动经济多元可持续发展："一方面，要以更大的勇气和智慧破解发展难题，加强和完善对博彩业的监管，积极培育新的经济增长点，不断推动经济适度多元可持续发展取得实质性成果。另一方面，要用好中央支持澳门发展的政策措施，深化同祖国内地特别是广东省和泛珠三角地区的合作。在区域合作中拓宽澳门发展空间，增强澳门发展动力，努力实现与内地共同发展、共同进步。"

习近平的讲话表明，中央领导层决心打击内地非法资金借澳门流出，传递了澳门发展不能再靠博彩业的明确信号。澳门的发展必须摆脱对博彩业的高度依赖。回首"一国两制"在澳门的实践，中央人民政府驻澳门特区联络办公室副主任姚坚指出，澳门特区经济持续快速发展，适度多元化稳步推进，为经济社会可持续发展打下坚实基础。防止经济对博彩业过度依赖，避免产业结构失衡导致经济风险，是保持澳门长期繁荣稳定的必然要求。

六、澳台关系增添新内涵和新使命

澳门特区与台湾地区同属于中华民族。两地有着深厚的历史和现实渊源，一直以来，澳门特区与台湾地区之间通过经商、求学、就业、旅游、通婚等方式，形成血脉相连的亲密联系。共同的民族血缘关系和文化是澳台关系中一个恒久的决定元素，不会因为时空的改变和两岸经贸关系等因素的变化而改变。澳门回归后，澳台关系成为两岸关系特殊的组成部分。15 年来，澳门特区积极开展与台湾地区的良性互动，在两岸关系中，担当着独特的角色。当前，两岸关系和平发展进入新阶段。澳门的平台作用不仅不会减弱，而且，基于"一国两制"的成功实践，更增添了新的内涵和使命。

1999 年 12 月 20 日澳门回归祖国，成为中华人民共和国的一个享有高度自治权特别行政区。澳门回归以后，台湾地区与澳门特区之间的关系形成一种同属一个国家内两个地区间的特殊关系。台湾地区将澳门从"外国地区"定位为"有别于大陆其他地区的区域"，制定了"香港澳门关系条例"来处理台港澳关系。并于 1999 年 12 月 27 日将其驻澳门机构改名为"台北经济文化中心”,其隶属关系也从台湾地区“外交部”转移到“陆委会”,等于正式承认与澳门关系是两岸关系的一个特殊部分。

澳门特区与台湾地区的关系纳入了两岸关系中。澳门方面在回归后允许台湾居民继续使用台湾居民身份证免签进入澳门,而不是像回归前传闻的要使用“台胞证”。在吸引台资方面,澳门特区政府还对台商投资澳门给予鼓励,除享有“投资居留”的权益外,进一步制定和完善了吸引台湾地区资本、技术和游客的政策措施,保障在澳门的台湾地区机构、人员和各类资本的合法权益和进出自由;在支持人才方面,澳门特区政府承认台湾地区的高等学历,使澳门青年赴台升学的趋势继续加强。

2011年7月4日“台北经济文化中心”提升为“台北经济文化办事处”。2012年5月13日,澳门特区政府也在台北正式设立了澳门经济文化办事处。澳门特区和台湾地区互设办事机构,为澳台民间交流提供相关服务,标志着澳台关系迈上一个新的里程碑。澳台两地低调、务实、灵活地采取一系列有助于澳台民间交流交往的举措,推动了澳台关系的发展。2014年澳门与台湾进一步展开良性互动,特别是2014年2月17日《澳门与台湾间航空运输协议》的签署极大地促进台澳双方经贸发展及观光文化交流。

早在1995年,澳门航空有限公司与台北市航空运输商业公会为了方便澳台两地居民的往来,签署了《关于澳门与台湾之间航空运输商业协议》。在两岸不能直航的时代,这个协议的签署与实施,为两岸居民的交流交往带来了便利与保障。随着海峡两岸实现直航,澳台航线由于失去了两岸中转旅客市场,而渐趋低迷。随着海峡两岸关系的不断改善,澳台双方均希望两地的航空企业能加大力度发展航班服务,让两地的交流合作更紧密和便利。经过双方协商,《澳门与台湾间航空运输协议》于2014年2月17日在澳门由澳门特区政府驻台北澳门经济文化办事处主任梁洁芝与“台北经济文化办事处”“主任”卢长水共同完成签署,该协议将于完成相关程序后生效。新航约的顺利签署,有助于台澳实质关系进一步的提升。

该协议在内容上本着对等互惠原则,对客、货运容量班次均不设限,由双方各自指定业者营运,为航运业界提供了更具弹性、更广阔的营运空间。相较于过去由台澳航空业者签署的旧航约,此次由澳门经济文化办事处与“台北经济文化办事处”共同完成《澳门与台湾间航空运输协议》的签署,彰显了航权协议的正式性。另外,新航约也提供双方航空公司更具弹性的营运空间，并提升旅客往来的便利性。

在《澳门与台湾间航空运输协议》以前，仅限于澳门特区的“澳航”与台湾地区的“长荣”、“复兴”执飞的澳台航线，今后任何经得双方民航部门同意的航空公司都可以参与。此前指定每周营运座位及吨位，今后只要符合市场便可放开。以前台湾地区飞澳门的机场，指定为台北和高雄机场，今后将不再指定任何机场，金门、马祖、花莲、台东等机场都可与澳门之间开辟航线。除此之外，《澳门与台湾间航空运输协议》增设了台中、花莲、台东、马公、金门、台南、嘉义 7 个定期包机航点，将使澳台两地居民，特别是台湾中南部和离岛地区民众能享受到更优惠、更便捷的空运服务。

《澳门与台湾间航空运输协议》打破了原有航线经营的垄断，带来了竞争机制和多元化的客源，为低成本民航服务的发展带来了契机。相关的安排将进一步增加往返台澳间旅客的便利性，并更加促进台澳双方经贸发展及观光文化交流。

七、民生保障取得新进展①

（一）社会保障

澳门的社会保障机制由社保基金、经济援助、社会福利共同组成。2014 年，澳门政府完成《非强制性中央公积金制度》的咨询，拟定了《澳门养老保障体系的政策框架》文本，并开展制订“长者服务十年行动计划”的工作，进一步从制度和长远规划上为养老保障创设条件。特区政府全面落实一系列强化对弱势社群，包括残疾人士、低收入人士的经济和就业援助措施，并新推出“临时性残疾补助津贴”。此外，加强养老保障、经济成果分享的相关政策。加大力度开展安老院舍建设。因应托儿服务需求的持续上升，采取措施增加托儿名额；密切跟进预留土地兴建和扩建社会服务设施，以及人力资源开发等工作，体现了社会公平，促进了社会大局稳定。

（二）医疗卫生保障

2014 年，澳门成为西太平洋区域首批获取世界卫生组织“消除麻疹”认证的地区之一，六间卫生中心亦通过国际认证。政府通过继续修订和完善《实习医生培训制度》，以及相关的专业人员注册制度，致力于提高医疗队伍

---

① 资料来源：澳门特别行政区政府印务局《二〇一四年财政年度政府工作总结》。

的专业水平。此外,娱乐场中场已落实执行全面禁烟的法律措施成效初见,公共场合的吸烟率大幅下降。近年来特区政府持续加大资源投入,加强制度建设,优化软硬件设施。积极落实《完善医疗系统建设方案》,按序兴建离岛医疗综合体、新卫生中心、专科医疗和传染病康复等设施。本澳居民享有被世界卫生组织评为典范的免费初级卫生保健网络服务;特区政府积极推行"妥善医疗,预防优先"的卫生政策,透过初级卫生保健网络、专科医疗和公共卫生防控措施,有效地构建了医疗卫生保障系统长效机制。

(三)住房保障

2014年,澳门特区政府进行《经济房屋法》检讨及公众咨询;调整新城区规划,预计可提供约28,000个公屋单位,为住屋保障提供重要条件。随着新公屋小区逐步成型,加紧区内配套建设,便利居民的生活和出行。此外,《分层建筑物管理商业业务法》的法律草案,已完成公众咨询。特区政府通过社会房屋、经济房屋及私人房屋三方面配合,逐步落实了"居有其所、安居乐业"的施政目标。

(四)教育发展

2014年,澳门特区政府继续推进非高等教育的立法工作,颁布《本地学制正规教育课程框架》行政法规,修订了《义务教育制度》法规,完成《私立学校通则》相关法律草案的公众咨询,充分尊重了民意,为非高等教育私立学校的发展创造良好条件。同时,在稳步调升各项教育津贴、学生津贴的基础上,特区政府增加了对特殊教育的资助,加大就读大专课程学生的资助金额和名额。为特区的教育事业发展注入了巨大能量。

八、结语

2014年,澳门特区政府依法治澳,特区经济平稳运行,社会各项事业稳固发展,澳门各界克服了种种挑战,直面澳门发展过程中突出的民生问题,在经济发展、住房、养老、扶贫、环境保护等重大问题上积极采取各种应对措施,取得了一定成效。特区政府不断推进法制建设,彰显司法独立精神,维护法治这一重要的核心价值。《澳门基本法》在特区的实践继续得到贯彻和全面落实,2014年以来澳门在各个领域所取得的成绩,充分显示了基本法强大的生命力。

回归15年来,"一国两制"的伟大构想在澳门取得了举世瞩目的伟大成功。国家正处于一个波澜壮阔的发展时代,澳门作为伟大祖国的一份子,也分享了祖国日渐强盛的尊严和喜悦。在新的历史起点上,澳门的长远发展应当按照宪法和基本法办事,集中精力发展经济、改善民生,坚持包容共济、促进爱国爱澳旗帜下的广泛团结,确保“一国两制”事业始终沿着正确的方向走稳、走实、走远。

专题述评

论“一国两制”理论与实践的关系

——以澳门特区15年来基本法实施的成就为视角

骆伟建*

2014年12月20日是中国澳门特别行政区(以下简称澳门)成立15周年,回顾澳门实施“一国两制”和《澳门特别行政区基本法》(以下简称《澳门基本法》)的情况,总体是好的,是基本成功的,可以从以下事实加以说明。15年来,澳门经济得到了迅速发展,2013年与1999年相比,本地生产总值由502亿澳门元上升至4134亿澳门元,年增长16.2%;财政收入由169亿澳门元增加到1759亿澳门元,年增长18.2%;人均GDP由1.5万美元上升到8.7万美元,增长4.8倍。[①]澳门民生也得到逐步改善,失业率屡创新低,由1999年的6.3%降至2013年的1.8%,实现了国际标准下的充分就业要求。人均月收入中位数由4900澳门元升至12,000澳门元,增长了3倍。特区政府将发展经济成果惠及广大居民,仅现金福利就包括现金分享、公积金账户预算盈余特别分配款项、社会保障津

---

* 澳门大学法学院教授,法学博士。

① “贯彻‘一国两制’的生动写照——写在澳门回归祖国十五周年”,资料来源 http://cnews.chinadaily.com.cn/2014-12/15/content_19087054.htm,2015年1月3日访问。

贴、医疗券、住宅单位电费补贴、学生津贴、持续进修计划、豁免房屋税和部分印花税、减免职业税和额外退税等政策。澳门社会保障事业亦快速发展，养老保障基本覆盖全体澳门居民，社会保障支出由 1999 年的 1.59 亿澳门元提高至 2013 年的 23.11 亿澳门元，增长了 13 倍半，其中养老金由每月 1150 元调升至目前的 3180 元，多项社会保障津贴近年大幅调升。[①] 另外，澳门教育也得到了良好的发展，特别是以澳门大学世界排名 300 强为代表的高等教育，成就了澳门本地人才培养的摇篮。澳门社会稳定，扭转了回归前夕治安不靖的局面，保持了良好的治安秩序。政治体制通过两次对行政长官和立法会选举法的修改，稳步向前发展。

我们为澳门实施“一国两制”和《澳门基本法》取得的成就备感高兴的同时，应该总结一下成功的原因和经验是什么，以利于今后更好地落实“一国两制”和特别行政区基本法。笔者认为，澳门比较成功实施“一国两制”和《澳门基本法》是由多种因素决定的，但是，在众多的因素中有两个因素是至关重要的:第一，全面和特别行政区准确的理解“一国两制”和特别行政区基本法，在全社会树立起“一国两制”和特别行政区基本法的正确价值观，并且形成为社会的基本共识和主流的话语权。第二，坚定不移地依据特别行政区基本法治理澳门，政府和居民的一切行为以特别行政区基本法为依归，服从特别行政区基本法的权威。两者之间相互依存和促进，正确理解“一国两制”是坚定不移执行特别行政区基本法的前提，不折不扣执行特别行政区基本法是准确掌握“一国两制”的结果。所以，这两条经验向我们提出了如何认识与处理“一国两制”和特别行政区基本法理论与实践的关系问题。

一

准确、全面理解“一国两制”和特别行政区基本法是十分重要的，主要体现在两个方面。

(一)理论的意义

在哲学理论看来，一个自由的行动要包含理性和意志两个方面，要遵守

---

① “澳门居民的福利这么多，算一算也醉了”，资料来源 http://news.xinhuanet.com/gangao/2014-12/06/c_127281673.htm，2015 年 1 月 3 日访问。

“自觉”和“自愿”两个原则。[①] “因为自觉,所以自愿”,“只要认识了理的不得不然,有了自觉,便会自愿。”[②]这就说明,理论能够解决实践时“自觉”和“自愿”的问题。依据这个道理,“一国两制”的理论能够有利于提高实践“一国两制”的自觉性和自愿性。但是,如果“一国两制”的理论没有搞清楚,没有说清楚,歪理学说流行,难以解决“一国两制”实践者的自觉和自愿问题,最终影响“一国两制”的实践。理论混乱,实践一定更乱。同样,对实践提出的新问题,理论不能回应,不能解决实际问题,一定会被实践抛弃。

所以,全面和准确地理解“一国两制”的理论,第一,可以发挥“一国两制”的理论指导“一国两制”实践的作用;第二,可以根据“一国两制”的实践不断丰富和充实“一国两制”的理论。

(二)实践的需要

研究“一国两制”和特别行政区基本法的实践,通常会从两个特别行政区的分析入手,又总会对两者进行比较研究,从比较研究中又会发现它们之间实践成效的差别。虽然造成差别的原因是多种因素决定的,但是细心地研究可以发现一个问题:对“一国两制”和特别行政区基本法理论的“自觉”和“自愿”程度的不同,直接影响“一国两制”和特别行政区基本法的实践成效。而“自觉”和“自愿”的程度高低又是取决于对“一国两制”和特别行政区基本法理论是否接受和认同。当一些对“一国两制”和特别行政区基本法片面乃至歪曲的理解和言论流行,一定会冲击对“一国两制”和特别行政区基本法的认同感。所以,港澳特区实践“一国两制”和特别行政区基本法的事实证明了理论对实践的重要性,“一国两制”和特别行政区基本法的实践需要相应的理论指导。

二

“一国两制”的理论与实践的关系,实质是一个应然性与实然性的关系。理论能够帮助解决实践者必须明白的“应然性”问题。

---

① 童世骏:“‘理论’的‘实践’意义——对中国人文社会科学三十年发展的两点反思”,载苏力、陈春声主编:《中国人文社会科学三十年》,生活·读书·新知三联书店2009年版。资料来源http://www.niwota.com/submsg/7508203,2015年1月4日访问。

② 同上。

“一国两制”的应然性是要回答“一国两制”应该是怎样的,如何回答“应该”直接影响“一国两制”的“实际”会是怎样的。“一国两制”和特别行政区基本法中涉及三个重大理论问题,即“一国”与“两制”的关系,中央管治权与特区自治权的关系,特区的行政与立法关系,对这三个理论问题的不同理解直接影响现实中三个关系的处理。

俗话说,明白事理,才能自觉行动。而明白事理就是要求实践者清楚“为什么”必须这么做,解决“为什么”的问题需要理论能够提供实践的理性。我们可以用澳门的“一国两制”和《澳门基本法》的实践说明上述关系。

(一)“一国”与“两制”的关系方面

要处理好“一国”与“两制”的关系就要理解“一国”与“两制”关系的理论。

1. 从政治上分析“一国”与“两制”的逻辑关系

第一,要搞清楚“一国”与“两制”关系的逻辑起点。国家为什么要实行“一国两制”?要准确地解答这个问题,就必须理解《澳门基本法》序言的内容。《澳门基本法》序言第一自然段开宗明义指出,澳门自古以来是中国的领土,16 世纪中叶以后被葡萄牙逐步占领,中国政府要对澳门恢复行使主权,收回澳门。那么,为何收回澳门,如何恢复行使主权?序言第二段作出了回应:为了维护国家的统一和领土完整,有利于澳门社会的稳定和经济发展,考虑到澳门的历史和现实情况,国家决定,在对澳门恢复行使主权时,设立特别行政区,实行“一个国家,两制制度”的方针政策。从中不难理解,实现国家统一是目的,保留澳门原有制度是实现国家统一的条件和手段。所以,“一国”是“两制”的基础,基础包括两层含义,一是“一国”相对“两制”而言是目的,“两制”是达到实现“一国”的手段;二是 “两制”是建立在“一国”之上的,并统一于“一国”之中的。

第二,在弄清楚“一国两制”的逻辑起点和基础后,就要明确“一国两制”中的“一国”是什么?“两制”又是什么?“一国两制”中的“一国”意味着什么呢?《澳门基本法》总则明确作出了规定,第 1 条规定,澳门是中华人民共和国不可分离的部分。对“两制”而言的“一国”就是中华人民共和国,既不是抽象的国家,也不是虚幻的国家。所以,接受“一国”,首先,要有国家认同,即认同中华人民共和国。不认同中华人民共和国,“一国”无从谈起。其次,也要有身份认同,就是认同自己是中国人。只有视自己为中国人,才能认同中华人民共和国。再次,既然接受了国家认同和身份认同,就要爱国,爱护中华人民共和国,拥护国家统一,支持国家恢复对港澳行使主权。最后,维护“一国”的利益,就是维护国家主权、安全和发展。

“一国两制”中的“两制”又意味什么呢?“两制”是指澳门原有社会制度和生活方式不变。《澳门基本法》第2条、第3条、第5条等也作出了具体规定。首先,特别行政区实行高度自治,享有行政管理权,立法权和独立的司法权、终审权。其次,实行“澳人治澳”,特别行政区的行政机关和立法机关由特别行政区永久性居民组成。再次,保留原有的经济社会制度、人权制度、行政、立法和司法制度。最后,维护“两制”的利益就是维护特区社会稳定和经济发展。

第三,在明白了“一国两制”的逻辑起点和内容后,就要清楚“一国两制”中的“两制”应该如何相处?“两制”应该在“一国”中共存、合作、共荣。“一国”有利于“两制”的存在和发展,“两制”必须有利于“一国”的安全和发展。

坚持国家的统一原则,保留两种不同的制度,“两制”必须和平共处,不能对立和对抗,否则,“两制”消亡,必然走向“一制”。

“两制”不仅要和平共处,还应该充分利用“一国”的平台,开展互惠互利的合作,绝不能互相隔绝、互不交往。通过合作,达到共同的发展和繁荣。

基于对“一国”与“两制”的逻辑基础、逻辑内容和逻辑关系的上述认识,在澳门,我们看到的实际情况是:

绝大多数居民接受国家认同和身份认同,为自己是中国人而自豪。据2013年的澳门“一国两制”研究中心的民意调查显示,81.82%的被调查者认为作为中国公民感到自豪,爱国爱澳居于澳门社会核心价值的前三位。① 所以,在学校开展国民教育,包括爱国教育的内容,是自然不过的事。基本法走进学校也是应该的,政府和社会均有责任宣传推广基本法。

对于维护国家安全的立法,澳门居民不仅视为一项基本法义务,也是政府和居民的宪制责任,完全是天经地义。所以,澳门立法会于2009年顺利通

---

① 澳门理工学院一国两制研究中心:“‘一国两制’综合指标民意调查报告”,资料来源 http://www.gov.cn/jrzg/2013-06/11/content_2424614.htm,2013年6月11日访问;或《“一国两制”研究》第10期,资料来源 http://www.ipm.edu.mo/cntfiles/upload/docs/research/common/1country_2systems/2011_10/92.pdf,2015年1月4日访问。

过了国家安全的立法。①

澳门与内地之间积极开展互惠互利的合作,有利于澳门逐步发展成为世界旅游休闲中心和中葡经贸合作平台,2003 年以来《关于建立更紧密经贸关系的安排》(Closer Economic Partnership Arrangement,CEPA)及 10 个补充协议相继签署实施,有力促进澳门商品和服务贸易的发展。内地居民“个人游”,累计游客达 6300 万。同时,澳门建立中国与葡语国家商贸合作服务平台,承办每 3 年一次的中国—葡语国家经贸合作论坛部长级会议,成立了“中国与葡语国家合作发展基金”,既促进内地对外发展,也从内地的经济发展中分享经济成果,争取了双赢的结果。②

但是,如果对“一国”与“两制”的理解,得出“一国”不能“两制”的错误论调,或者是“一国”只能是一种“良制”的错误论述,③必然产生下面的恶果:

首先,模糊特区地位,视特区为独立政治实体,而不是中国的一个地方行政区域,从实质上否定“一国”。认为要维持港澳的社会制度,出路在于变相独立,所谓的城邦自治,④甚至有人提出“香港民族自决”。⑤ 一旦将港澳如此定位,那么,当然不能接受“一国”原则,因为有“一国”就不可能有“自决”。不接受“一国”也就要反对国家认同,中国人的身份认同,在他们看来,爱国抵触了他们的城邦自治的诉求,伤了他们的感情。就是独立不了,个别人也宁愿打着英国殖民时代的旗帜,甘愿做英国的臣民。⑥ 直至反对国民教育,反对维护国家安全的立法。

其次,颠倒“一国”与“两制”的关系,主张“两制”在前,“一国”在后,

---

① 第 2/2009 号法律《维护国家安全法》。

② 资料来源“中央大力支持澳门实现跨越式发展——访中央人民政府驻澳门特别行政区联络办公室主任李刚”,资料来源 http://news. china. com. cn/2014 - 12/08/content_34259721. htm,2015 年 1 月 4 日访问。

③ 邱立本:“香港应追求‘一国良制’”,资料来源 http://www. cwzg. cn/html/2014/china_0830/7589. html,2015 年 1 月 4 日访问。

④ 陈云:“坚持香港自治　保卫自由城邦—香港城邦自治运动总纲”,资料来源 m2011. blogspot. com/2011/06/blog - post_25. htm,2015 年 1 月 4 日访问。

⑤ 梁继平:“香港民族　命运自决”,载《学苑》2014 年 2 月号,资料来源 http://issuu. com/hkusu_undergrad13/docs/book4_2336__1_,2015 年 1 月 5 日访问。

⑥ 方中平:“举英国旗,叫嚣港独,自绝于民”,载《文汇报》2013 年 1 月 2 日,资料来源 http://paper. wenweipo. com/2013/01/02/PL1301020005. htm,2015 年 1 月 5 日访问。

“两制”先于“一国”而存在，根本否认在“两制”存在之前，是存在一个统一的国家，港澳是从这个统一的国家被外国通过强制手段分离出去，现在是要回归到一个国家中来，实现国家统一的这样一个历史事实，进而否定“一国”是前提和基础。所以，在这些人的心中“两制”是基础、是重点，一切以“两制”为依归。

最后，总想改变内地的一制，将两制统一到所谓的“良制”中去，将“两制”视为“你死我活”的关系。① 在行动上抗拒和反对与内地的经济、文化等合作，甚至将内地到香港旅游的游客称之为“蝗虫”，发起荒唐的“驱蝗”行动。②

凡此以上种种言行都是错误理解“一国”与“两制”关系导致的结果。

2. 从法理上分析“一国”与“两制”的逻辑关系

法理问题的核心是要弄清楚宪法与特别行政区基本法和特区法律的关系。宪法是“一国”的法律基础，特别行政区基本法是“一国两制”的法律化，特别行政区的法律是特别行政区基本法的具体化。

第一，宪法是基本法的法律依据。宪法是“一国”在法律上的集中体现，如果宪法在国家的领土范围内没有效力或者只能限于局部范围，那么，在法律上就没有形成真正的“一国”，即国家主权对国家领土的完整管辖。以宪法为依据就是需要符合宪法的“一国两制”原则和要求，并将宪法中的“一国”规范，如国家主权统一、领土完整，国家主权机关的地位和职权，国家主权的象征和对“两制”的规范，如设立特别行政区，授权特别行政区高度自治，实行不同内地的社会制度在特别行政区基本法中具体落实。“一国两制”是先有宪法的基础，后有基本法的具体规定。

第二，特别行政区基本法是特区法律基础。作为特别行政区的法律基础，特别行政区基本法必须是“一国”与“两制”的体现。基本法规定的特别行政区制度，既是国家管理特区的制度，也是特区自我管理的制度，是两者的结合。依法治理特区，就必须坚持依基本法办事。只有不折不扣地落实

① 窦靖波：“陆港矛盾泛政治化的警示”，载《港澳观察》2013 年 2 月号。资料来源 http://tiandainstitute. org/cn/article/1415_1. html，2015 年 1 月 5 日访问。

② 凤凰资讯：“香港反内地组织上百成员与爱港团体激烈冲突”，资料来源 http://news. ifeng. com/hongkong/detail_2014_02/17/33875902_0. shtml，2015 年 1 月 5 日访问。

了基本法才能实现“一国两制”。违反基本法的行为就是破坏了“一国两制”。

第三,特别行政区法律要保障特别行政区基本法的实施,将基本法的规定结合社会的具体情况加以细则化,提供保障“一国两制”实施的法律秩序。但是,法律在具体化的过程中,不能抵触基本法。凡抵触基本法的法律均无效,确立基本法的权威。

基于对“一国两制”中法律关系的上述认识,澳门社会必然认同和接受宪法和特别行政区基本法共同构成特区的宪制基础。宪法中的“一国”原则和规范得到遵守,国家制度得到尊重,基本法的权威得到维护。一旦出现违反基本法的行为就会得到社会的抵制。例如,澳门个别社团发起了一个对行政长官选举的所谓的“民间公投”,既受到了社会的抵制,也不能得到司法的保护,①更因违反澳门《个人资料保护法》的有关规定受到政府依法予以制止,②根本原因是“民间公投”无基本法和法律的依据。③

(二)中央与特别行政区关系

中央与特别行政区的关系,也存在内在的逻辑关系。它是由三层关系构成:

1. 领导与被领导关系

“一国”与“两制”的关系,反映在国家的纵向权力关系中就是中央与地方的关系。《澳门基本法》第 12 条规定:“澳门特别行政区是中华人民共和国的一个享有高度自治权的地方行政区域,管辖于中央人民政府。”这就奠定了中央与特别行政区关系的基础,是领导和从属的性质,绝对不是平等主体之间的关系。从而决定了中央领导特别行政区政府,中央任命行政长官和主要官员,行政长官对中央负责,授受中央政府的指令等。

2. 授权与被授权的关系

既然中央与特别行政区是领导和从属性质的关系,决定了中央行使国家的主权,特别行政区只能行使地方性的自治权。中央行使国家主权,而主

---

① 澳门特别行政区终审法院第 100/2014 号合议庭裁判。

② “多团体呼市民抵制‘公投’”,载《澳门日报》2014 年 8 月 25 日,资料来源 http://www.macaodaily.com/html/2014-08/25/content_929994.htm,2015 年 1 月 6 日访问。

③ 林之:“民间公投确实违法”,载《澳门日报》2014 年 8 月 6 日,资料来源 http://www.macaodaily.com/html/2014-08/06/content_924777.htm,2015 年 1 月 6 日访问。

权包括了治权，治权可分为全国性事务（包括全国与地方关系的事务）的管理权和地方性事务的管理权。基本法仅仅将特别行政区地方性事务的管理权授予特别行政区行使。《澳门基本法》第2条规定：“中华人民共和国全国人民代表大会授权澳门特别行政区依照本法的规定实行高度自治，享有行政管理权、立法权、独立的司法权和终审权。”这条规定首先表明主权授予自治权，自治权来源于国家主权；其次明确自治权的范围是由国家主权决定的，自治权限于特别行政区的地方性事务，限于行政管理、立法和司法领域。

3. 监督与被监督的关系

由于国家主权与特别行政区自治权是一种授权关系，所以，特别行政区自治权如何行使当然要接受中央依照特别行政区基本法的规定进行的监督。根据《澳门基本法》第45条规定，行政长官及领导的政府要对中央负责，向中央述职。根据《澳门基本法》第17条的规定，立法会制定的法律须向全国人大常委会备案，接受人大常委会审查。根据《澳门基本法》第19条的规定，法院在审理案件涉及国家行为的事实时，要受中央就此发出的证明文件约束。根据《澳门基本法》第143条的规定，法院在审理案件时必须遵守人大常委会对基本法作出的解释。

正是中央与特别行政区是领导、授权和监督的关系，所以，当特别行政区发展有需要时，中央可以再次向特别行政区授权。例如，澳门地域较小，发展空间有限，国家为了支持澳门的发展，在珠海横琴划了一平方公里的土地建设澳门大学新的校区。但是，也带来了一个新的问题，澳门大学校区建立在珠海行政区域内，而大学又是澳门的，那么，由谁来管理？依什么法律管辖？这确实是“一国两制”的新问题。最后，全国人民代表大会常委会根据“一国两制”的实际情况，通过全国人民代表大会常务委员会《关于授权澳门特别行政区对设在横琴岛的澳门大学新校区实施管辖的决定》[①]授权澳门管辖，这个授权既符合一个国家的原则——由特别行政区管辖不违背国家主权原则，又适合两制的要求——让澳门根据自己的法律和实情情况办学。

① 全国人民代表大会常务委员会《关于授权澳门特别行政区对设在横琴岛的澳门大学新校区实施管辖的决定》（2009年6月27日第十一届全国人民代表大会常务委员会第九次会议通过），资料来源 http://www.npc.gov.cn/huiyi/cwh/1109/2009-06/27/content_1508514.htm，2015年1月10日访问。

(三)行政与立法关系

行政与立法的关系,事实上与“一国”和“两制”的关系,与中央和特别行政区的关系是不可分割的,是以后者为基础的,绝对不能孤立地理解。也就是说,政治体制同样有内在的逻辑关系。

1. 行政主导

因为“一国”与“两制”的关系产生了中央与特别行政区关系,中央与特别行政区的关系又决定了行政与立法的关系。中央领导特别行政区,特别行政区对中央负责,那么应该由谁向中央负责?既不是立法机关,也不是司法机关,而是行政长官负责。所以,特别行政区基本法要赋予行政长官有职、有责、有权。《澳门基本法》第 45 条规定了行政长官的职责,行政长官是特别行政区的首长,也是特别行政区政府的首长。既对中央负责,也对特别行政区负责。《澳门基本法》第 50 条规定了行政长官的权力,即领导特区政府,负责基本法的实施等相应职权。只有行政主导的体制才能既符合中央与特别行政区的权力关系,保障行政长官对中央负责,也适应行政与立法的权力关系,保障行政长官对特别行政区负责。

2. 行政与立法之间是监督和配合的关系

一方面立法既要监督政府依法施政,防止和纠正政府的违法行为,《澳门基本法》第 65 条规定,政府对立法会负责,接受立法会议员的质询。第 71 条规定,立法会对行政长官施政报告进行辩论,对公共利益进行辩论,对行政长官严重违法行为进行弹劾。另一方面也要配合和支持政府的依法施政,共同维护有效的社会管理。在配合和监督关系中建立平衡关系,不能为配合而配合,也不能为反对而反对。

3. 行政长官和立法会产生办法

行政长官产生办法是政治体制中的一个部分,既需要符合政治体制的逻辑,也需要符合“一国”与“两制”的要求,才能保证行政长官既对中央负责,也对特区负责。为此,第一,行政长官必须是一个爱国者,只有认同中华人民共和国,真心真意地拥护国家行使主权和维护国家统一,才能符合“一国”的要求,完成“一国”的使命。第二,行政长官必须对中央负责,为了制度上能保障负责,所以,行政长官必须由中央人民政府任命。如果一个行政长官的人选不仅不愿意对中央负责,而且还幻想与中央对抗,不可能期望中央的任命。所以,《香港特别行政区基本法》关于行政长官产生办法的规定,即由一个广泛代表性的提名委员会按民主程序提名后普选产生，报中央人民政府任命，就是要确保行政长官是爱国者和对中央负责的基本要求落实。

立法会的产生办法需要符合政治体制中行政主导的要求。第一，行政长官不能由立法会选举产生，而由一个独立的选举办法产生，以保持行政长官相对的独立性。同时，立法会可以弹劾严重违法的行政长官，但不能罢免行政长官。第二，立法会组成要防止民粹化，民粹化不仅破坏法治，也是对民主本身的破坏。第三，立法会议员的组成要体现利益兼顾，均衡参与。

因为接受和认同了上述行政与立法关系的逻辑，澳门在特区行政长官和立法会选举办法修改问题上，均能符合“一国两制”的要求，严格按基本法的规定处理，循序渐进地发展民主。

三

理论不仅能够解决实践者“为何做”的问题，还能够解决实践者“如何做”的问题，将“应然性”变成“实然性”，即对“一国两制”和特别行政区基本法的原则有正确的认识，就可以妥善地解决在基本法实践中提出的问题。举澳门几例加以说明。

(一)澳门的行政法规问题

《澳门基本法》第 71 条规定立法会可以制定法律，第 50 条规定行政长官可制定行政法规。但是，《澳门基本法》没有对法律和行政法规调整的范围与对象作出具体的规定，在立法的实践过程中确实存在法律和行政法规之间冲突的问题，需要解决两者之间的关系。解决的前提必须在基本法的框架内，即《澳门基本法》所确立的政治体制内进行。这样一来，正确地理解《澳门基本法》规定的政治体制就十分重要了。澳门的政治体制是行政主导，所以，行政长官作为特区的首长应保留对某些事项的立法权，而立法会作为立法机关也要有专属的立法事项，即法律保留，两者之间要取得平衡。解决这个问题的关键是对法律和行政法规调整的范围作出适当的划分。什么才是适当呢？如果以三权分立原则理解《澳门基本法》中的行政与立法关系，那么，行政长官制定行政法规的权限只能根据立法会的法律制定，不可能根据《澳门基本法》的规定制定独立的行政法规。如果以行政主导的原则理解法律与行政法规的关系，那么，行政长官制定的行政法规既可以根据基本法规定制定独立的行政法规，也可以是实施立法会法律制定细则性的行政法规。最终,立法会根据基本法的行政主导的原则,通过了澳门《关于订立内部规范的法律制度》,[①]规定行政长官的行政法规可以有两种形式,即独立行政法规和细则性行政法规,并对两者的范围作出了明确规定,解决了立法会和行政长官的立法权限问题。

(二)澳门立法会的立法提案权问题

《澳门基本法》第75条规定:"凡不涉及公共收支、政治体制或政府运作的议案可由立法会个别议员或联名提出。"凡涉及者只能由政府提出。显然,按《澳门基本法》的规定,这是属于政府的专属提案权。但是,对于政府专属提案权的理解是否可以排除议员的随后修改提案权呢?如果按《澳门基本法》第75条的立法原意,既然是政府的专属提案权,自然排除了议员提出修改议案并替代政府议案审议通过的可能性。如果议员可以这样做,就排除了政府的专属性,变成实际上的共享提案权。换句话说,议员在审议政府的专属议案时可以提出修改建议,请政府考虑,但不能代替政府决定。澳门立法会正是准确理解了《澳门基本法》的这个规定,在《澳门特别行政区立法会议事规则》第104条中[②]对专属提案权的含义作出了准确的规定,即专属提案权和随后提案权属政府专有。

(三)财政预算执行问题

《澳门基本法》第71条规定,立法会审核、通过政府提出的财政预算案。政府执行财政预算过程中的项目是否要经立法会批准呢?这也涉及行政主导和立法会监督之间的平衡关系。如果财政预算执行中的具体项目由立法会批准,实际是在立法会和政府之间重新分配权力,将政府决定权转移到立法会,立法会直接扮演了决定者角色,而不是监督者的角色,对行政主导构成影响,是不符合基本法的立法原意。但是,政府执行财政预算确实应该接受立法会监督。所以,澳门立法会通过决议,[③]设立立法会"土地及公共批给事务跟进委员会"和"公共财政事务跟进委员会",达到加强对政府执行财政预算情况的监督。

---

① 第13/2009号法律《关于订立内部规范的法律制度》。

② 立法会第1/1999号决议《澳门特别行政区立法会议事规则》。

③ 第2/2009号立法会决议《关于修改通过〈立法会议事规则〉的第1/1999号决议》,根据决议立法会分别设立了"土地及公共批给事务跟进委员会"和"公共财政事务跟进委员会"。

(四)关于国际公约在澳门的效力问题

由于《澳门基本法》对国际公约在澳门的效力并没有作出明确的规定,如何解决也是一个新的问题。实际情况是,澳门《民法典》第1条第3款规定:“适用于澳门之国际协约优于普通法律。”那么,能否以此为据确定国际公约在澳门的效力?这一规定是否符合基本法?解决这个问题还是要从基本法中找答案。对此,澳门终审法院的判决提供了司法见解。[①] 将澳门适用的国际公约分为两类:一类是中央签署并决定适用澳门的国际公约;另一类是澳门签署并决定适用的国际公约。可以肯定的是,只有中央政府决定在澳门适用的国际公约效力才高于澳门本地的立法,因为中央签署国际公约并决定适用特区是主权行为的产物,特区签署国际公约是自治权的结果,主权高于自治权,自治权不能否定主权。所以,特区的本地法律绝对不能否定中央决定在澳门适用的国际公约。在这个意义上,中央决定适用于澳门的国际公约效力高于澳门本地的法律。最后,终审法院裁决澳门《民法典》第1条第3款的规定不能适用。

因此,只要正确理解“一国两制”和特别行政区基本法,实践中提出的问题便可以得到解决,在解决的同时也丰富了“一国两制”和特别行政区基本法的理论。

四

结论是:只要我们坚定不移地执行“一国两制”和特别行政区基本法,“一国两制”的事业可以取得成功。但是,“一国两制”政策不变,特别行政区基本法不变,即客观条件不变,仅仅是成功的一个必要前提,如果主观上对“一国两制”和特别行政区基本法作出错误的理解,必将导致“一国两制”和特别行政区基本法实践的失败。所以,要想“一国两制”成功和特别行政区基本法不折不扣地落实,必须把“一国两制”和特别行政区基本法的理论研究作为重要的环节抓好。

加强对“一国两制”和特别行政区基本法的理论研究,必须围绕“一国两制”和特别行政区基本法这个中心。“一国两制”是特别行政区制度的框架,是前提,绝对不能脱离这个框架,天马行空;而基本法是特别行政区制度

---

① 终审法院第2/2004号裁判书。

的标准,是规则,不能离开这个标准,自言自语。坚持"一国两制"的前提,遵守基本法的规则,是实施"一国两制"的关键。

在"一国两制"的前提上和特别行政区基本法的规则下构建相应的理论体系,我国需要做到:一是要把"一国两制"和特别行政区基本法的原理讲清讲楚,对曲解的说法要正本清源;二是要传播正确的理论和思想,通过广大居民的认同和接受,形成"一国两制"和特别行政区基本法的知识体系及社会共识。只有这样,才能确保"一国两制"和特别行政区基本法的顺利实施。

论香港特区维护国家安全的宪制责任

梁美芬*

一、背景

2015年7月1日，第十二届全国人民代表大会常务委员会第十五次会议通过新的《国家安全法》，其中第11条及第40条均提及港澳特别行政区及港澳同胞应有维护国家主权、维护国家安全的责任。

有关保护国家安全的立法自香港回归以来悬疑未决。香港反对派一直不愿意接受为《香港特别行政区基本法》（以下简称《香港基本法》）第23条进行立法乃香港应尽之责。本文将从"一国两制"及《香港基本法》的宪制框架探讨《香港基本法》第23条所扮演的角色。其实，对"一国两制"、国家主权及香港特别行政区的高度自治来说，当年制定第23条实在是个重大尝试。

纵观全球，就国家安全立法是保护国家主权的重要措施。国家安全都是一个国家中央政府的责任，有关立法亦是其中央政府的职责，即使实行联邦制的美国，有关国家安全的立法也是在其中央政府，不会授

---

* 香港城市大学法学院副教授，法学博士。香港基本法教育协会会长，香港立法会议员。

权地方政府为之。①

按道理,1997年中国收回香港,从主权及国家角度来说,中央政府完全有权,也可以把中国国家安全相关的全国性法律通过列入附件三,②直接适用香港特区。但中央没有这样做,反之中央愿意"授权"回归后的特区政府"自行"制定保护国家安全的法律,且没有硬性规定时间表,本身是对一个刚对其恢复行使主权的地方政府一个莫大的信任。

《香港基本法》第23条规定:

"香港特别行政区应自行立法禁止任何叛国、分裂国家、煽动叛乱、颠覆中央人民政府及窃取国家机密的行为,禁止外国的政治性组织或团体在香港特别行政区进行政治活动,禁止香港特别行政区的政治性组织或团体与外国的政治性组织或团体建立联系。"

2002年9月24日,香港特区政府颁布了《实施基本法第23条咨询文

---

① 美国爱国者法案(U. S. A. PATRIOT Act)《爱国法》,2001年10月26日由美国总统乔治·沃克·布什签署颁布的国会法案。正式的名称为"Uniting and Strengthening America by Providing Appropriate Tools Required to Intercept and Obstruct Terrorism Act of 2001",中文意义为"使用适当之手段来阻止或避免恐怖主义以团结并强化美国的法律",取英文原名的首字缩写为"U. S. A. PATRIOT Act",而"patriot"也是英语中"爱国者"之意。"这个法案以防止恐怖主义的目的扩张了美国警察机关的权限。根据法案的内容,警察机关有权搜索电话、电子邮件通讯、医疗、财务和其他种类的记录;见到对于美国本土外国情报单位的限制;扩张美国财政部长的权限以控制、管理金融方面的流通活动,特别是针对于外国人士或政治体有关的金融活动;并加强警察和移民管理单位对于拘留、驱逐被怀疑与恐怖主义有关的外籍人士的权利。这个法案也延伸了恐怖主义的定义,包括国内恐怖主义,扩大了警察机关可管理的活动范围。"参见中文维基百科,搜寻"美国爱国者法案",资料来源 http://zh.wikipedia.org/wiki/%E7%BE%8E%E5%9C%8B%E6%84%9B%E5%9C%8B%E8%80%85%E6%B3%95%E6%A1%88,2015年3月18日访问。

② 《香港基本法》附件三规定:在香港特区实施(1990年4月4日第七届全国人民代表大会第三次会议通过)下列全国性法律,自1997年7月1日起由香港特别行政区在当地公布或立法实施。分别是:(1)《关于中华人民共和国国都、纪年、国歌、国旗的决议》;(2)《关于中华人民共和国国庆节的决议》;(3)《中华人民共和国政府关于领海的声明》;(4)《中华人民共和国国籍法》;(5)《中华人民共和国外交特权与豁免条例》;(6)《中华人民共和国国旗法》(全国人民代表大会常务委员会1997年7月1日增加);(7)《中华人民共和国领事特权与豁免条例》(全国人民代表大会常务委员会于1997年7月1日增加);(8)《中华人民共和国国徽法》(全国人民代表大会常务委员会于1997年7月1日增加);(9)《中华人民共和国领海及毗连区法》(全国人民代表大会常务委员会于1997年7月1日增加);(10)《中华人民共和国香港特别行政区驻军法》(全国人民代表大会常务委员会于1997年7月1日增加);(11)《中华人民共和国专属经济区和大陆架法》(全国人民代表大会常务委员会于1998年11月4日增加);(12)《中华人民共和国外国中央银行财产司法强制措施豁免法》(全国人民代表大会常务委员会于2005年10月27日增加)。

件》(以下简称《咨询文件》),这是特区政府根据该条的规定,履行其职责所采取的第一步措施。然而,《咨询文件》颁布后,却在香港特区引发了极大的争议。

值得注意的是,第 23 条并没有直接禁止叛国、分裂国家和颠覆政府的相关行为,也没有对这些概念作出清晰的厘定。相反,该条授权香港特区自行立法以规管和惩罚该类行为。①

从法律上讲,"应当"(shall) 这个词赋予了特区政府宪法责任。② 但这种观点一度受到香港反对派的挑战,他们认为"应当"(shall) 可以解释为"将要"(should)。而第 23 条并没有规定时间表,所以其规定的立法任务有些人认为可以无了期的延迟。③

有关国家安全立法曾提上中英联合联络小组的议事日程,在慎重考虑了香港特区和内地的体制差别后,中央政府最后没有将中华人民共和国国家安全的相关法律直接列入《香港基本法》附件三。为了给予香港特区更多自由处理权,中央政府同意让香港特区"自行立法"保护国家安全。相应地,第 23 条强调"应自行"(on its own) 这个词乃指明香港特区自行立法保护国家安全乃宪制责任。

香港特区一些反对立法的法律界人士认为,由于香港现有法律足以保护公共秩序和国家利益,根本无须再根据第 23 条通过地方立法。④ 当时的律政司司长梁爱诗则认为,香港特区有关保护国家安全的法律有一部分是过时的,若不作修改对香港来说将是"悬在头上的利刃"。⑤ 因为在英国殖民期间,在香港特区制定保护英国的国家安全法例实乃非常严格,只是受保护的主体是英国。争论引发了以下问题:

---

① Albert Chen (陈弘毅), "Will Our Civil Liberties Survive the Implementation of Article 23?" (Nov. 2002) *Hong Kong Lawyer*, p. 80.

② Priscilla Leung(梁美芬), "Practical Necessity of Legislating under Article 23", (Nov. 2002) Hong Kong Lawyer, p. 34。在香港特区诉马维騉等案时,上诉法庭在《未解决的法律问题》1997 年第 1 卷中,对"应当"(shall)已经作了解释,上诉庭法官裁定:"我认为,这些条款中的'应当'只能在命令和宣告的意义上使用……这一意义符合《香港基本法》第八条。'应当'(shall)理所当然不表示将来的意思,而是命令和宣告。"

③ 参见坊间网页如《香港基本法》第 23 条关注组(http://www.article23.org.hk)。

④ 参见吴霭仪在 2002 年 10 月 20 日《明报》上的观点。

⑤ 参见梁爱诗在香港新闻记者协会午宴上的讲话,载《成报》2002 年 12 月 16 日。

1. 由于第 23 条并没有规定时间表,根据第 23 条通过一系列香港当地的法律是否有必要;

2. 如果有必要,程序是否太仓促;是否有充分咨询公众;

3. 地方立法活动,应当采用白纸草案还是蓝纸草案;[①]

4. 香港特区是否应当提出修正《香港基本法》以废止第 23 条;

5. 就第 23 条的立法草案本身存在的问题。

二、制定法律是宪制责任

香港特区政府颁布的《咨询文件》引发了极大争议。本文除了探讨香港特区应如何处理《香港基本法》第 23 条的宪制责任外,还将探讨如果依据第 23 条进行的地方立法不能通过,可能产生哪些宪制后果。

(一)当地立法实施

《香港基本法》的起草主要反映三大原则,即主权、自治和维持原有制度不变的原则。《香港基本法》第 18 条第 2 款规定,全国性法律除列于附件三者外不在香港特区实施。附件三明确规定,凡列于本附件之法律由香港特区在当地公布或立法实施。

至此,有两点得以明确:

1. 附件三未列举的全国性法律不在香港特区实施;

2. 附件三列举的全国性法律必须在香港特区实施,其实施方式或由香港特区直接公布,或者由香港立法会立法。

无论采用哪种方式,在香港特区实施附件三列举的全国性法律是香港特区的一项法律义务和责任。不过,到底是"当地立法"还是"直接公布"呢?在实施上存在区别。涉及附件三列举的全国性法律在香港通过"直接公布"适用时,香港法院在审判涉及此等全国性法律时,则要考虑应否提请全国人民代表大会常务委员会,就有关的全国性法律进行解释,因附件三所列的全国性法律非香港本地制定的法律,而是中国法律。例如,中国《国籍法》就是

---

① 根据香港的立法咨询手法,若政府就一个法律草案提出白纸草案,则公众参与咨询的时间较长,且通常在立法会并没有具体时间表,过往立法草案若以白纸草案形式提出咨询,不少会最后不了了之,因而不能立法。若政府就立法草案以蓝纸草案的形式咨询,则通常咨询期会较短,蓝纸草案就是即将交给立法会讨论的版本;蓝纸草案一样可由个别立法会议员提修正案,但内容及立法时间表会较清晰,无论会否作最后修订,草案通过机会较大。就第 23 条的立法上,政府采用了蓝纸草案。

"直接公布"在香港实施。若将"直接公布"和"当地立法"进行比较,通过当地立法的方式实施这些全国性法律,即通过法律适应化,把中国相关全国性法律的主要内容经过香港立法会的立法程序,变成香港当地法例实施。香港法院对这些法例可享有更多自行解释的自由。

(二)以《国旗法》为例

根据附件三,中国《国旗法》应在香港特区实施。问题是通过"直接公布"还是"地方立法"来履行。香港特区政府认为,通过当地立法透过香港立法会的立法程序制定香港《国旗条例》来实施中国《国旗法》的内容是较好的选择,因为香港当地法例的解释权在法院,法院可根据普通法传统作出判决。因此,就香港特区的自治而言,以地方立法的方式去实施全国性法律,可令法例更接近当地的法律及政治文化。1999 年"律政司诉吴恭邵损毁国旗案"就是典型例子。①

《香港基本法》第 23 条明确规定,香港特区"应自行立法"禁止叛国、分裂国家的行为。与附件三不同,第 23 条并没有直接规定哪些与叛国有关的全国性法律应在香港特区实施。香港特区的立法空间比附件三"当地立法"的情况大得多。换句话说,依据第 23 条要实施的法律,应当通过香港立法机关自行制定法律来实施,而不需要像附件三那样必须根据某条全国性法律的内容在香港立法。

不过,值得注意的是,《香港基本法》第 18 条第 4 款规定,全国人民代表大会常务委员会决定宣布战争状态,或因香港特区内发生香港特区政府不能控制的危及国家统一或安全的动乱而决定香港特区进入紧急状态,中央人民政府可发布命令将有关全国性法律在香港特区实施。议决的权力属于中央人民政府而不在特别行政区,而根据逻辑推理,"有关全国性法律"不仅仅局限于附件三所列举的法律。

与附件三不同,第 18 条第 4 款规定的是战争状态或动乱时法律的适用。而附件三列出的全国性法律无论是战时还是和平时代都须在香港特区实施,如《国旗法》、《国籍法》等。笔者主张,紧急状态下在港实施的全国性法律在紧急状态消失后应不再有效。但官方对此尚无定论。② 我们必须注意

① 律政司诉吴恭劭国旗案〔1999〕3 HKLRD 907。

② 梁美芬:"基本法的性质",载《香港律师》1999 年第 4 期。

到,通过附件三增减在香港特区实施的全国性法律并不像第 159 条的修改程序那么难。例如,“不属于自治范围”的界定就比较模糊。[①]

依据《香港基本法》第 18 条第 3 款,对列于附件三的全国性法律增减的程序非常简单。在范围上,只需该全国性法律属于有关国防、外交和其他按照《香港基本法》规定不属于香港特区自治范围的法律,在征询香港特区政府和全国人大常委会香港基本法委员会的意见后,全国人大常委会便可增加或减少附件三的全国性法律。

而且,第 18 条第 4 款设置的法律实施机制比该条第 3 款的规定更直接了当。在紧急状态下,中央可以直接颁布与国家安全相关的全国性法律在香港特区实施。因此,香港特区是否应该根据第 23 条制定保护国家安全的香港法例,在宪制责任上是肯定的。从高度自治的角度,本地立法比全国性法律直接适用更好。但从政治上,因为法案涉及太多复杂的政治问题,在香港特区,反对立法的声音一直很大。笔者认为,香港特区一直未能就 23 条立法,主要是政治问题。

三、修改基本法乃“双刃剑”

在就第 23 条立法展开的讨论过程中,有反对派提出修改《香港基本法》以删除第 23 条。然而,这些人可能没有注意到删除第 23 条的困难与宪制后果。第 23 条属于《香港基本法》主体部分,因此,其修改必须经过《香港基本法》第 159 条规定的所有必要程序。

很多人对第 159 条有错误的理解,以为该条规定的程序必须包括香港特区立法机构的参与。但如果仔细研究条文就会发现,第 159 条的修改程序更多反映中国修改法律的程序。第 159 条规定,有三个机构有权对《香港基本法》提出修改:即全国人大常委会、国务院及香港特区,香港特区只是其中之一享有修改提案权,并不享有最后提案权。《香港基本法》第 159 条清楚规定,修改的最终权力属于全国人民代表大会。[②] 在三个途径中,只有当香港特区提出修改案时,香港立法会才发挥作用,而香港立法会在全国人民代表

① “自治范围”在《香港基本法》出现过两次。除了第 18 条第 3 款之外,就是第 158 条第 2 款出现过。

② 参见《香港基本法》第 159 条。

大会的最终投票表决中并没有角色。明白到香港立法会的这种局限后,大家就会不难理解,建议香港特区对《香港基本法》随意提起修改案的人很不明智。① 一旦开了先河,中央政府亦可能提出其他的修改。提出修改的权利,不单单是香港特区独有的。要知道,香港有些人对《香港基本法》不满,中央亦可能认为《香港基本法》有不完善之处。倘若打开了修改《香港基本法》的缺口,到底对谁有利?

建议废止第23条的另一弊端在于,删除第23条之后极可能导致中央将一些与国家安全相关的全国性法律以"不属于自治范围"为由加入附件三,直接适用于香港特区。举例来说,如果第23条被删除了,《香港基本法》就没有相应的法律来保障中央所关心的国家安全,如叛国、分裂国家、煽动叛乱、披露国家机密等。中央政府极有可能行使第18条第3款赋予的权力,将有关国家安全的全国性法律加入附件三,而这些关于国家安全的法律很容易被认定为"不属于自治范围"。② 这种结果,应该是大部分香港人不愿意见到的。因此,拒绝以第23条的机制为国家安全立法的人,实应了解第23条的立法原意是为了保障香港特区的高度自治。③

四、政治问题法律化

2002年9月香港特区政府提交的第一份咨询文件涵盖了六种主要的犯罪,即叛国、分裂国家、煽动叛乱、颠覆、盗窃国家机密和禁止外国政治性组织对当地政治事务的不正当干预。还有一节对域外效力的立法作了详细规定。

香港特区政府根据《香港基本法》第23条立法的方式主要是:

---

① 一般认为,香港面对中央讨价还价的能力已没有1984年那么强,一旦修改的趋势形成,中央政府亦有机会修改《香港基本法》的某些条款。因此,修改《香港基本法》从政治上是一把"双刃剑"。

② Priscilla Leung(梁美芬),"Constitutional Necessity of Article 23",(Nov. 2002) *Hong Kong Lawyer*, pp. 84 – 85。《香港基本法》第18条第3款规定:"全国人民代表大会常务委员会在征询其所属的香港特别行政区基本法委员会和香港特别行政区政府的意见后,可对列于本法附件三的法律作出增减,任何列入附件三的法律,限于有关国防、外交和其他按本法规定不属于香港特别行政区自治范围的法律。"

③ 《香港基本法》的修改程序分主体条文与附件,主体条文依据第159条的修改程序,而三个附件则依据附件指定的特别程序进行。

1. 通过修订和改善当地的《刑事罪行条例》;①

2. 将一些有关国家安全罪行的普通法原则编纂为成文法例。②

笔者认为,香港特区政府当时就《香港基本法》第 23 条的立法工作的确很努力地以其他普通法司法管辖区找出参考材料,以尽量令条文符合普通法原则内容,而这正是第 23 条存在的原意。

五、法律问题政治化

但由于涉及国家安全的法律,在政治上非常敏感,其牵涉个人权利与国家权益的规限。即使是号称“民主之父”的美国在制定其《爱国者法案》时在其国内亦产生过牵连风波。港英时期与英国国家安全相关的法律其实非常严厉,例如,香港特区的《官方保密条例》③中,有关新闻管制的严格程度与“港英”时期一样。因此,香港特区政府只是一厢情愿地认为其草案建议可顺道改善一些已过时及对人权保护来说极为保守的法例。不过,有关国家安全的讨论确实超越法律层面,里面涉及对国家的爱护与信任、责任与权利、中央与地方的关系等。中央对香港极为信任才会授权香港特区自行制定保护国家的法律,这是在全世界都少有的。

可惜,即使香港特区政府对原建议作出了重大让步,香港的反对派仍然寸步不让,令民意非常撕裂。香港特区回归后,往往“法律问题政治化、政治问题法律化”,而在第 23 条立法的争议中,反对者担心的是政治问题,只是透过批评草案的内容来达至反对效果。说到底,这确实不单是法案文件写得够不够好的问题,而是香港一些反对派不能接受“一国两制”中“一国”在香港特区的主权行使,从而对任何保护国家安全的法律都非常抗拒。表面上是法律的讨论,实际上是政治角力。2003 年 7 月,政府虽然尽最后努力再作出让步,但仍然无法达成共识,政府被迫撤回草案。

六、未能立法的隐忧

香港特区若能利用《香港基本法》第 23 条的立法空间,自行根据普通法

---

① 参见《咨询文件》,保安局,2002 年 9 月第 6~7 页。

② 同上。

③ 香港法例第 521 章《官方保密条例》。

及香港的政治文化去完成立法对香港来说是比较好,因为有关的条例将会是香港当地的法例,在香港法院审理时也会根据普通法的原则去适用。但《香港基本法》第 23 条没有说明立法时间表。因此,亦给反对的人们借口"拖得就拖"。诚然,制定国家安全的法律是件艰难的工作,立法时要做到个人权利与国家安全的平衡。不过,在国际政治环境复杂的情况下,香港若长期在这方面的立法工作毫无进展,在保护国家安全的问题上是香港作为特区有所缺失,对香港的长治久安极为不利。日前,中国在 2015 年 7 月 1 日公布的全国性法律《国家安全法》第 11 条和第 40 条提及港澳地区有维护国家安全的法律责任。《国家安全法》属于行政法性质的全国性法律,《香港基本法》乃宪制性质的全国性法律。若香港特区就第 23 条的要求自行立法则属本地立法,国家在新制定的《国家安全法》重提港澳地区有维护国家安全法律责任,主要是针对香港特区。因为澳门特区已在 2009 年通过并实施《维护国家安全法》,而香港特区对于国家安全的立法一直没有落实,甚至于遥遥无期,这是有违《香港基本法》及新制定的《国家安全法》的。香港特区实应根据《香港基本法》的要求,进行本地立法,掌握主动权,履行相关的宪制责任。对"一国两制"、高度自治,香港的长治久安都有好处,此乃"双赢"之策。毕竟没有任何国家会容许其中一个地区可以不保护国家安全的,而《香港基本法》亦清晰说明国家安全涉及中央与地方关系,①这是香港社会必须正视的政治与法律现实,亦是作为中国人对国家、对 13 亿人民应尽之义务。香港特区及早自行立法对国家、对香港来说都是更好的选择。

① 第 23 条关于保护国家的立法被放在《香港基本法》第二章,即中央与地方关系。

“后占中”的法治基础反思及其重建①

田飞龙*

引言:“后占中”重建的议题聚焦

香港特别行政区终审法院首席大法官马道立在2015年法律年度开启典礼上这样评价香港法院在“占中”运动(Occupy Central Movement)②中的表现与价值:

“对于‘占领’抗议,我当然不会评论相关的政治议题,但却希望在此谈谈其与香港法治的关系。我认为,近日这些事件正显示大多数人均尊重法治,亦再次体现法治在我们社会中的核心地位……在抗议活动期间出现的诉讼,有关的法律程序实为法院奉行法治的明证。原讼法庭所审理的数宗强制令申请,由负责宪法及行政诉讼审讯表的法官审理多日,法官小心翼翼、一丝不苟地审视了每项可能成立的法律论据。

---

① 本文系作者承担的北京航空航天大学2015年中央高校基本科研业务费项目“基本法秩序下的政改闯关与香港治理”的阶段性成果。

* 北京航空航天大学人文与社会科学高等研究院讲师,研士研究生导师,法学博士。

② 又称“雨伞运动”,是香港社会发生于2014年9月28日～12月15日历时79天之“普选抗命”运动的总称,但更广义的“占中”运动实质还包括占领行动之前的动员过程和“后占中”的政治不合作运动。

诉讼各方均有充分机会向法庭陈词。向法院寻求公道之路亦未被堵塞——案中的被告人均获得法律援助,由资深大律师及其他经验丰富的大律师代表。诉讼程序中的每一步,都是依据法律和法律程序进行,整个过程亦公开予公众旁听。"①

与香港法院之坚守法治底线相协同的是,在"占中"运动持续升温的2014年10月,香港大律师公会两次关于"公民抗命"合法性与破坏法治基础可能性的严肃声明(10月8日和10月28日)②亦庄重重申了法治作为香港社会第一核心价值的地位。而香港特区"反占中"及特区政府整体维持秩序和控局的关键,除了透明执法和争取民意之外,对"占中"合法性具有最强抑制作用的还是法治。无论是中央的《白皮书》③还是特区政府的咨询文件、④警察命令乃至立法会法例,⑤在恢复社会秩序之权威性与实效性上均不及香港高等法院在"占中"后期颁发的数则民事临时禁制令,而警方更是在保障法庭禁制令执行过程中"就势"完成清场的。过于成熟和完备的法治观念与制度体系,使香港社会能够承受"占中"运动的政治冲击,亦使香港社会之社会运动受到既定法治体系的有力牵制而难以发生其他转型民主地区的失序、乱象和暴力场景。

尽管如此,一个朴素的道理是:政治的归政治,法律的归法律。香港特区法治与司法的表现可圈可点,但毕竟限于恢复最基本的秩序,却不可能进一步解决"占中"运动背后深层次的政治冲突,亦不能够就此深化本地法治在更高层次的认同基础。比如,香港特区法治就无法解决政改冲突中的"爱

① 马道立:"二〇一五年法律年度开启典礼演辞",资料来源 http://sc.isd.gov.hk/gb/www.info.gov.hk/gia/general/201501/12/P201501120474.htm,2015年1月20日访问。

② 两则声明均可在香港大律师公会网站上看到,有中英文两个等效版本。10月8日声明为《香港大律师公会就法治及公民抗命发表的声明》,10月28日的声明为《香港大律师公会就集体违抗法庭命令的声明》,资料来源 http://www.hkba.org/whatsnew/index.html,2015年1月20日访问。

③ 国务院新闻办公室:《"一国两制"在香港特别行政区的实践》(白皮书)(2014年6月),人民出版社2014年版。

④ 主要是指第一轮政改咨询文件《2017年行政长官及2016年立法会产生办法咨询文件》,2014年12月。

⑤ 主要指规制未经批准之非法集结的《公安条例》。

国爱港"难题。[①] 这是由前"占中"时期作为香港特区法治基础的普通法自由主义法理学决定的。《香港特别行政区基本法》(以下简称《香港基本法》)以终审权的地方配置和普通法的完备保留之形式延续了殖民宪制中的这种法理学及其制度装置。这一法理学以司法至上和权利本位作为逻辑起点,以"普通法适用地区"而非国家法域作为规范边界,在法官聘任、判例援引和背景性法律哲学上高度英国化,是基本法秩序中保留英国制度特征最为显著的部分。这一法治基础成熟于殖民时代,巩固于回归过渡期,完整保留并深化于回归后初期,是香港治理秩序的基石。这一法治基础在总体上并不反对"占中"运动的一系列价值追求甚至运动形式本身,但反对这一运动的旷日持久和对香港特区法治秩序的破坏。这里显示出普通法的保守性特征与香港民主运动的激进性特征之间的张力。大律师公会与法院的后期声明及行动充分证明了这一张力。但是,香港特区法治的这一既定基础在秩序维护上可圈可点,在国家建构上则退避三舍,无甚建树。这是殖民地司法建制的固有缺陷。因此,经历"占中"运动,尽管香港特区法治颇有正面助力,我们仍然需要严肃反思如何拓展前"占中"之法治基础,使之更加有利于"一国两制"条件下香港特区的建构进程。前后法治基础之关系并非断裂,而是拓展、接续和提升,赋予香港特区法治基础以一种最低限度的国家观念和国家理性。

"占中"运动谢幕前后,香港特区政府循着"接力政改"和"改善民生"两个主要路径试图弥合运动对社会的撕裂与对管治的冲击,而香港社会亦成立诸如"团结香港基金会"[②]这样的超规格智库组织开展宏观政策研究与设计,香港已然进入一个"后占中重建"时代。这一重建过程注定是议题繁多、艰难复杂的。从反对派方面来看,泛民议员继续杯葛政改,坚持撤回全国人大常委会的政改决定,坚持在立法会集体否决政改方案,而青年学生组织则出现更自主的分离运动的倾向。从中央和建制派立场来看,开展第二轮政改咨询和推动政改方案的"立法会闯关"是当下第一优先议题,如果政改失败,香港特区将无法走出"占中"运动带来的"过度政治化陷阱"。6 月 18 日

---

① 田飞龙:"认同的宪法难题:对'爱国爱港'的基本法解释",载《法学评论》2015 年第 3 期。

② "董建华筹建'团结香港基金会'",资料来源 http://news.wenweipo.com/2014/11/09/IN1411090038.htm,2015 年 1 月 10 日访问。

投票标志着此轮政改失败,尽管短期内中央与特区政府省却了应对未来普选的各种麻烦和风险,但也面临着不断"重启政改"甚至修改基本法的实质性社运压力,而接下来的两级议会选举和2017年特首选举,必然成为香港不断政治化的旋涡性事件。这些非常规政治运动和常规政治实践,将成为反对派之反对运动交替进行的实践场域。[①] 政改失败,只是未完成,而绝非终结。未终结的政改议题将长期困扰中央治港及特区政府管治,立法会"拉布"[②]和街头抗争将日益常态化而无法获得制度化解决。香港特区的长治久安是以某种得到主流民意(包括反对派多数)认可之普选实现为前提的,在此之前,香港管治无法走出"过度政治化陷阱",经济民生的聚焦和转移效果将相对有限,香港甚至会出现一定程度的"维稳政治"特征。当然,政改闯关失败也充分显示了香港反对派的政治不成熟,其捆绑否决与内外监察导致香港普选错失良机,忽然失去时间表和路线图。[③] 此外,中央与建制派在反思"占中"原因过程中亦重新提出了传统的政治议题,主要聚焦于国家安全立法和青年教育。这一思路的基本逻辑是:正是因为香港迟迟未能落实《香港基本法》第23条安全立法,导致香港分离倾向加重,外国势力活动频繁,国家安全出现漏洞;同时香港教育体系偏重人权教育和西方价值灌输,未能有效落实"国民教育",从而助长乃至纵容了青年学生的激进反政府立场。当然,这并非意味着香港特区既有法例中不存在任何维护国家安全的规范,如《刑事罪行条例》、《官方机密条例》等亦有刑责规定,但长期以来不起作用,主要原因在于:第一,既有条例中某些罪名(如叛逆罪)长期不用,已无先例累积,普通法上的实效性存疑,而重启相应罪名虽并非毫无可能,但与普通法逻辑和香港舆论环境之间必有冲突,法官一般极其审慎处理;第二,香港司法高度独立,因循普通法传统,在价值观和政治意识上与内地体制及国家安全利益高度隔离,其法治基础无法或不自觉识别国家利益并加以制度性维护。当然,这正构成我们在"后占中"语境下反思香港特区法治基础拓展深化的前提。

---

① 笔者对此有过深入分析,参见田飞龙:"香港政改闯关投票结果评析与前景展望",资料来源http://www.zhongdaonet.com/NewsInfo.aspx? id=12652,2015年6月25日访问。

② 田飞龙:"香港立法会的'恶质拉布'及其治理",载陈广汉、黎熙元主编:《当代港澳研究》(2014年第3辑),社会科学文献出版社2015年版。

③ 田飞龙:"政改闯关考验香港民主品质",载《中国评论》2015年6月号。

总体而言,“后占中”语境下的香港重建议题大体聚焦于两个层次、三个主题:第一层次为核心层次,即政改与特首普选议题,这是香港重建议题的重中之重,如果政改失败,不仅香港法治将遭受更严峻的社会运动与分离倾向的挑战,而且香港社会的经济竞争力与国际地位将大幅度削弱,有“二线城市化”之虞;[①]第二层次为基础层次,即安全立法与青年教育两个主题,只有以适当形式完成安全立法才能卸载香港民主发展的“国家安全”负担并获取更宽松的普选框架,这一点在“后占中”语境下更为显著,而青年教育[②]是更为基础性的认同教育,涉及香港特区法治的政治与文化基础重构。这些议题并非香港社会的新颖议题,而是回归后一直存在并不断发酵的典型议题,根结点在于“殖民史观”和“回归史观”的深层次冲突以及“一国两制”框架内的政治信任危机与认同建构危机。[③] 香港社会有幸以法治兜底渡过“占中”运动危机,但这里的法治还主要是一种普通法自由主义的形式法治,[④]是最低限度的地方性自治型法治,并未触及香港法治深层次的政治与文化基础问题,亦不能解决建构“回归史观”、[⑤]强化“中国公民”认同的政治宪法需求。对此深层次认同危机及香港特区法治的局限性,中央的《白皮书》试图提出一种国家主义法理学解决方案,受到质疑,显示出两种基本法法理学的规范性冲突。[⑥] 笔者曾据此提出建构一种超越普通法自由主义和国家主义二元对立格局的“共和主义共识型基本法法理学”的主张并初步构画了这一新法理学的原则性面向,可谓一种中道方案。[⑦]

---

① 笔者曾对此做过专门的分析,参见田飞龙:“政改‘原地踏步’恐令香港系统性倒退”,载《大公报》2015 年 1 月 7 日。

② 青年是未来政治时代,于“占中”运动已登上政治舞台,其政治观念与行动逻辑将直接改变香港政治生态,参见田飞龙:“香港青年的国民意识危机及其化解”,载《大公报》2015 年 6 月 8 日。

③ 关于史观冲突的历史解释及认同危机的演化过程,参见田飞龙:“香港普选之路:逸出法治的民主追求”,载《中国评论》2014 年第 10 期。

④ 关于回归以来普通法传统对香港基本法实施的规范引导与塑造功能,香港大律师公会的罗沛然先生曾有较为精细和系统的研究,参见 Lo Pui Yin, *The Judicial Construction of Hong Kong's Basic Law: Courts, Politics and Society after* 1997, Hong Kong University Press, 2014; 亦可参见黄明涛:“普通法传统与香港基本法的实施”,载《法学评论》2015 年第 1 期。

⑤ 田飞龙:“香港急需构建回归史观”,载《环球时报》2015 年 5 月 30 日。

⑥ 对《白皮书》的法理学背景分析,参见田飞龙:“白皮书波澜:央港关系的法治转型与中国人史观重建”,载《法治周末》2014 年 6 月 19 日。

⑦ 田飞龙:“基本法再教育重在凝聚法理学共识”,载《大公报》2014 年 12 月 17 日。

因此,如何在马道立法官的司法宣言与香港大律师公会的原则声明基础上进一步寻求深化香港法治的政治与文化基础,适度突破"高度自治"的地方化乃至分离主义陷阱,①探索两制适度融合与良性互动的体制机制,便成为一个严格的"法治基础重建"命题。这里的法治基础重建,并非是对香港特区既有司法体系与法律文化的技术改造乃至颠覆,而是进行一种拓展性的思考,将基本法中储存的"国家"价值定位与资源加以重新的理论化和实践转化,以深化香港既有法治体系的政治与文化基础,使香港法治提升至一种能够更有效保护香港居民基本权利并增进其国家与宪法认同的合法性再生产机制。本文拟从特首普选、安全立法和青年教育三个基本层次展开讨论,尝试进行这种关于香港形式法治的拓展性思考,以进一步开辟治港思维上的国家主义和普通法自由主义之间的某种平衡思考路径和政策场域。

一、香港特首普选:一场对抗性的政治博弈

香港特首普选是"占中"运动的唯一议题,其他参与这场运动的诉求或力量均在这一议题名义下各自进行话语和策略链接,如民生诉求、内地与本港矛盾、贫富与阶层分化、青年就业与成长等。在香港特区政府按照全国人大常委会确定之"政改五部曲"程序开展政改咨询过程中,实际上一直存在一种半游离、悖论性的反对派声音与策略。即一方面有保留地参与政府的咨询程序;另一方面则以超越法治的"公民抗命"②乃至"香港城邦论"、③"香港民族论"④加以体制外的批判和威慑。当然,特首普选所涉及的是香港政制发展的关键议题,本身之极端重要性不可否认,从法律上来看是《香港基本法》第45条规定的落实和附件一的修改,从政治上来看是现代中国框架内除台湾地区之外的民主普选个案,是华人民主发展的又一个里程碑。

---

① 实际上,高度自治需要以高度认同为制约条件,否则很容易滑向分离主义,参见田飞龙:"分离主义的幽灵",载《新产经》2014年第10期。

② 主要的启动性文献参见戴耀廷:"公民抗命的最大杀伤力武器",载《信报》2013年1月16日。

③ 《香港城邦论》是香港本土学者陈云的杜撰,主张一种"极度自治论",但还不是严格的"港独"理论,参见陈云著:《香港城邦论》,天窗出版社有限公司2011年版;陈云著:《香港城邦论II:光复本土》,天窗出版社有限公司2014年版。

④ 这主要是香港大学学生会《学苑》编辑委员会的主张,参见《学苑》编辑委员会:《香港民族论》,学苑2013年版。该组织近来在特首点名批评后有更趋激进化的倾向。

“占中”运动谢幕,特区政府在加快处理常规政务的同时,开始全力投入第二轮政改咨询,正式启动“政改五部曲”之第三部。第二轮咨询自 1 月 7 日开始,为期两个月。在此期间,尽管有流动“占中”零星对抗,甚至有反对派人士“激进化”的预测,但总体上相对平静,政治各方已然逐步走出“占中”运动“原则对抗”的不妥协氛围,开始就基本法与人大决定框架内的具体规则与技术安排展开商谈。

这是香港特区政改博弈由“广场”重新回到“议场”的良性转机,也是香港社会法治权威与民意取向双重作用的结果。“重回广场”至少在短期内不再可能凝聚起足够的议题热度与运动能量,而少数激进势力的“流动占中”完全可以按照普通治安案件处理,已不能构成有分量的政治反对运动。在二次政改咨询前后,香港大学法学院的陈文敏与陈弘毅两位教授提出了各自的建议方案,有差异亦有共同点,反映了香港本地法律学者对二次咨询如何巧妙利用人大决定剩余空间、充分引入民意、凝聚政改共识的“技术理性”。而悬隔原则对抗,聚焦技术理性,将成为二次政改咨询的主旨与基调。但技术理性不可轻忽,其具体商谈过程与结果方案对政改前途具有决定性作用。

(一)从原则对抗到技术对抗

政治既是可能的艺术,也是妥协的艺术。香港“占中”运动由“国际标准”引发,由“公民抗命”[①]推进,经《白皮书》和“8 · 31 决定”[②]刺激升级,至民事禁制令执行与警方接力清场而告终。其间曾出现“光荣退场”的黄金时机:10 月 21 日的首轮对话。然而,学联在对话场内的“理性”最终让步于回归广场之后的“感性”,在显示学联政治运动领导力不足、政治经验匮乏的同时,也折射出广场政治内在的不妥协气质与理性转型的精神困局。

79 天的“占中”运动充分体现了一种不妥协的“原则对抗”。由于在坚持“公民提名”和撤回人大决定的原则立场上无法作出任何有意义的调整或

---

① 内地一般称为“公民不服从”,英文是“civil disobedience”,这是一种古老、复杂但时有实践表现的政治运动传统,其基本文献与理论主张可参见何怀宏编:《西方公民不服从的传统》,吉林人民出版社 2003 年版。

② “8 · 31 决定”即《关于香港特别行政区行政长官普选问题和 2016 年立法会产生办法的决定》。

软化，以至于运动周期内的"第二次对话"迟迟无法开展，政府的"四点倡议"①无法取代原则对抗而成为推动运动转型的新基础。实际上，随着"占中"运动参与人群的复杂化以及占领的多点展开，无论是"占中三子"还是"双学"，都已无法有效约束和组织真正理性化的广场商谈。整个"占中"运动营造了一种谁也不敢轻易否定或触碰、近乎神圣化的"民主原则"，其直接而具体的内涵就是回到原初的"国际标准"和"公民提名"，其导致的直接广场诉求也只能是撤回人大决定，重启政改。由于广场的原则共识已然僵化，没有任何组织或机制可予以更新，以至于双方根本无法深入政改的"技术理性"层面探讨具体的细节安排，无法实质性推进政改进程。这些广场不妥协的局限性未必没有被反对派所体验和反思，运动后期如何退场亦成为反对派棘手难题。于是，12 月初的自首、绝食乃至冲击立法会的升级行动，既可视为不妥协立场的继续，亦可视为广场力量撤退前的最后短促突击，将不妥协立场的失败前景充分暴露，客观上有利于运动的退场。

既然内部叫停的动力不足，就只有依赖外部的清场压力了。清场行动具有双面效果：一是非意图地配合了运动内部叫停及转型的需求，恢复了香港社会常态秩序；二是为政改的"原则对抗"画上句号，引导社会冷静反思并理性转入"技术对抗"阶段，清理了香港政改通往二次咨询的各种政治路障。当然，不妥协的原则对抗没有直接成果，却有"原则性"成果，主要体现为：第一，民情报告传递"占中""原则"诉求；第二，压力效果迫使政府明确 2017 年之后的"继续民主"承诺；第三，充分动员倒逼政府及社会各方在二次咨询中倾向"民主"立场，并远期诱导民意对反对派进行"同情投票"（立法会或区议会选举），改观整体政治版图，失之东隅，收之桑榆。

（二）"二陈方案"意在"引入民意"

受"占中"运动"原则对抗"之刺激与诱导，"8·31 决定"的重点亦不在于政改的技术细节，而在于"原则性"封堵超越基本法和人大既往决定的反对派意图。因此，"8·31 决定"一方面对提委会总体组成、候选人人数及出闸条件规定了不可更改的标准与门槛；另一方面对于委员提名程序以及普

---

① 这是特区政府在 10 月 21 日对话中主动提出的推进政治和解与政改进步的建设性意见，其中就包括提交民情报告，笔者对此持积极评价态度，特区政府亦大体按照这一倡议框架开展后续工作，参见田飞龙："'四点倡议'实质开启政改二次咨询"，载《大公报》2014 年 10 月 25 日。

选投票程序几乎未着点墨,从而为“后占中”时期的“技术对抗”预留了巨大空间。“占中”运动前后,双方高度聚焦“原则对抗”,对如何具体落实人大决定的“技术理性”考虑不足,现在是时候进行思维转型与技术深度商谈了。

“二陈方案”即出现在这样的背景之下。陈文敏方案可称为“公民否决票制”,①核心技术要点在于普选阶段允许选民同时投出支持票和反对票,并以反对票独立计算,以 20% 作为否决门槛,以否决具体候选人的当选资格或整场选举的有效性。陈弘毅方案是混合方案,可称为“名单制 + 白票制”组合,②包含了提名和选举两个阶段:提名阶段,维持 1/8 入闸条件,组成“三人”(建制派 2 人,泛民派 1 人)参选人名单,由提委会整体投票通过,不通过则逐一投票,末位淘汰;选举阶段,独立计算白票,若白票未过半数,则选举有效,按照常规点算决出特首人选,若白票过半数,则选举无效,由提委会选出“临时特首”维持政府并组织第二次普选。

“二陈方案”的共同点在于“引入民意”,使在提名阶段被制度性压抑的“民意”在选举阶段充分、多次释放。这一“后置”的民意在他们最初设计中分别可以还原为“公民提名”或“公民推荐”。陈文敏方案有利于保护少数派,即只要少数派动员起 20% 的针对某个特定候选人的反对派,则无论该候选人获得了多少提委会提名票或者多数选民支持,皆无法当选。这一机制在可操作性上很不理想,既容易造成多次“流选”,同时因过低的否决门槛可能造成“反民主”和“少数人暴政”之嫌,违背普选的基本原则和民主核心原理,变相成为反对派“点杀”候选人的政治工具。

与陈文敏方案相比,陈弘毅方案更加具有技术理性特征,也更为系统化和周全,值得细致考虑。该方案的设计理性在于:第一,以“名单制”限制提委会权力,确保泛民派参选人亦有适当机会“入闸”及“出闸”;第二,淘汰极端人士,凸显温和中间立场,即极端人士即使侥幸进入名单,亦有很大风险在提委会第一轮投票中被整体否决并在第二轮分别投票中被剔除,由此倒逼建制派和泛民派各自或相互协商提出温和中间派人选;第三,以“白票制”

① “陈文敏倡特首选举有 2 成反对票就重选”,载《苹果日报》2015 年 1 月 23 日。

② 陈弘毅方案较为细致复杂,具体内容参见其在“橙新闻”的 3 篇专栏文章,即陈弘毅:“寻求政改的一线希望(三之一)”;“名单投票制较容易顺利产生候选人(三之二)”;“由‘市民作主’还是由‘泛民作主’”,资料来源 http://www.orangenews.hk/blog/chenhongyi/,2015 年 1 月 10 日访问。

充分彰显民意，形成“二次检验机制”，即先通过白票点算检验整体投票的民意比率，门槛是50%，再以具体点算确定最终当选人；第四，设置了“流选”过渡机制，即“临时特首”制度。

不过，陈弘毅方案尚留有一定的商榷或改进空间：

第一，按照1/8入闸条件，参选人数目可以超过3人，形成较大差额空间，从而容纳更多元政治派别并强化竞争，但方案中的“2+1”是如何从大于3的N名参选人产生的，依据和程序是什么？是公民或政党提名或推荐，还是独立而权威的民调，抑或提委会“预选”？这些技术细节尚不清晰。

第二，与上述“2+1”的人为结构化相比，维持1/8入闸条件并由提委会对N名参选人投票排名，取前三名再进行“名单制”投票，似乎更符合提委会的“民主程序”并可简化后续不确定性和补充程序。

第三，方案侧重于建制派和泛民派的“政党推荐”因素，而相对忽视了这一阶段的“民意”参与。

第四，选举阶段采用“白票制”做选举有效性检验有“变相公投”之嫌，而且将“白票过半”直接解释为选民多数对人大决定不满也有逻辑跳跃和学理牵强的缺陷。因“白票”针对的是具体候选人而不是某个制度或决定，而且现代社会投票率偏低是经验性常识，如此设计人为加大了“流选”风险和政治不确定性。

第五，“临时特首”职能不清，任期不明，可能打乱政治周期和正常施政，还有与现任特首任期交叉冲突之可能，若真有必要，还不如以现任特首“延长任期”或政务司长“补任”之安排稳妥。

第六，香港普选是初次操作，选民缺乏政治经验，政治过渡期的稳定与连续性价值突出，民意可用但不可滥用，若选举制度设计过于复杂，过程漫长，结果难料，则很可能误导或挫伤民意对普选的认知与体验，进一步拉低投票意愿。

（三）普选程序的设计原则

“二陈方案”的出现既是香港“占中”运动转型进入二次咨询“技术对抗”阶段的标志，也表明了本地法律学者对“引入民意”的重视和技术设计。这提醒特区政府：第一，如何在二次咨询的提名与选举程序设计中合理纳入“民意”，体现公开、透明和竞争性，是一个重点议题；第二，对于“流选”可能性要充分估计，要有应急制度设计；第三，如何运用二次咨询的技术理性充分凝聚政改共识和民意认可,倒逼泛民派议员支持政改方案闯关,是目前工作的焦点。

不过,既然是“技术对抗”而不是“原则对抗”,相应的咨询议题或技术方案就应该注意做到:

第一,合法原则,即遵守基本法和人大决定,不以“技术理性”变相挑战或架空前述法律框架的基本原则与指向,不以人为的技术检验环节变相“连接”前一阶段的“原则对抗”议题,不进行超越“选举”本身的“变相公投”议题操作,要松绑,不要捆绑;

第二,简易便民原则,即普选程序设计应尽量简易便民,减少而不是人为增加选民投票次数,简化而不是复杂化选民投票的具体政治内涵与功能,不滥用民意;

第三,参照国际惯例原则,即普选程序设计可以适度参照国外较成熟的投票制度安排,尽量适用和改造已有成熟程序,不能为了创新而创新,要因地制宜,但不能因人设制;

第四,务实合作原则,即此次普选主要解决即将到来的 2017 年普选问题,而不是确定一个永久性普选方案,因此不能期待“公民”因素在整体制度设计中的完美体现,而应本着务实合作、目标有限的理性态度参与二次咨询和技术商谈,争取一个相对好的政改方案,至于 2017 年之后如何改善,则需在 2017 年制度体验基础上再行反思改进。

(四)政改失败与重启政改

香港特区政府的 4 月 22 日政改方案符合《香港基本法》和“8・31 决定”,但未能取得反对派尤其是其中温和理性派的谅解与认同,最终遭致 6 月 18 日的投票否决。特区政府与中央希望“后政改”的香港聚焦经济民生,跳脱政改陷阱。投票后,民主党议员应约与特首见面,第一项要求即为重启政改。

聚焦经济民生固然是后政改时期香港社会主流共识,但政改本身并未完成,从而使重启政改尽管不具备短期的现实性条件,但中长期来看仍然是基本法体制内目标和香港社会民主发展的必然方向。而且,以实现普选为目标的政改也可以成为拓展香港法治基础、增强国家宪法认同的正向机制。6 月 18 日的否决只是个案性否决,表明“政改五部曲”在第三部停滞下来了,而并不表明政改已经终结。时下舆论语境中的“后政改”只是一种方便的说法,并不表明政改已完成或已终结。从现代社会的普遍发展规律来看,未完成普选的民主始终存在着走向民主的强劲动力,这种动力不仅仅来自外部世界提供的普遍话语和模式诱导,也来自高度现代化社会"人人参政"的政治自觉。[①] 寻求"一国两制"下香港社会的长治久安,必须在适当时刻重启政改以实现普选。

《香港基本法》以及"8·31 决定"是关于香港政改与普选的最权威法律基础,也是中央关于香港循序渐进实现普选的最庄严政治承诺,但前提是香港社会对普选方案有共识,对《香港基本法》及中央治港核心原则有理解与支持。否决政改表明香港社会的这一共识尚未达成,对中央治港核心原则尚缺乏正面体认与接受。何为核心原则呢? 就是主权、安全与发展利益。[②] 这些可统归入"国家利益"范畴的核心原则根植于《香港基本法》承载的"一国"内涵中,若香港人不能客观认知和接受这一宪制性前提而仍然将普选作为准独立政治体事项衡量,政改分歧就很难弥合。

在分歧巨大时,不妨双方各自冷静调整。于中央而言,必须坚持《香港基本法》之下的香港普选目标,为适当时刻重启政改提供通道与支持,兑现政治承诺。于香港而言,通过梁振英剩余任期的聚焦经济民生发展而营造一个新的香港经济前景、社会共识与央港关系。这一调整周期不宜过长,以便香港普选作为"一国两制"与基本法的重要目标能够早日实现。由此,香港自身在国家发展中的角色也在转型,从相对单调的经济层面转向"治理特区"定位,为国家治理现代化探路。而聚焦经济民生恰恰可以营造香港人一种与时俱进的健康心态,重建社会共识与央港互信。

二、国家安全立法:是义务,不是权利

在二次咨询与"后占中"重建过程中,《香港基本法》第 23 条安全立法议题再次进入央港关系和香港舆论风暴中心。2015 年年初,港区人大代表吴秋北公开表明拟提案要求将审议中的《国家安全法》列入《香港基本法》附件三以直接适用于香港特区,弥补第 23 条立法久拖不决的国家安全漏洞。这

---

① [法]罗桑瓦龙著:《公民的加冕礼:法国普选史》,吕一民译,上海人民出版社 2005 年版。

② 这些核心原则有着基本法上的"一国"内涵依据,在"白皮书"中得到更加充分的解释性展开。

个"吴秋北提案"目前仅处于动议和联署阶段,尚未成形,却一下子刺激调动了香港各派势力敏感的政治神经。

总体上,内地学者对此提议多表理解和支持,甚至早有内地学者有此动议;香港反对派自然是激烈反对,即使是建制派亦多表示保留甚至异议。这表明,以《国家安全法》直接取代香港本地立法作为完成香港国家安全立法的提议,至少在香港社会尚缺乏稳固的共识与议程安排。但需要注意,香港人一般将第 23 条理解为授权立法,是由香港人"自行"完成的自治立法,这种认知大体将本地安全立法视为一种自治权利,然而安全立法并不仅仅涉及香港本地利益,更涉及国家利益和国家安全体系的完备性,并非是对香港自治立法权的一般性授权,而是一种基于信任推定的例外性授权,从法理上将更适宜解释为"义务"。如果香港本地迟迟无法完成第 23 条安全立法,可视为对国家授予之义务履行的不合格,国家基于基本法体系安排以及国家安全立法整体要求,依据《香港基本法》第 18 条对"吴秋北提案"予以严肃的替代性考虑,在法理及法律技术上亦并非无正当性或无空间。

不过,安全立法是一个长期事项,在重要性与紧迫性上低于当下的政改普选议题,故"吴秋北提案"亦不宜操之过急,更应视为对香港本地安全立法的一种督促和义务提醒,应加大本地立法的议程化及其具体实现。而一旦香港本地完成安全立法,附着于政改上的"国家安全"负担便可卸载,香港民主将可获得更宽松框架。这里的权利与义务平衡原理在习惯于享受"高度自治"的香港社会看来似乎还是颇为新颖的,但对于中央立场而言,甚至于一般的国家法理上判断,则属于正当而自然的逻辑。由香港自行完成安全立法,弥补国家安全体系漏洞,是香港人承担基本法上国家义务的重要体现,亦可起到央港关系互信修复和权利义务再平衡的政治效用。从而,这一层面的可行性路径探讨,就成了"后占中"法治基础重建的一个基础性维度。

(一)第 23 条立法是基本法规定的宪制义务

事实上,除了反对派一贯的反对立场之外,香港社会对第 23 条立法本身的必要性甚至可行性并无根本异议,因为这毕竟来自《香港基本法》的明文规定。但香港社会同时认为:第一,《香港基本法》第 23 条确定的是香港本地"自行立法权",安全立法已由基本法授予特区自治权范围;第二,2003 年立法失败由复杂原因造成,基于共识薄弱和政治信任危机,但法律上并未取消再行立法的合法性与可能性;第三,我国《国家安全法》从价值取向、管制技术到司法救济上均较香港特区法制严苛，整体引入恐破坏“两制”应有差异和香港自由权利。

《香港基本法》第18条第3款规定了增列全国性法律于附件三的基本程序，其中包括征询基本法委员会意见，目前至少包括梁爱诗、谭惠珠和陈弘毅在内的港方委员均表示保留或异议，显示出这一提议未能获得香港社会基本共识的支持，其根源在于未能合理尊重“两制”差异。尽管如此，这些委员以及香港社会一般意见并未否认第23条立法的必要性与正当性，甚至因为“吴秋北提案”的刺激反而有可能倒逼香港社会严肃思考在“自行立法”与“强制引入”之间做出选择。因为毕竟《香港基本法》第23条既是授权，亦是义务，在国家安全法制日益严密化的时代，香港自然更不可能继续作为整体国家安全的漏洞。只是完成这一安全立法任务，需要“一国”和“两制”之间的充分耐心和智慧互动，充分尊重“两制”差异并信任香港社会的自我反思与调整能力，否则仓促动议、强硬引入必然激起更大反弹，于“占中”后陷入低潮的反对派以更大操作和反弹的政治空间，甚至可能累及二次咨询后的政改方案立法会闯关。

当然，“吴秋北提案”反映了香港爱国爱港力量乃至中央对第23条立法迟迟未能完成的深度忧虑。这种忧虑在政治上可分解为两个层面：第一，2003年事件导致中央对特区政府自行立法的实际政治能力产生怀疑，“自行立法论”在政治操作上逐渐被后置；第二，反对派在中央关切之核心议题（安全立法和国民教育计划）上的不合作以及“占中”运动反映出的香港政治团体与外国势力的复杂联系，引发中央对香港特区安全漏洞的进一步担忧。正是对特区政府实际能力和反对派政治底线的双重不信任，导致香港爱国爱港力量和中央在“后占中”重建中开始聚焦考虑“强制引入”的可能性。

（二）“两制”差异本质在于价值观

经历“占中”运动，央港双方对“一国两制”与《香港基本法》的认知冲突不是弥合了，而是进一步清晰化和结构化了，而这正是《香港基本法》再教育的命意所在。出于对2003年反安全立法、2012年反国民教育乃至2014年“占中”抗命等一系列反对派运动的刺激性回应，中央在《白皮书》和“8·31决定”中系统阐述并深刻表达了关于“一国两制”与《香港基本法》的官方法理学框架以及对普选进程的审慎态度。中央立场的核心在于对“一国”的再阐释，具体分解为三个层面：主权、安全与发展利益。这是一种切合内地政治精神与发展阶段、国家主义与发展主义相结合的法理学,展现了"一国"之饱满的价值内涵与政治意志。第 23 条立法及其替代性的"强制引入"提议正是沿着这一官方法理学路径的"后占中"重建安排的一部分。

但是,这种在刺激反应条件下产生的官方法理学有其法理上的正当性和基本法上的合法性,但却与"两制"范畴下香港社会的核心价值观产生了更具张力的规范性冲突。尽管法治与司法最终表现为"反占中"的主要支持力量,甚至大律师公会在"占中"关键期的两次"反占中"声明亦有力抑制了"占中"抗命的合法性与道德力量,但法治亦为香港社会捍卫自由权利与司法独立的核心价值观和制度模式。

与"一国"所关切的"主权、安全与发展利益"构成对称性序列的恰恰是香港社会的核心价值观,即"自治、自由与法治利益"。香港社会的核心价值观所排斥的既包括可能颠覆法治基础的"占中"抗命,亦包括可能危及法治与自由的安全立法。这并不意味着香港社会及其核心价值观就完全排斥安全立法,而是"安全"这一与"自由"处于高度张力中的价值如要转化为立法,应以何种程序并赋以何种具体内容而有机整合进香港法制体系。

事实上,基本法为此提供了不同的安全立法程序,按照优先性排列为:

第一,自行立法程序,即《香港基本法》第 23 条之规定。2003 年遭遇挫折并引发严重政治问责,之后特区政府视之为畏途,一般不敢问津,但此次提议讨论中"自行立法"仍为香港社会理性人士所承认和优先肯定,并作为排拒"强制引入"内地法的主要理由。

第二,附件三添加程序,即《香港基本法》第 18 条第 3 款。该程序的权力主体是全国人大常委会,包含了两次前置性咨询程序和一个实体性内容要求。咨询程序包括对基本法委员会的咨询和对特区政府的咨询。"吴秋北提案"至少遭到 3 名港方委员的反对,同时特首亦表示对第 23 条立法以及相关的引入《国家安全法》未有研究,亦无时间表,由此可大致获知这两个咨询程序的可能结果。实体要求为所引入的全国性法律必须限于"有关国防、外交和其他按本法规定不属于香港特别行政区自治范围的法律",那么安全立法是否属于非自治范围呢? 反对"吴秋北提案"的另一个理由就是,安全立法是第 23 条授权特区的自治立法事项,不属于可列入附件三的非自治事项。对"自治范围"的准确法律含义,之前的法律实践未有充分澄清,《香港基本法》第 158 条解释权条款可以提供权威参照,即终审法院在"非自治范围"条款影响案件判决时,应提请中央释法,包括两类事务:其一,中央权力条款;其二,央港关系条款。安全立法显然不属于中央权力条款,因为《香港基本法》第23条已经授权特区自行立法。但是否属于央港关系条款呢?这一立法要保障的既是香港自身利益,更是国家安全,因而超出了单纯的自治范围,属于央港关系范畴;至于"自行立法"则表明这是一种不同于其他常规授权安排的例外性授权,是基于中央对特区的政治信任。在特区立法不作为或作为不能的条件下,中央对特区的这一例外授权所基于的政治信任便很难维系,从而启动这一添加程序并非对"自治范围"的突破,而只是巩固央港关系安全基础的替代性程序。当然,这一程序是要引入作为常规法律的安全立法,是预防性、一般性和长期性法律,是对"自行立法"的功能替代。

第三,紧急状态程序,即《香港基本法》第18条第4款。[①] 该程序的权力主体仍为全国人大常委会,适用的情形是战争状态或香港动乱,程序上由中央直接以命令形式决定,无须任何咨询程序,亦不受上述添加程序的实体要求限制,还可不以《国家安全法》为限。但需要指出,这种紧急状态下引入的《国家安全法》并非香港法制的常规组成部分,而是在例外状态下对"一国两制"宪制秩序的暂时性打破,在紧急状态消除后应及时恢复常规性的基本法秩序,从而使我国《国家安全法》再次完全退出香港特区适用领域。安全立法议题在和平时期继续按照上述两种常规立法程序展开。

(三)政改前途优先于安全立法

"后占中"重建有很多重要议题,安全立法就是其中之一。这其实是一个老议题,和国民教育一样,不断浮现于央港关系博弈格局中。在早前的讨论中,亦曾有北京权威人士提出教育重建问题,并尝试性提出中央监督香港教育局局长的可能性。至于此次"吴秋北提案",则反映了"自行立法论"的式微。但是,"吴秋北提案"显然较多忽视了"两制"差异,更是在不适当的时机引入了不适当的议题,如果一味强推,固然在逻辑上和"后占中"重建的官方主导议题上可被理解甚至接纳,但却可能挤掉"后占中"最重大的政改

---

① 这种紧急状态下的法律处置实质是一种常规宪治安排的例外,目的在于保护常规宪政安排的整体存在及其有效性,属于一种"宪法专政",有关此种程序之法理基础的讨论,参见克林顿·罗斯托著:《宪法专政:现代民主国家中的危机政府》,孟涛译,华夏出版社2015年版;郑成良:"专政的源流及其与法治国家的关系",载《交大法学》2014年第4期。

议题。

“反占中”凝聚的主要是香港社会对法治的信心和对违法抗命的排斥,但并不包含对“占中”这一手段因素之外更宽泛央港关系议题的共识或稳固支持。“吴秋北提案”立意固好,希望扩大战果,但其陷入香港社会总体反对氛围中,亦是意料中事。

香港社会有自身相对系统一贯的价值观和法治变迁模式,除了《香港基本法》规定的紧急状态之外,作为常规立法程序的附件三添加程序,其优先性应在自行立法程序之后。这是《香港基本法》的明文安排,其理由既在于中央对特区的信任推定,亦在于由特区自行立法可将安全立法对香港法制体系的冲击降至最低,更有利于香港执法和司法体系对有关安全法律的贯彻执行。否则强推中央立法,即使在法理和程序上正当,在实际执行上恐怕会遭遇香港司法体系的顽强抵制,从而将这部法律束之高阁,更使中央直接面对和香港社会及司法体系相冲突的政治困境,给泛民反对派更多操作空间。

但香港社会亦需明了自行立法不仅是基本法规定给特区的一项法定义务,亦是主动规避中央替代性立法的自治性保护机制。如果特区立法迟迟无法实现而造成国家安全漏洞长期存在,或在此过程发生严重国家安全事件而导致中央宣布紧急状态,则香港自治反而受损极大。因此,“后占中”反思与重建过程,香港社会在排斥中央替代性立法的同时,亦应有必要的义务感和主动避险意识,以自行立法最大限度保障自治与自由权利。

更关键者,“吴秋北提案”时值二次咨询的政改关键期,其正值香港社会的“后占中”修复期以及政改闯关阶段,所引发的各种纷争乃至冲突预期,可能进一步加大政改失败概率,得不偿失。因此,中央和建制派应明了这一阶段的核心议题只有政改一项,一切不利于政改凝聚民意共识并闯关成功的议题、话语或安排都应该适可而止或后置处理,否则必然引发议题虚耗、程序紊乱、社会撕裂乃至央港关系更激烈冲突,甚至给反对派制造政治翻盘契机。不过,这并不排除国安立法在香港“后占中”法治基础重建中的重要性与实践意义。

无论是 2015 年 4 月初马恩国等大律师提出的《反港独法》提议,还是 2015 年 7 月 1 日通过的新《国家安全法》中对港澳维护国家安全责任的原则性重申，亦一再彰显中央对香港推进第23条安全立法的核心关切。[①] 对安全立法长期的地方性抵制，将可能导致中央对香港政治忠诚的深切怀疑和香港作为国家安全漏洞的深切忧虑，这不仅不利于香港获取由中央主导的普选机会及框架，也不利于香港法治基础对国家利益的识别与维护。

三、青年教育：法治之国家基础的缺失与补救

“占中”运动成为一场青年学生运动，这是香港政治的一个基本事实，也是“后占中”法治基础重建的基本点之一。香港的普通法体系是一个高度权利化、司法化和形式化的体系，服务于“超国家”的法制统一与协调适用的目的，却并不承担建构具体国家与宪法认同的政治宪法功能。香港的司法独立是以高度的“去政治化”为前提条件的，这固然有利于香港居民的权利保护与司法自治，却不利于培育其国家与宪法认同。香港法治之国家基础存在严重缺失，这在青年教育议题上空前凸显。由于香港法治乃至一般社会意识将香港的自治地方与国际体系进行无缝化的想象和对接，简单跳脱了“一国”的国家主权环节，从而造成了认同建构上的严重缺环和规范冲突。

青年教育议题上的法治基础重建，即聚焦于补足“国家”基础之缺失。[②] 在“占中”运动前后的政治思潮与行动中，“香港民族论”作为香港大学学生会的标志性理论提出，值得严肃分析和高度警惕。同时，培养青年学生的“中国视野”亦成为改造和提升香港公民教育之不足的正确方向。

（一）香港民族论：一种拖累民主的政治浪漫

行政长官梁振英在2015年《施政报告》中点名批评香港大学学生会刊物《学苑》关于“香港民族论”的系列激进理论，提出香港各界重视并开展青年人思想教育。作为对中央政府及香港基本法同时负责的行政长官，在经历“占中”运动冲击后于新年施政报告内提出对青年人激进政治思潮的关注与引导问题，本属法定职权与合理用意，却受到反对派激烈反弹与杯葛，透露香港政治精神的深度分裂与“后占中”重建的任重而道远。

---

① 有关分析参见田飞龙：“反港独是港人宪制义务”，载《大公报》2015年4月9日。

② 事实上几年前香港的“反国教运动”即针对中央试图督促推行的香港“国民教育计划”，学民思潮领袖黄之锋大致是从那场运动中开始积极介入香港“占中”运动的。有关香港国民教育的理论分析，参见康子兴：“香港国民教育向何处去？”，载《新产经》2012年第9期。

在“后占中”时期,中央适时提出“一国两制再教育”命题,笔者亦曾撰文指出在国家主义与自由主义之外追求一种“共和主义共识型基本法法理学”①的根本重要性。如今在施政报告的“学苑”议题上再次产生结构化、极端化的政治精神分裂与对抗,足以证明以“香港民族论”为代表的“准港独”理论并不仅仅是青年学生的浪漫想象,更成为反对派政治意识调整与党纲修正的重要素材。

公民党党魁梁家杰不久前提出的“公民民族论”就是一种反对派转向“港独论述”的重要风向标。② “香港民族论”在香港具有一定的社会基础和政治影响,但绝非社会主流意识,亦不可能产生任何有助于香港民主进步和繁荣稳定的正能量。相反,对此类“准港独”理论的渲染和追求,恰恰误导香港青年和反对派自身陷入分离主义泥潭,强化国家安全捆绑,加深香港社会政治分裂,从而在根本上拖累港式民主进程。如此,则“泛民派”便有从“民主之友”蜕变为“民主之敌”的黯淡前景,演变成没有任何政治价值与前途的“泛独派”,在政治自杀的同时从根本上损害了香港居民的政治权利。

1. 民族论:对“民主回归论”的背离

按照《学苑》系列文章的直白表述及反对派的一贯论述,“香港民族论”是非常晚近的激进运动理论,是对“民主回归论”的批判和取代。既往的“民主回归论”将主权回归与民主进步相连接作为说服香港人民接受回归事实并承担回归后维护自治乃至推动中国民主转型的历史责任。当时的香港政治与文化精英对世界与中国内地前途的理解受到“后冷战”格局的强烈刺激和影响,北望内地时内心交织着来自西方世界的民主优越感和来自中国传统的爱国主义,且内地亦表现出改革进步的迹象,故有“民主回归论”作为凝聚香港人政治精神的共识理论。

然而,回归后的交往实践,特别是内地的经济崛起与政治演变,并未沿着“历史终结论”式的西方魔咒展开,而恰恰是经济发展与政治集权呈现相互巩固态势,而香港在央港关系中的重要性及其民主博弈筹码日益下滑,围绕第 23 条安全立法及国民教育的政治对抗则不断激化,“四两拨千斤”的浪漫想象变成了一种“四两对千斤”的现实碰撞。在此背景下,2010 年香港学

---

① 田飞龙:“基本法再教育重在凝聚法理学共识”,载《大公报》2014 年 12 月 17 日。

② 李继亭:“公民党变‘港独党’的‘范式转移’”,载《大公报》2014 年 12 月 30 日。

者陈云炮制出了具有本土自治色彩的“香港城邦论”，但其不是严格的“港独”理论，亦非严格的民族理论，而只是孤芳自赏式的“极度自治论”，远离“民主回归论”。或许出于对这一“极度自治”的不自信，陈云在2014年的“香港城邦论”第二部中重新提出了“华夏光复论”，小幅度靠近“民主回归论”，但前提仍然是“极度自治论”。

当然，陈云的“极度自治论”亦不能满足香港激进运动的理论需求。在此背景下，围绕普选议题，香港各种反对力量竞相展开理论“创新”：第一，戴耀廷的“公民抗命论”，作为“占中”运动的主要指导思想，并未与“港独”理论直接连接；第二，“香港民族论”，主要由香港大学《学苑》对“港独”的理论基础和实践模式展开了直白论述，等同于“港独”理论，而香港城市大学《城大月报》则在2014年10月号封底以“港独”的33个具体愿景进行边鼓声援。

公民党在“后占中”时期企图修正党纲，加入明确的“港独”论述，其动向值得警惕。更显著者，该党党魁梁家杰扬言要超越血缘范畴而从核心价值与生活方式上界定“香港民族”，在变相承认香港民族不具有任何历史依据的同时企图以“公民”概念盘活一种规范民族论。但其理论建构明显松弱空虚，语焉不详，根本思维缺陷在于忽视香港的地方属性及其宪制地位。依“公民”逻辑建构民族“大厦”，其结果恰恰不是“香港民族”，而只能是作为国族唯一的“中华民族”，从而与“爱国爱港”叙事出现了非意图的对接。这一理论后果或许是其不愿接受的。由此可见反对派政治力量与青年学生在“香港民族论”及其“港独”取向上的汇流态势。

2. 民主缓行的反对派责任

2017年的特首选举无非是两种前途：第一，政改方案勉强过关，民主前进一步；第二，政改方案遭遇反对派否决，特首按照2012年选委会方案间接选举产生，民主原地踏步。很遗憾的是，2015年6月，政改方案遭遇反对派否决，2017年特首将按照2012年选委会方案间接选举产生，民主原地踏步。香港民主进程的理想预期遭遇挫折。

需要深究的是，港式民主进程放缓或停滞的根源到底是什么？在政改表决之前，反对派一边倒地将责任推给中央政府，推给“8·31决定”，甚至不惜为了在政治上报复中央而采取“自杀式”政治动作：一是扬言在立法会集体杯葛否决；二是放任有的学生的“港独”取向并自我修正为“泛独派”和“泛独党”。在具体限定此次普选的“8·31决定”作出前，中央提出的普选前提条件无非是:第一,候选人“爱国爱港”;第二,普选制度安排要兼顾国家“主权、安全与发展利益”。《白皮书》是对中央上述底线的系统化解释。这些在“一国两制”范畴内理应获得香港反对派了解与理解的“一国”内涵与限制性边界,在反对派那里却被不分青红皂白地予以政治意识形态批判和抛弃。政治是一个相互适应与相互制约的过程,当香港反对派如此作为时,中央的强硬反弹似乎已经注定。

在“8·31 决定”作出后,反对派发动了预期中的“占中”运动,但却远远超出了“公民抗命”的相对理性范畴:第一,继续放任和放大青年学生的“港独”论述,以香港大学《学苑》和香港城市大学《城大月报》为代表;第二,继续不加任何节制地求助“外国势力”,任凭国际干预依赖症反复发作,频繁突破普选的“内政”界限;第三,放任部分青年学生甚至中学生领导运动,背弃自身政治责任伦理。由于普选抗命背负上了上述沉重的“港独”、国际干预负担以及反对派的政治幼稚病,终于不堪其重,进退失据,黯然收场。

3. 民族论损害民主基本条件

在反对派与青年学生因“占中”运动失败有可能进一步激进化的特殊时期,香港特区政府提出反对“香港民族论”及其“港独”取向适逢其时。阻遏固然找骂却是正道,放任尽管宽容却是推动自杀。反对派与青年学生更需严肃反思,自己所做所为是否真的有益于香港民主和社会公义?主观美好愿望是否客观上推动了理想目标的实现?生活在何处以及对国家负有何种最低限度义务?以何种品德与资格作为“中国公民”?这些反思方向有利于催生真正的公民感和社会责任感,自我挣脱民族论迷雾和“港独”陷阱。

这里需要清晰提出港式民主的三个基本原则条件:

第一,合法原则。即港式民主应在《香港基本法》与人大系列决定框架下展开,是具体宪制条件下民主实施的问题,而不是无原则和无前提的制宪民主或公投民主,任何反法治的民主追求必然没有前途。此次“反占中”的最主要武器就是香港法治,这是社会第一核心价值,其他价值与之衔接和排列需要以之为前提。而法治亦为中央所谓“循序渐进”之最重要的“序”,整个国家之政治精神已然流连并锚定于此,香港特区更不可能例外。

第二,中央信任原则。即香港政制发展主导权在中央,中央有充分的政治裁量权限制或调整人大决定框架甚至基本法框架,在反对派给出最低限度的“安全承诺”与“政治忠诚”之前不可能为香港争取到更为宽松的普选框架。

第三,地方共识原则。即港式民主改革需要凝聚最基本的社会共识,否则不同势力可能相互威胁使用政治否决权,政改便只能胎死腹中,原地踏步。目前来看,“占中”与“反占中”造成了香港社会分裂与对抗的结构化、族群化和常态化,如果不能通过抑制极端倾向、共同反思改进、重建社会团结信任,民主进步便遥遥无期。

仔细审视“香港民族论”及其港独取向,一一破坏了上述三项基本条件。这一取向只能造成香港违法抗命频发、中央低度信任、社会高度撕裂,而香港的民主进步绝不可能建立在这样脆弱不堪的基础上。

当具有“港独”倾向的“香港民族论”被附着于香港民主肌体上时,如同一种政治“毒药”,将一种本属理性、建设性范畴的政改进程活生生“变性”为一种灌注独立自决与分离主义要素的极端激进运动。当这一运动无法在《香港基本法》和主流民意框架内展开,亦无法通过烈度较低的公民抗命达成时,便只有一意孤行地诉诸广泛的政治不合作与偶发的暴力恐怖主义。前者将结构性瘫痪香港管治,拖累香港经济发展与民生改进,加速香港的“二线城市化”;后者将导致香港法治与安全的根本丧失,倒逼中央启用基本法紧急状态权力。

当反对派引导香港青年学生在“想象的王国”中漫游而根本丧失现实政治世界与生活世界的理性沟通与建设能力时,他们正是在根本上取消了香港民主进步的现实性和香港民主的未来图景。而果断放弃不切实际、无根无据之“香港民族论”,果断“弃独”和摆脱国际干预依赖症,完成政治心理的自我治疗和康复,以真正的香港核心价值法治与爱国为基础积极开展维护基本法、重建最低限度中央信任及凝聚民主社会共识的工作,才可为港式民主准备基本政治条件。这亦在完成政治自救,融入“一国两制”框架下的政治良性竞争与发展轨道,避免“民主之敌”和“港独党”的不虞前景。

(二)青年教育:补上“国家”这一环

“占中”运动主要是一场青年运动。这场运动在理论上尽管受到本地公知的灌输与影响,但青年自有组织和纲领,且在运动中逐步形成了“双学”(学联+学民思潮)的领导格局,泛民议员及“占中三子”则逐步边缘化。“占中”运动从动员期到实施期,与虽属违法但并不激进反体制的“公民抗命”理论并行的是香港大学《学苑》的“港独”理论。而且在运动后期就如何退场及运动转型方向问题,青年学生与反对派元老们亦有极大分歧。这显示出香港青年学生运动从思想、组织到行动均已具有一定的社会化规模和自主性,并非反对派可以完全掌控,从而存在日益激进化并游离出香港法治社会基本理性的风险。

这就凸显出了香港青年教育的根本重要性。梁振英2015年《施政报告》对此有所涉及,除了点名批评《学苑》的激进立场外,亦提出了建立青年发展援助机制、与内地学校结对子、增加国史课程等。这些机制固然有助于香港青年获得更多关于中国的历史与政治知识,对内地发展与国家状况有进一步了解,但距离青年教育的"中国公民"定位,仍有较大空间。香港公民教育存在逻辑缺环,在本港地方定位与国际定位之间缺失了在政治上最为关键的国家定位,此次再教育就是补足这一缺环,建立必要的中国视野。①

1. 学苑派继续激进立场

在特首点名批评《学苑》之后,出现了两种社会思潮态势。

第一,社会反响。"港独"与青年政治意识成为香港社会"后占中"反思的焦点议题之一,而《学苑》编辑们的"言论自由"辩护亦难以解除其港独倾向对香港社会的撕裂以及对市民观念的刺激,民意和主流舆论总体上反对这样一种"任性"的自由表达,而更加认同青年再教育的必要性,这是积极面向。

第二,学苑派反响。《学苑》编辑部除了在第一时间通过香港大学民主墙大字报进行反击,标榜言论自由外,更是在近日发动了香港大学学生会退出学联的联署公投,期望在更加独立化的组织机制下采取更加激进的行动。特首批评并未引起香港大学部分激进学生的反思和调整,而是刺激其以更严酷的激进立场和组织化操作来应对。联署公投的动议人就包括《学苑》港独专刊的核心编辑。"学苑路线"标志着香港"占中"运动的大分裂和大重组,"学联机制"将遭受挑战,更加多元、失控且激进取向的运动态势或将与一般社运领域的激进力量合流,成为"占中"运动的不良资产和"后占中"重建的棘手议题。

---

① 笔者曾在评论中央对港《白皮书》时及时指出了"中国人史观"重建的问题,如今在"后占中"反思中果然成为一个焦点议题,参见田飞龙:"白皮书波澜:央港关系的法治转型与中国人史观重建",载《法治周末》2014年6月19日。

退盟事件的严重性不容低估。这是香港“占中”运动内部最激进的“学苑派”试图脱离共识制下相对温和的“学联派”的内部造反事件。在联署公投的公告及校园电视动员上,“学苑派”动议人除了指出学联内部管理与决策机制的代表性不足、不透明、决策与执行混同等缺陷之外,更是对学联在运动中的升级行动不力和不够激进提出严厉批评。表面来看,这是香港“占中”运动的组织分裂,但实际上是更激进的学生群体对学联在“占中”运动中基本遵循“公民抗命”之和平非暴力立场以及对“港独”取向消极回应的不满,从而引发了“占中”运动内部的力量重组。按照香港大学学生会的组织章程,退盟程序需要在征集法定数量会员支持及学生评议会代表同意的条件下,通过公投程序作出决定。退盟的成功将使“学苑派”基本掌控香港大学学生会领导权及后续“占中”运动方向,而这一操作对其他高校学生未必没有示范作用,甚至连锁性地造成香港“占中”运动的激进化并可能陷入无政府状态。这对“后占中”的青年教育和社会重建绝非福音,亦将构成对香港特区政府和高校管理层的严峻挑战。

2. 居民意识形态的困扰

香港青年的国民意识危机有着深远的历史基础:首先是古典基础,即大清帝国的臣民意识(1842 年鸦片战争之前);其次是近代基础,即英帝国的殖民地居民意识(1842 ~ 1997 年)。这就构成了香港人精神意识中独特的“臣民—居民”模式。香港人在整体近代史中缺乏民族国家建构的意识、能力与体验,不能发展出正常的国民意识,而与内地的百年互动所印证与维系的只是朴素原始的民族情感,不是高级建构层面的政治认同。

《香港基本法》的核心概念仍然是居民而不是公民,偏重纯粹权利而不是义务,预设了一种“去政治化”的“泛人权”概念(《香港人权法案条例》)。香港从来不是一个民族,也不是一个人民,“香港人民”只是一种泛化而不严谨的便利称呼。“香港民族论”和“香港独立论”表明香港青年对主权回归中“国民意识”建构的排斥。而国民意识危机的直接后果就是香港青年无法理解国家概念,亦无法从历史和政治命运共同体及真正共和主义的高度理解和认同中国的发展转型及其政治精神与体制。

150 余年的殖民史在涤荡香港人中华帝国臣民意识的同时,确立了牢固的“居民”政治意识形态。这种纯粹“居民”的政治意识构成大致如下:(1)殖民史观;(2)冷战史观;(3)人权史观;(4)普通法史观;(5)普适民主史观。这些历史观要素混杂综合,构成了香港人的主体政治精神,而“爱国爱港史观”则相对处于弱势,香港的既有教育体系又根本没有承担甚至严密排斥“爱国爱港史观”的渗透与机制性落实。2012年“反国民教育事件”并非孤立事件,而是这种纯粹“居民”政治意识形态的激烈反弹,其中生力军即为包括黄之峰在内的香港青年一代。

在排斥国民意识的“居民”意识形态下,香港青年组织亦呈现出高度自治态势和社运生力军形貌。比如,香港高度本地化的“学生会—学联”体制成为“占中”运动的强势领导因素。尽管“后占中”时期香港大学学会生退出学联,但这并非香港“占中”运动的分裂,而是青年激进势力寻求社运独立性的体现,这使香港青年社运更加难以节制。学生会的法人化和政治组织化亦很明显。香港大学中山广场与学生评议会集会在彰显校园民主和学生政治参与意识的同时,也暴露出民粹化和激进化的不良倾向。学生代表以社会精英与民意代表的双重想象自诩,同时采取严格的团体自治和内部人控制,使香港青年在个体意义上难以实现精神突围,难以与内地生及祖国内地进行积极的互联互通和互爱互助,培育国民意识。

回归以来历次社会运动中的香港青年人身影频频闪现。除了20世纪70年代末到20世纪80年代的前回归期短暂的“认中关社”(认识中国、关心社会)与“民主回归”(陈弘毅一代的香港青年)传统之外,香港青年运动渐然汇流入反对派政治脉络中。个别青年学生在自办刊物中毫不掩饰的激进政治想象亦令人忧心。

反思香港青年社运动力的来源,大致如下:(1)“黄之锋现象”,即个别未成年人的过度政治化和香港政治文明的异化,政治上的精致功利主义突破成年人范围限制;(2)港台民主青年运动的联动效应;(3)香港价值观与生活方式的理想化以及对内地的妖魔化(教育与媒体的长期渲染);(4)国际力量的隐秘支持与利益许诺;(5)弱国民意识条件下政治耻感的丧失。

3. 公民教育的国家定位

香港社会并非不存在公民教育,只是存在缺失国家环节的公民教育。“公民”本来是一个严格的宪法学概念,在权利义务范畴内与国家严格对应,因此本来并不存在没有国家的公民,也不存在没有公民的国家。也就是说,“公民”(citizen)这一主体性的确立所依赖的正是与国家(nation)之间借助契约过程和历史命运共同体意识共同完成的现代政治关系构建。香港居民的政治文化意识受到中国传统文化、基督教会文化、英国殖民文化的深刻塑造,在其中学教育体系内更是以淡化中国政治与历史的方式完成了基本的人权公民教育。官方《白皮书》和香港公民教育各自塑造了一种基本法形象,造成更加立体与深刻的价值冲突。

香港公民教育存在一种逻辑缺环和想象错位。现代国家之公民政治意识本在三个层次上展开:一是出生地本位的地方层次(local);二是民族国家本位的国家层次(national);三是人类共同体本位的国际层次(international)。其中,就公民身份而言,最重要的认同层次既非地方亦非国际,而是国家。只有本于国家,个体才能在宪法意义上完成公民自觉,才能既超越地方乡土的局限,又不至于过分超前地以国际层次取消国家定位。就香港永久居民中的中国公民而言,这就存在三重政治视野:一是自治层次的地方视野;二是宪法层次的国家视野;三是公约层次的国际视野。香港居民之政治文化与意识构成,在地方自治视野和国际公约视野上过度饱满,而在国家宪法层次过度薄弱,从而陷入公民意识危机和精神失衡。

这就导致香港居民习惯于以其国际属性来充实和提升地方自治属性,却简单跳脱了赋予并限定其实证法律地位的国家宪法层次,对“一国两制”和基本法做出“去国家化”的自治性与国际性解释。政改争议中的诸多反对派话语乃至于“学苑派”的“港独”话语,其基本理念要素即来自上述“去国家化”的自治与国际层次。问题恰恰在于,一方面,香港的高度自治并非来自固有传统或权利,而是来自中央完全授权,因而具有宪制来源和地位上的不自主性,其保有和维系取决于中央信任而不是港人集体意志;另一方面,其国际性来自长期殖民史,这一过程固然输入并奠基了自由、法治等核心价值,亦造成了政治心理上结构性回归的长期困难。

“占中”运动中的青年表现及青年政治论述的激进化,无疑是香港公民教育的失败,是回归以来培养青年之“中国视野”的失败。成功的公民教育一定是承载本国文明传统与政治历史的教育,是建构最低限度国家认同的教育,而不单纯是关于自由、人权和激进民主的教育。如果说现代公民教育是一种自由教育,那也首先是一种积极自由的教育,是使青年在意识和行动上最低限度认同和融入体制的教育。如果公民教育只是培养没有国家的自由观、没有义务的权利观、没有底线的民主观,就已误入歧途,必须加以调整。因此,“后占中”是香港青年教育的一个新时代,一个基于公民身份培养必要的国家观与义务观的新时代,一个更均衡之共和主义宪法观进场的时代,其基本目标在于培养一种合乎时代的“中国视野”。

4. 港人治国才能爱国

爱国爱港是此轮政改博弈的一个焦点。在官方看来,爱国爱港是一体的、不可分离的,是香港居民应有的宪法义务。但在香港反对派看来,爱港自然没有问题,但对于爱国却进行了数层逻辑剥离:第一,从自由主义释义上看,爱国必须服从于基本权利保护,不能以爱国名义行集体主义专制之实,这是启蒙思想成果,有合理性,但并非取消爱国义务,况且在极端解释利用条件下有可能导向一种无政府主义;第二,爱国不等于爱现实的政治中国,而是爱历史上的文化中国;第三,爱国恰恰是具有浓郁政治色彩与时代特征的,绝非启蒙式的解构之爱,亦非“去政治化”的抽象之爱,而是禀有具体政治历史认知与公民义务实践的实在之爱。

既往关于“港人治港”的政策性论述有 20 世纪 80 年代内地政治话语的宏观叙事和“宜粗不宜细”的整体氛围和倾向,但在《香港基本法》权威日益凸显、央港关系调整进入规范性重构期的条件下,就需要严格按照中国宪法和《香港基本法》的“共同基础”来认知和推进香港青年教育。因此,“港人治港”绝对不是取消香港居民对国家事务的参与权,造成“两制”刚性隔离,亦不是取消内地公民正当分享“一国两制”成果及通过国家宪法程序影响香港政制发展的基本权利。

为了有效弥补香港居民在国家层次的参与不足和认同匮乏,有必要在“后占中”重建时期明确提出“港人治港”原则的两个保障性与扩展性原则:

第一,“港人治国”原则。即通过法律修改、政策供给和机制创新,为香港永久居民中的中国公民根据中国宪法参与国家事务以及参军、担任内地公务员与外交官提供平台和激励,使其逐步超越自治性的地方视野,在个人与国家的经验性互动实践中重新树立健康的国家观与义务观,自然而然生成具有最低限度政治认同的“中国视野”。①

第二,“国人治港”原则。即既然“一国两制”与《香港基本法》来自整体中国人民的政治决断和法律授权,在内地日益民主化和法治化的条件下,香

---

① 关于香港公民义务层面的思考,参见田飞龙:“‘爱国爱港’的法学思考”,载邹平学主编:《港澳基本法实施评论》(2014 年卷·总第 1 卷),法律出版社 2014 年版。

港特区的自治特权安排及其改革方向应有更多的内地民意参与，提供更多的制度安排和政策机制供给使内地普通公民有更多自由和公平的机会通过香港平台实现再教育和再发展，以及获得国际化机遇，使香港政制与经济的进一步发展作为中国整体改革事业的一部分而惠及中国全体人民。

这实际上提出了一个适度超越“港人治港”单一自治原则更完整的公民教育与宪法认同建构的框架，以便充分容纳对国家定位的聚焦和深化。治港者爱港，治国者爱国，爱国爱港的要求不能是抽象的理念灌输和政治宣教，而是应该在中国宪法和《香港基本法》框架下落实为促进“两制融合”的具体制度、政策和机制。“一国两制”并非单纯保障高度自治，亦容留有“两制”融合的管道和预期，而《香港基本法》作为一场制度创新实验，并不能超脱宪法追求内在同质性的基本原理。宪法是团结人民而不是分裂人民，是追求共同福祉而不是刻意容留特权和差异，是在自由与秩序间不断建构动态平衡的政治技艺。培养香港青年乃至整体香港居民的中国视野，是中国宪法和基本法的内在任务之一。

四、余论：继续民主与香港未来

本文以“后占中”语境下的法治基础重建为核心问题意识，聚焦于特首普选、国安立法与青年教育三大基本议题，但这并非排斥“后占中”重建之其他相关议题的重要性以及与前述议题的高度关联性。这些对香港形式法治具有基础深化意义的议题，是面向政治与文化领域的宏观议题。法治系统不是孤立系统，而是与政治、文化诸系统有着密切关联并时刻进行着价值与意义的高强度交换。聚焦香港法治基础的深化建构，就是聚集香港更健全的治理体系以及央港关系更规范与更具信任内涵的理想前景。

由此开阔视角继续延伸，香港特区政改未完待续。无论是建制派还是泛民派，虽然 2015 年政改方案“立法会闯关”没有成功，香港政改及其普选进程并未画上休止符。“继续民主”不仅仅是香港一般人士的政治意识，亦成为香港特区政府乃至中央按照“循序渐进”原则灵活解释“8·31 决定”的一种政改共识，这在某种意义已然构成“占中”运动的间接成果。只是，政改方案如果闯关成功将使 2017 年之后的普选优化进程更为顺利，央港关系更趋和谐；若闯关失败，则可能陷入无法解脱的对抗旋涡之中。对于香港法治而言，后者前途绝非福音。因此，上至中央，下至香港社会，甚至包括在“占中”背后隐隐约约的英国,都在二次咨询与“后占中”重建中一致“规劝”香港反对派理性妥协,顺应民意,从善如流。遗憾的是,6 月 18 日的投票给出了一种坏的结果。中央和香港都需要时间来充分消化这一结果之负面冲击与影响。

从香港本土视角来看,“占中”时期时政剧《选战》[①]的热播是“继续民主”集体意识的明确彰显,值得略作关注与分析。

该剧之编剧思路、网络热播及市民反响,尤其是其中包含的对“后占中”时代香港民主发展的愿景想象,显示出经过“占中”运动,一般香港人对于香港民主的某种心理认知与共识取向:第一,2017 年特首普选框架相比 2012 年框架虽有进步,但仍有“筛选”效果,不是理想民主方案,香港民主需要继续前进;第二,香港民主继续前进的动力来自体制内力量的裂变与社会反对力量的接力争取,包括建制派政党的分裂以及社会反对力量的政治重组与积极参政;第三,在限制性框架下的特首普选中,最打动选民心理的竞选策略是承诺带领香港人民“继续民主”起来,接力追求“真普选”;第四,建制派政党及其候选人的民意基础与政治合法性继续遭受质疑,在与反对力量的政治博弈中面临越来越大之政治压力;第五,中央继续作为香港民主发展“循序渐进”的主导与调控性力量,但香港民主在民意推动下的“继续民主”之路不可逆转。笔者将《选战》的出现及其反映的“后占中”民意称为香港的“继续民主”命题。

在香港普选话语博弈中,反对派的通用策略是“政策问题政治化”,而建制派的反制策略则为“政治问题政策化”,于是出现了检讨“占中”运动原因及对策上的“民主中心论”和“民生中心论”。笔者适度跳脱香港政治舆论的立场局限,认为“占中”运动同时反映了香港管治中严峻的民主问题和民生问题,二者相互关联,但不可相互吸收,各自独立存在。因此,“后占中”时代

① 参见 HKTV 的网站介绍,资料来源 http://tv.hktvmall.com/programs/the－election/,2015 年 7 月 10 日访问。该剧的基本剧情是香港“占中”运动失败,2017 年特首普选以人大决定为框架进行,在寻求连任的特首郭逸材与挑战者韦文轩之间展开博弈,后者获胜当选却于当晚遭遇离奇车祸死亡。韦文轩在当选之际高调宣布特首任期主要任务为带领香港人民继续争取“真普选”。其妻叶晴为工人运动领袖,背负其夫遗志出战 2022 年特首普选,却陷入香港政坛的无底旋涡,内有倾轧,外有强敌。挑战者韦文轩本为香港最大建制派政党“振民党”副主席,行政会议成员,后退党参选特首。2022 年特首普选的竞争格局是:振民党主席宋漫山和工人运动领袖叶晴。其间有人大就普选框架释法等情节。这些无不浓缩了香港人的深层民主心理。

的中央与特区政府在政策检讨上，除了凸显“民生”的公共政策面向之外，也不可形成“民生中心论”，以为通过民生与福利供给即可完全消除“占中”运动的“病灶”，更不可以为依靠“反占中”的窄议题民意共识以及法治权威而取得的清场经验可以长期反复运用，而是需要严格区分“政治”、“政策”与“法律”，按照“政治的归政治，政策的归政策，法律的归法律”之原则进行议题归类、政策设计与制度供给。在“占中”运动可分析出的问题群中，“继续民主”将成为一个最大、最普遍的共识，而中央和特区政府在这一议题上的开放程度和回应能力将直接决定“后占中”时代香港管治的基本绩效状况。

通观整场“占中”运动，无论是运动参与者还是香港警方均表现出了对“和平非暴力”这一文明守则的坚定信念以及对法院禁制令和法治根本权威的终极信仰。而作为运动象征的“雨伞革命”之说也至少在香港社会内部被严格否定，修正为“雨伞运动”。因此，2017 年之后也就不存在“继续革命”的问题，而只是“继续民主”的问题。从理论脉络和运动过程来看，“占中”运动在本质属性上还是应该定位于一场以民主为基本目标的“公民抗命”运动，其核心诉求在于通过适度违法的公民行动造成全社会对普选议题更严格和更为聚焦的“审议”(deliberation)，向香港特区政府和中央传递对法定“机构提名”模式的不认同，并以推动“公民提名”入法为基本政治诉求。但问题在于，这场运动以过早的“公民抗命”威胁在先，以青年学生的“港独”论述以及反对派政治力量的“国际求援”加码，更以不具法律效力的电子公投以及旷日持久的街头违法占领为支撑。同时，错失了 10 月 21 日首轮对话的运动接轨与转型契机，从而丧失了在一场高度不均衡和不对称的政治抗争中实现理性妥协与运动“早期收获”的机会窗口。整场运动展现出理念优先、青年学生激进立场优先、对沟通对象及相关沟通技巧把控不足等特征，这些均应作为运动遗产而成为香港民主运动自我检讨与改进的要点。

更进一步，这场运动从发动之初到提前行动再到黯然清场落幕，一再表现出对抗双方的战略误判和战略互不信任，这对于作为地方性民主的香港民主发展而言无疑是悲剧性和灾难性的。香港在“继续民主”之路上，需要更理性地实现一种“视角内转”，对政治上的沟通对象进行更具内在性甚至沟通性的了解和理解，同时需要坚决戒除一种超越政治可能边界、自我孤立与边缘化的“港独”主义和一种来自国际城市定位与殖民历史记忆的“国际干预”主义，而将香港民主化定位于“一国两制”宪制框架下具有“政治特区”

属性的自治民主试验，其制度过程既是香港基本法秩序的民主改进，也是中国整体国家建构和政治民主转型的先导与示范。在此意义上，香港民主便具有了超越“一城一地”治理的普遍历史意义而汇合入中国长时段的立宪民主进程中，同时又在深圳河一侧构成与“经济特区”之国家试验具有互补性的“政治特区”或“治理特区”优势。而孤立主义的“港独”和外来干预主义的国际依赖，只能使香港进一步远离国家体制和全体人民的同情与支持，远离主体中国开辟的民族复兴与国家崛起的大时代和大机遇。视角内转，参与互动，旧城新命，或许是此次“占中”运动激烈对撞之后所可能产生的央港关系新的互动法则与均衡位点。

“占中”运动处理经验还可能成为我国应对未来政治与社会运动挑战的有益经验：第一，法治是有序民主的基础，我国需要在十八届四中全会决定基础上全力推进法治国家建设，以法治权威应对和护航民主发展，避免政治与社会失序；第二，民意是秩序维护的风向标，此次“占中”运动中的民意内涵特别是民意对法治的根本信仰以及对暴力的坚决拒斥成为运动始终坚守“和平非暴力”以及警方文明执法的共同监护力量，而多元公开的民调技术体系亦成为民意聚集和沟通的有效机制；第三，媒体自由与政治公开性，这有利于巩固法治共识和确保民意传递相互检验而达至真实，更可形成社会性的公共舆论场及公共理性。

在内地经由“经济建设”、“法治建设”而最终抵达具有结构性政改意义的“民主建设”阶段时，香港社会此次应对“占中”运动冲击而表现出的价值与制度“软实力”恰可作为内地储备政治民主化之基础设施条件时认真研判、借鉴和转化。如此，“占中”运动已经具有了超越香港民主范畴的国家治理标本意义。

当然，香港社会经历“占中”之后，还是面临着严峻的考验，如果不能较为稳妥地通过这些考验，其“继续民主”前景乃至经济社会竞争力预期都可能恶化，其“二线城市化”并非不可想象。这些考验至少包括：经由“占中/反占中”冲突而造成的政治对抗族群化态势如何有效抑制？运动造成的社会关系裂痕如何弥合？“政改五部曲”之第三部如何艰难而智慧地闯关成功，以避免 2017 年特首选举“原地踏步”的陷阱？“占中”运动暴露出的经济结构单调、就业矛盾突出、民生政策失当、青年出路狭窄、地产霸权以及官商勾结等政策性问题如何在政治/政策双轨意义上进行有效的应对和化解？

这些问题的解决需要香港社会的团结协作，需要公共知识分子的理性引导，需要香港特区政府的系统回应，亦需要中央的深切理解和到位支持。尤其是中央的惠港安排应向香港社会中下阶层倾斜，而信息交换与意见交流管道亦应适度避开资本家精英而逐步下沉。对香港社会而言，这是一个社会重建与深度回归的过程；对香港特区政府而言，这是一个增强回应性、责任性与管治认受性的过程；而对中央政府而言，则是一个更深入理解香港社会各阶层、改善央港关系、强化“两制”互动与国家认同整合的过程。

这一进程也必然是香港法治基础更新升级的过程。“一国两制”设定的50年是一个互动融合的历史周期，[①]香港法治也是回归史的一部分，更应成为回归史的建设性力量，其关键不在于香港法治固守普通法传统和地方司法藩篱，而是其在实施基本法过程中对国家观念与国家理性日益自觉的识别、维护甚至塑造。新香港需要新法治，需要兼容香港价值与国家利益的司法体系，如此才可带来香港真正长治久安的制度基础，也才可真正对内地治理现代化有所补益。

---

① 陈端洪教授在近期论述中特别重视“一国两制”的“宪法周期”规律，解读为基本法的“两个半周期”，参见陈端洪：“一国两制的智慧”，未刊稿。

香港特区立法会"拉布"和《香港特别行政区基本法》第74条实施的偏差

宋小庄*

引言

我国香港特区"拉布"源于《香港特别行政区基本法》(以下简称《香港基本法》)第74条实施的偏差,由来已久。早在1998年6月30日,律政司前法律政策专员冯华健已经致函立法会秘书处法律顾问马耀添,表示不赞成立法会将于1998年7月2日公布的议事规则的若干条文,涉及表决程序和《香港基本法》第74条适用范围两个问题。① 前者涉及的问题不大,姑且不论。而后者却涉及政府特殊政策、一般政策的提案权及其修正案权是专属于行政机关还是也属于立法机关的大问题,但却不了了之。

如该专属提案权在行政机关手里,则香港特区实行行政主导的政治体制就没有疑义,香港特区行政主导弱化的责任,归咎于人。孟子说,"徒法不足以自行",②香港特区即使有行政主导的体制,但却执行不力。如该提案权也由立法机关享有,香港特区就不实

---

* 深圳大学港澳基本法研究中心研究员,法学博士。

① 参见1999年4月立法会议事规则委员会《1998年7月至1999年4月的工作的进度报告》第2.3段。

② 《孟子·离娄上》。

行行政主导的政治体制，香港特区行政主导弱化的责任，既归咎于人也归咎于制度。美国宪法虽无行政主导的设计，但有作为的总统还能体现行政主导现象。香港特区实行行政主导体制，有关专属提案权也在行政长官手里，行政长官能否主导，是管治能力问题。香港特区行政主导的弱化，其中一个原因在于《香港特别行政区立法会议事规则》(以下简称《立法会议事规则》)[①]扭曲了《香港基本法》第 74 条，但有《香港基本法》执行权[②]的行政长官却未敢执行，对议事规则的错误未能纠正。

一、对“拉布”的认识

在讨论“拉布”之前，需要提到“拉布”的文化制度背景。近代“拉布”一词从英文“filibuster”翻译过来，原指西方发达国家的议会少数派以冗长演说和其他方法阻挠议会议事进程的行径。议会多数派的表决可以奏效，就不会“拉布”。少数派没有否决的力量，通常才会“拉布”，以无聊的方式“唤醒”议会多数派和社会大众的注意，争取选民的继续关注，作为多数人“统治”的补充。香港立法会的“拉布”由反对派议员中的少数激进势力发动，也得到香港反对派选民的支持。这是与立法会议员拥护基本法、效忠香港特区的誓言背道而驰的。[③]

1776 年美国自脱离英国独立以来，有惧怕“民主暴政”的传统。美国总统选举的“赢家通吃”制度，参议员以州为单位(不以人口为基数)产生等，形成既拥戴民主又防范民主的奇怪现象。自 1688 年“光荣革命”后，英国国家主权属于议会，遂奉行议会至上，形成议会多数派掌权，但也尊重议会少数派的传统。这种文化背景体现少数服从多数原则，但尊重少数派议员意愿，形成议会之中让人说话又何妨的心态。议会少数派对正常议会工作的干扰反而成为议会应当宽容的美德，成为少数议员行使的“权利”，西方国家议会“拉布”也就难以避免了。

在世界不少国家和地区的议会和国会中，美国参议院运用“拉布”最为

---

① 该议事规则在香港回归后不断修订，笔者看到的最后修订日期为 2011 年 5 月 13 日。

② 参见《香港基本法》第 48 条第 2 项。

③ 学界认为议员对选民和议会都有负责关系，但香港的议员应当首先拥护基本法、效忠香港特区，其次才要向选民和立法会负责。

广泛,有关研究也最多,相关论著有数百种之多。[①] 这有制度上的原因:一是美国作为典型的三权分立国家,行政、立法是相互制衡的,参众两院是相互制衡的,国会中的多数派与少数派也是相互制衡的。二是根据美国宪法的分权原则,总统提出国情咨文,提案权属于国会,议会的提案权不受限制,政府不直接向国会提交法案,需要通过两院中的议员在各院提出。三是美国民主、共和两党轮流执政,议会中也以两党议员为主,但有少数、多数的区别,多数派议员的提案,可以以少数派的"拉布"来点缀"民主"。四是议会对有关法案、修正案的审议需要参众两院的审议和表决,审议需要经过辩论,表决又要满足法定人数的标准,还要由多数通过。在这样的文化和制度氛围中,各种各样复杂的"拉布"形式就应运而生了。

据说,1957年8月28日至29日美国参议员瑟蒙德(Strom Thurmond)总共24小时18分的发言是迄今为止世界各国议会最长的演说,[②]他发言反对1957年《民权法案》,但到后来语无伦次了,无聊到连母亲制作布丁的配方也要拿出来说说。[③] 辩论"拉布"不但适用于议事,而且可以论人。2013年3月,美国总统奥巴马提名布伦南(John Brennan)出任中情局局长,在参议院辩论时,共和党参议员Rand Paul连续发言12小时52分,指责中情局滥杀无辜,反对提名,但提名最终仍获得参议院通过。[④] 但辩论发言的冗长并非"拉布"的唯一形式。2013年5月17日法国宪法法院确认《同性婚姻法》合宪,但该法案在2月提交国民大会审议时,保守派议员提出5000多项修订,进行"拉布",经过150小时的辩论,才获得通过。[⑤]

世界各国主要的"拉布"形式有多种:一是修正案"拉布"。议员可以对原法案提出数量繁多、质量低劣的修正案。此类"拉布"通常由少数派议员针对多数派议员的法案提出。在政党对其议员约束力较为薄弱的国家,也不能排除多数派内的部分议员也"拉布"。对此,议事规则可以有限制性规

---

① 如 Gregory J. Wawro & Eric Schickler, *Filibuster: Obstruction and Lawmaking in the U. S. Senate*, Princeton University Press, 2006,该书列出的参考资料就有241本。

② U. S. Senate, Committee on Rules and Administration. *Senate Closure Rule*. 99th Congress, 1st Session, 1985, p. 40.

③ 参见网站 wikiledia. org"Strom Thurmond"条。

④ 参见网站 wikiledia. org"Rand Paul"条。

⑤ 参见网站 wikiledia. org"Same – sex marriage in France"条。

定来约束。

二是辩论发言的“拉布”。“拉布”议员尽可能利用议事规则所允许的发言规则,进行冗长、接力的发言。对此,议事规则可以有辩论发言的次数、时间、质量要求等规定来制约。

三是法定人数“拉布”。一旦有修正案的“拉布”和辩论发言的“拉布”,不少议员不愿意浪费时间,就会离开议事厅做点别的事情,到表决时人数就会不足了。“拉布”的议员或其同党就会要求点票,主持会议的主席就要召回缺席的议员,以免有关会议就会因不足法定人数而“流会”。但召回需要时间,“流会”更浪费时间。对这种“拉布”,议事规则可以有召回时间的延长和法定人数的减少来对付。

四是表决的“拉布”。即使最简单、最无聊的修正案,通常也要逐一表决,不论是人手点票,还是使用电子点票器,也需要数分钟。对此,议事规则可以有合并表决的规定来解决。对各种“拉布”,议员可以提出结束“拉布”(“剪布”)的动议表决,或由主持会议的主席裁决,但该等动议本身也可能被“拉布”。

二、“拉布”是立法会乱象之源

然而,香港特区地方性的政治体制与西方国家级的政治体制有所不同,美国实行三权分立,英国实行议会至上,香港特区是实行行政主导。在美国,法案的提案权属于国会,英国则内阁和议会都有提案权,《香港基本法》则把涉及政府政策的提案权归属于政府。香港特区行政主导有关提案的特点是,涉及政府政策的提案权属于政府,并对议员提案采用分组表决机制,来维持行政主导。

《香港基本法》第74条将涉及政府政策的法案分为两类:一类是涉及政府特殊政策的公共开支、政治体制和政府运作三种法案,只能由政府提出;另一类是涉及政府一般政策的法案,虽然允许议员提出,但事先要得到行政长官书面同意。至于涉及政府政策以外的法案,可以由议员提出。在上述三类法案中,涉及政府政策的提案专属于政府,议员在实际上只能提出不涉及政府政策的法案,可以说议员的提案权受到《香港基本法》第74条的有力限制。

根据普通法的从属规则(accessio cedit principali rule),不得提出原案,

也就不得提出相关的修正案,否则议员就可以化整为零进行修订,把原案修改得体无完肤,所谓专属提案权也就成为一句废话。也就是说,原案的提案权属于政府,则该提案权的修正案权也属于政府。普通法还有同类规则(ejudem generis Rule),在《香港基本法》第 74 条具体运用上可以分为两种:(1)属于政府特殊政策的公共开支、政治体制和政府运作三项的原案及其修正案应当一视同仁,不得区别对待;(2)对公共开支的修正案有增减区分,但不论增减的修正案也应当一视同仁。

《立法会议事规则》却改变了《香港基本法》第 74 条的规定,有三个体现:一是将涉及政府政策的提案及其修正案的判断权从行政长官交给立法会主席;①二是将涉及政府特殊政策的原案与修正案分开处理,涉及政府特殊政策的原案不得由议员提出,但涉及公共开支的修正案得到行政长官同意可由议员提出,②而涉及政治体制和政府运作的修正案任由议员提出;③三是将涉及公共开支的修正案作增减的区分,增项的动议只能由获委派官员提出,但减项可任由议员提出。④ 香港特区立法会之所以出现修正案“拉布”,就是中了议事规则的“三十六计”。

在“拉布”问题上,提出涉及特殊政府政策法案的修正案是关键。有了修正案“拉布”,就会有辩论的“拉布”、表决的“拉布”等,这说明允许提出原来不能提出的有关法案修正案是立法会“拉布”乱象的根源。“拉布”造成社会资源的极大浪费。分组表决机制使议员提案不容易通过,但却不能阻止“拉布”。

从 2012 年 5 月到 2013 年 5 月,香港立法会有四次具有破坏性的“拉布”活动,拖延了属于政治体制的比例代表制下补选限制的立法,破坏了新一届特区政府的架构重组,延误了长者生活津贴财政拨款以及财政预算案的通过。2014 年 5 月对财政预算案的“拉布”,又差一点使政府财政堕入悬崖。行政长官梁振英上任前后,到 2014 年 5 月,发生了五次重要“拉布”,简述如下:

---

① 参见《立法会议事规则》第 31(1)条、第 57(6)条。

② 同上。

③ 《立法会议事规则》对此未作任何限制。

④ 参见《立法会议事规则》第 69(1)条、第 69(3)条。

1. 辞职补选“拉布”。2010年2月公民党和社会民主连线5名立法会议员故意辞职，利用补缺选举的机会搞所谓“五区公投，全民起义”运动，反应不大好，5月16日补选的投票率只有17.19%。但特区政府未趁热打铁，未在事发后把握时机对《立法会条例》提出修订，杜绝立法的漏洞，到2012年4月才提出修订，时间显然晚了。对修订方案的选择，政府也有过错。比例代表制下议席出现空缺，本来不必补选。在世界约200个国家中，约四成采用比例代表制，议席空缺大多采用替补制，不必补选，也没有人说剥夺了选民的补选权。世上本无“龙”，就没有“龙肉”可吃。香港特区反对派却要吃“龙肉”，如吃不到，就制造舆论说香港有人权问题，这是香港问题之所在。政府却没有向公众解说，比例代表制下没有“龙”（补选），就没有吃“龙肉”（补选权）的问题。

如政府以替补制代替补选制，涉及政治体制，则少数派激进议员就不能以修正案来“拉布”。而有期限限制再参选的修正案，事涉公帑，议事规则也要求须得到行政长官的书面同意，[①]本来也不能“拉布”。但2012年5月“人民力量”议员黄毓民、陈伟业对《2012年立法会（修订）条例草案》提出1306项修正案“拉布”，却被列入议程，加上社民连议员梁国雄、民主党议员郑家富的辩论“拉布”，使政府提出限制辞职议员在6个月内参加补选的修正案，经过5周110小时的审议，仍未能表决。5月17日还要经立法会主席对辩论“拉布”进行“剪布”，才能进入表决程序。6月1日，全部“拉布”修正案才逐一否决完毕，政府提出的修正案才得以表决通过。

2. 政府架构重组“拉布”。2012年春，梁振英在竞选政纲中提出“政府架构重组”，作为稳中求变方针的落实。如他当选，政府架构重组是新旧政府交接要处理好的内容，旧政府为新政府打扫“战场”，也可以成为日后政府交替的范例，对“一国两制”的实践有重要意义。在新一届政府就职前，2012年5月4日行政长官会同行政会议通过新政府架构重组议案，6月6日香港特区政府向立法会提出新一届政府的3司2副司14局架构，取代现行的3司12局的安排，拟于7月1日实施。由于时间紧迫，政府要求将此案优先列入

---

① 根据《香港基本法》第74条的立法原意，该等提案不得由议员提出。即使根据《立法会议事规则》第57(6)(c)条的规定，议员的有关提案事先也要得到行政长官的书面同意。

议程。[①] 6 月 20 日,立法会主席没有根据《香港基本法》第 72 条第 2 项、第 5 项的规定安排议程,只是将讨论政府架构重组作为议题付诸表决。

经 9 个多小时的辩论,21 日上午立法会以 27 票赞成、25 票反对、1 票弃权否决优先列入议程提案。如按正常排序,要等到 7 月 9 日,而本届立法会 7 月 18 日休会。在本届 60 名议员中,建制派议员 37 名、反对派议员 23 名,但建制派议员詹培忠、谢伟俊投反对票,叶刘淑仪投弃权票,其他 7 名议员(唐营)缺席。由于立法会主席放弃行使决定议程的权力,加上建制派议员在行政长官选举后发生分歧,反对派阻挠优先处理架构重组的图谋得逞,立法会主席成为"帮凶",政府只好撤回有关的议案。梁振英政府施政不畅,似源于此。在此期间"人民力量"议员黄毓民提出 129 项修订建议,陈伟业提出 167 项修订建议,还试图拖延。[②]

3. 特惠生果金"拉布"。2012 年 9 月在立法会的答问大会上,行政长官提出"特惠生果金"问题。10 月香港特区政府提出改善长者生活津贴(俗称"生果金")的建议,符合审查资格的长者生活津贴从 1135 港元调高到 2200 港元,期于 2013 年 3 月发放,追溯到 2012 年 10 月。社民连议员梁国雄等人提出反对资格审查,被政府拒绝。如有资格审查,只有 40 万人受益,每年涉及 62 亿港元的开支;如不设资格审查,开支将增至 136 亿港元。然而,香港特区政府却没有向香港社会和立法会说明,这次增加长者生活津贴是为了扶贫,不是敬老,敬老不必进行资产审查,扶贫却有资格要求,两者不能混为一谈。[③] 梁国雄在财委会审议阶段,未经通告就提出 302 项修订建议。[④] 为了避开"拉布",12 月香港特区政府提出修订,删除追加款项,改为拨入下一

---

① 《香港基本法》第 72 条第 2 项的规定,政府提出的议案须优先列入议程,第 5 项规定立法会主席应行政长官的要求召开紧急会议。这类似《王室训令》授予港督的紧急立法权,回归前已有的事例。1977 年,一批警务人员要求撤销廉政公署追查其贪污受贿行为,否则拒绝履行职务,时任港督麦理浩立即举行临时立法局会议,在 30 分钟内"三读"通过了一项紧急立法,授权警务处处长立即开除不服从法纪的警务人员,并动员舆论,解除了危机。

② 根据《香港基本法》第 74 条的规定,架构重组既涉及政治体制和政府运作,也涉及公共开支,不能由议员提出修正案,对架构重组涉及的财政问题可分开处理。

③ 在香港,70 岁以上长者领"生果金"不必经过资产审查,65 岁以上、70 岁以下长者领"生果金"要经过资产审查。前者是敬老措施;后者是扶贫措施。作为政府政策,敬老措施不加码,扶贫措施要加码,道理上是说得通的。对两者的区别,参见宋小庄:"从治道和文化层次看生果金",载《文汇报》2008 年 10 月 22 日,但政府缺乏这种表述的智慧,未能借此化腐朽为神奇,孤立激进反对派。

④ 参见《财务委员会会议程序》第 37A 条。

年度财政预算案处理，这样梁国雄的修订就全部作废。经过两个月内29小时的“拉布”，财政预算案获得通过，但追溯期从原来设想的2012年10月只能拖后至12月。

4. 财政预算案“拉布”。2013年2月，香港特区政府公布财政预算案。对《2013年拨款法案》，社民连议员梁国雄、“人民力量”议员黄毓民、陈伟业、陈志全提出700多项修订。如该法案未在5月15日前通过，香港特区政府7月初的现金流将出现短缺，影响60多个政府部门的运作，综援、“生果金”、伤残津贴等生活保障津贴的派发也将受到影响。经过5月80个小时的“拉布”，为了避免香港特区的“财政悬崖”问题发生，立法会主席根据《香港基本法》第72条第1项“主持会议”的职权和《立法会议事规则》第92条的授权，对修订“拉布”和辩论“拉布”再次“剪布”。

5. 财政预算案“拉布”。2014年2月，香港特区政府公布财政预算案。对《2014年拨款法案》，社民连议员梁国雄、“人民力量”议员黄毓民、陈伟业、陈志全提出2000多项修订，立法会主席曾钰成调整到1192项。香港特区政府表示780亿港元的临时拨款将于5月用完，如不能尽快批出，将影响政府运作、公务员出粮、社会福利金等的派放。但“拉布”的议员扬言要“拉布”到本月底，政府和建制派议员希望立法会主席“剪布”，但主席表示要按议事规则办，要政府“早为之所”。[①] 后来也是通过“剪布”解决。

三、立法会“拉布”违反《香港基本法》

回归前，在《英皇制诰》和《王室训令》的框架下，香港特区立法局是港督的立法咨询机构，议员是港督委任的，被委任议员是不敢“拉布”的，就无所谓“拉布”，即使后来引进了选举，也没有改变立法局作为港督立法咨询机构的性质，在该法律框架下，议员并没有所谓“拉布”的权利。

回归以后，《香港基本法》大体保留了原来行之有效的行政主导体制，但立法会不再是港督的附庸，成为独立的地方性立法机构。然而，这并不意味着香港特区实行的是西方总统制、半总统制或议会制之下的国会或议会。

---

① 对此，可参阅 Song Sio Chong，“Why filibustering tactics breach the Basic Law”，*China Daily* (*HK*) *ed.* May 19，2014；宋小庄“财政预算案‘拉布’违反基本法”、“行政主导有制止‘拉布’机制”，分别载《大公报》、《文汇报》2014年5月20日。政府只能作临时拨款。

究其原因有三：一是西方国家的议会或国会是国家层面的，有主权；香港立法会是地方层面的，没有主权。二是西方国家的议员，不论是否与政府官员分开，都有广泛的提案权和修正案权，香港立法会议员的提案权和修正案权却受到很大限制。三是西方国家的宪法和宪法性法律没有行政主导制度的设计，《香港基本法》却有此等设计。

《香港基本法》的设计并没有赋予立法会对政府特殊法案及其修正案从提出修正案到辩论，到表决，再到再修正案的周而复始的“拉布”权利，更不用说“权力”了。香港特区实行行政主导的政治体制，就立法而言，有以下三个特征：

第一，立法提案权（原案及其修正案）主要在行政长官手里。涉及公共开支、政治体制和政府运作的政府特殊政策法案及其修正案只能由政府提出，[①]涉及政府一般政策（但不涉及以上三种法案）的法案及其修正案虽可由议员提出，但事先要得到行政长官的书面同意。[②] 这样议员就只能提出不涉及政府政策的法案及其修正案了。

第二，政府提案需优先列入议程，[③]这意味着议员提案不具有优先地位。政府可以提出包括制止“拉布”在内的提案，[④]该提案也具有优先地位。

第三，对政府提案不实行分组表决制，对议员提案则实行分组表决制。[⑤]涉及政府政策的提案应通过，不涉及政府政策的议员提案，被否决的机会远远大于涉及政府政策的提案。

因此，对涉及一般和特殊政府政策的政府提案，议员将不可能从提出修正案的源头进行“拉布”，没有修正案也就没有辩论案、表决案，没有再修正案也就没有进一步的再修正案、再辩论案、再表决案。剩下的就只是对政府提案辩论发言的“拉布”，由于议事规则对发言已有相当多限制，[⑥]故意捣乱的议员起不了太大作用。即使有作用，主持会议的立法会主席和委员会主席也可以制止。这样议员只能提出不涉及政府政策的原案及其修正案，类

---

① 参见《香港基本法》第 74 条。

② 同上。

③ 参见《香港基本法》第 72 条第 2 项。

④ 宋小庄：“行政主导有制止‘拉布’机制”，载《文汇报》2014 年 5 月 20 日。

⑤ 参见《香港基本法》附件二第 2 条。

⑥ 参见《立法会议事规则》第 36 条、第 37 条、第 41 条、第 45 条等条文。

似提案无关痛痒，提出来捣蛋只能损害“拉布”者自己的形象，增加下一届立法会竞选失败的风险。

然而，香港特区为何极少数议员敢以“拉布”？为何“拉布”在某种意义上能成功呢？为何“拉布”成为香港特区政府的心头大患呢？其原因在于：

一是香港政界对香港基本法设计的行政主导体制缺乏认识，立法会以英国议会至上制为蓝本，利用修订的机会，直接在《立法会议事规则》中吸纳英国下议院的议事规则；[①]又以美国宪法规定立法提案权属于参众两院为蓝本，违反《香港基本法》第11条第1款的规定，补充《香港基本法》没有明文规定的内容。表面上看起来，《立法会议事规则》没有明显抵触《香港基本法》文字的内容，但不符合甚至抵触该法的原则、精神和默示性含义的内容很多。《香港基本法》第74条的规定被架空了，这是香港特区立法会发生“拉布”的根本原因。

二是立法会主席对“拉布”的危害性认识不足，[②]处理水平也不高，没有把好关。对《立法会议事规则》的制定和修订也未能提出指导性意见，在修订时未能严格审查。遇到问题时，未能从《香港基本法》的原则、精神和默示性含义看问题，只从议事规则的文字来执行。在香港特区政府向立法会提出部分议事规则不符合《香港基本法》的法律意见时，立法会主席从政治中立看问题，而不从行政主导、行政立法相互制衡、相互配合的观点看问题，从立法本位主义出发，怕提出相反意见。

三是行政长官和香港特区政府缺乏实施行政主导的决心和谋略，缺乏引导舆论、社情、民意的能力。例如，香港特区政府从未提出制止“拉布”的提案，[③]在历届立法会中，尽管得到六成左右议员的支持，但却总称缺乏执政联盟的条件，难以形成行政、立法的合力来应对反对派的挑战。

四是抵触《香港基本法》的《立法会议事规则》没有依照《香港基本法》

---

① 如Erskine May：Parliamentary Practice。这是有关英国下议院议事规则的名著，原名是：*A Treatise upon the Law, Privileges, Proceedings and Usage of Parliament*，1844年出第1版，前9版都由作者自己修订。1893年出版第10版时，才由其他作者修订，先后有10余个（组）作者修订。最新的版本是第24版，2011年出版。

② 2013年7月23日香港报载，曾钰成在总结过去一年工作时说，不能扼杀“拉布”空间，“剪布”的考虑是“票箱”。

③ 参见《香港基本法》第72条第2项。

第75条第2款的规定,采取任何制衡措施,也没有提交全国人大常委会备案。

五是在现行的立法会分区直选比例代表制的制度下,他们只要选择有较多选民支持的选区参选,就可以单凭百分之十几的选票当选,不必担心因为捣乱而败选。他们越捣乱,他们的“铁票”就越铁。但香港立法会比例代表制的选区却没有调小,如大选区改为只有四五个议席的小选区,或将比例代表制改为双议席单票制,可以减少激进议员当选而“拉布”的机会。

四、《香港基本法》第74条的立法原意解读

《香港基本法》第74规定:“香港特别行政区立法会议员根据本法规定并依照法定程序提出法律草案,凡不涉及公共开支或政治体制或政府运作者,可由立法会议员个别或联名提出。凡涉及政府政策者,在提出前必须得到行政长官的书面同意。”该条规定了立法会议员提案权的限制条件,与政府提案权此消彼长、彼消此长。

《香港基本法》政治体制有关条文的起草者肖蔚云认为:“公共开支涉及财政开支,在审核、通过财政预算时已经确定,议员不能提出涉及公共开支的法案。政治体制是经基本法规定的,不能随便改变。政府运作纯属政府日常的管理方式,议员亦不能提出涉及这些内容的法案。对于政府的施政方针议员有权辩论并提出对政府工作的质询,所以对日常运作不必再提出法案。立法会制定法律,政府必须执行和遵守法律,政府根据法律再制定政策,因此议员要提出涉及政府政策的法案时,事先须得到行政长官的书面同意。这些都是为了行政与立法有合理的分工,使两者各得其所,都能顺利地行使各自的职权,又能互相协调地运作。”①他从理性的角度说明了《香港基本法》第74条为何对议员的提案权要有相关限制,但没有对有关的修正案问题进行论述。

与法律一样,政府政策也有广、狭两义,两者相对应。在《香港基本法》的范围内,特殊政府政策涉及公共开支或政治体制或政府运作,凡涉及上述内容的法律草案,须由政府提出。特殊政府政策以外的一般政府政策,也应当由政府提出法律草案,如由议员提出或提出对政府法案的修正案,则事先

① 肖蔚云著:《论香港基本法》,北京大学出版社2003年版,第428页。

须得到行政长官的书面同意。即使原来不涉及政府政策的私人法案,如由议员提出的修正案涉及政府政策,亦须事先得到行政长官的书面同意。

对《香港基本法》第 74 条的解释可以采用不同的解释方法。[①] 以文意解释的方法来理解,立法会议员个别或联名提出法律草案(提案权)的程序条件有四项:

1. 有本法规定的依据,并依照法定程序提出。[②] 该程序既可能是《香港基本法》规定的程序,也可能是不抵触《香港基本法》的《立法会议事规则》的程序,但不能是抵触《香港基本法》的议事规则。

2. 不能提出涉及公共开支或政治体制或政府运作三种法案。该等法案可称为特殊政府政策法案。

3. 如涉及政府政策,但不涉及公共开支或政治体制或政府运作,议员提出前必须得到行政长官的书面同意。该等法案可称为一般政府政策法案。

4. 法律草案包括修正案以及有关的议案。修正案是提案权的补充,谁有提案权,谁就有修正案权。谁没有提案权,也就没有修正案权,不论在任何立法的阶段都应当如此。[③] 这是专属提案权的本意。

以历史解释的方法来理解,也只能确认而不能推翻上述程序条件。在港英当局统治下,立法局议员的提案权受到限制,关系王室在殖民地收益之条例应由总督、总督指定或允许的人提出。[④] 虽然《英皇制诰》和《王室训令》因中国政府恢复行使对香港的主权而终止,但从《中英联合声明》确立的"原有的法律基本不变"的精神来看,回归前立法局作为总督立法咨询机构的角色在某种程度上被保留了。《香港基本法》第 74 条也保留了原有、不抵触基本法的具体制度,但考虑到"一国两制"50 年的发展,不必轻易修改《香港基本法》,像英国轻易修改《英皇制诰》和《王室训令》一样,就把原来设计的对公共开支提案的限制,扩大到政治体制和政府运作,明确涉及公共开

---

① 笔者认为,采用普通法的解释方法,只要正确使用,也不会改变本文的结论,限于篇幅,不在此论证。

② 法定程序是指《立法会议事规则》,但该议事规则不得与本法相抵触(《香港基本法》第 75 条第 2 款)。

③ 参见全国人大常委会 2004 年 4 月 6 日的解释和 2007 年 12 月 29 日的决定。连千方百计为反对派设想的宪法学者佳日思(Yash Ghai)都不否认立法会议员不得提出涉及公共开支的修正案。参见 Yash Ghai, *Hong Kong New Constitutional Order*, Hong Kong University Press, 1997, p. 254。

④ 《王室训令》第 24 条,但该条只涉及公共开支之部分,没有提到政治体制和政府运作。

支、政治体制和政府运作的提案权皆属于香港特区政府。

以系统解释的方法来理解,也可以得到上述限制条件的证明。香港特区的立法制度和政策要以《香港基本法》为依据;[①]政府政策由行政长官决定(不由立法会决定);[②]即使有关的法案提出时得到行政长官的同意,但在立法会通过后行政长官仍有一定的发回权;[③]行政机关(不是立法会)有拟定法案、议案的职权;[④]政府提出的议案优先列入议程;[⑤]即使立法会通过对行政长官的弹劾案,也要报中央政府决定。[⑥] 凡此种种,都直接或间接反映了《香港基本法》第 74 条对议员提案权限制的必然性,与其他对立法会的相关限制是配套的。

以目的解释(立法原意)的方法来理解更为清楚。香港特区直辖于中央政府[⑦]并实行行政主导的政治体制,行政长官和特区政府的权力远远大于立法、司法的权力,行政长官有相当大的立法提案权、立法主导权、立法制衡权以及一定的司法权。由此推断,香港特区实行的是直辖中央的行政主导体制,而不仅仅只是体现行政主导现象。[⑧] 尽管《香港基本法》没有明示行政主导的条文,但有涉及行政主导制度的一系列条文以及默示性含义。既然香港实行行政主导体制,《香港基本法》第 74 条对议员提案权限制也是可以合理推断的。从立法原意(目的)来理解,各法案也必须包括其修正案,否则允许议员"化整为零"来提出修正案,修正案比原法案的内容还要多,喧宾夺主,则失去了《香港基本法》原限制性规定的意义。相反,《香港基本法》有反向限制立法会扩权的机制。

对法律解释采用不同的方法通常会得出不同的结果,但对《香港基本法》第 74 条采用不同的解释方法不但不能得到相反结果,反而得出基本一致的结论。即使采用普通法的解释方法,该结论也不会改变。可以说,立法会议员个别或联名提出法律草案的程序限制是一条处理行政长官和立法会

---

① 参见《香港基本法》第 11 条第 1 款。
② 参见《香港基本法》第 48 条第 4 项。
③ 参见《香港基本法》第 49 条、第 50 条。
④ 参见《香港基本法》第 62 条第 5 项。
⑤ 参见《香港基本法》第 72 条第 2 项。
⑥ 参见《香港基本法》第 73 条第 9 项。
⑦ 参见《香港基本法》第 12 条。
⑧ 宋小庄:"香港特区司法独立实践刍议",载《港澳研究》2013 年夏季号。

(行政、立法)关系的指导性条文,是立法会能否适当履行立法职责的限制性条文,是涉及香港的政治体制中能否实现行政主导的关键性条文。

五、《立法会议事规则》违反《香港基本法》第74条的主要内容

《立法会议事规则》对《香港基本法》第74条的实施并不符合前面提到的限制条件。从便于归类处理的角度出发,对议事规则的违法性可从以下四个方面说明:

第一,将涉及公共开支、政治体制或政府运作的三种特殊政府政策法案和涉及政府一般政策法案的判断权交给立法会主席,而非行政长官。① 在法理上,该先判断者在实际操作中可能篡夺了原判断者的判断权。涉及政府特殊政策和一般政策法案的判断权本来就属于行政长官,不属于立法会主席,立法会主席应当提请行政长官判断,不能先行判断。即使影响效率,也不能为了效率而不遵守《香港基本法》的规定。这对大致长年开会的立法会来说,尤其不能片面强调效率。在议员提出修正案的预告期间,行政、立法可以相互沟通,可以让行政长官先行判断,也不影响效率。立法会主席先行判断,越俎代庖,发生错误,反而难办。

第二,将涉及公共开支修正案的判断权交给立法会主席,而不是行政长官,并且可以按一般政府政策处理。②公共开支的修正案如只涉及减项,则只按议员提案处理。③ 如原案的判断权不能篡夺,涉及原案的修正案判断权也不能篡夺,不论增减。不准有关修正案提出与得到行政长官书面同意可以提出,是两个不同的概念,有必要加以区别。不能提出原法案,也就不能提出修正案,不论是否专门针对原案提出。在未经行政长官认定前,立法会主席不能将该修正案列入议程,④以确保原法案或相关法案的完整性,

第三,对涉及政治体制或政府运作的修正案,没有规定程序,有预设的遗漏。⑤ 换句话说,对这两种法案的修正案既不必经过立法会主席的先行判

① 参见《立法会议事规则》第20(3)条、第51(3)条、第51(4)条。

② 参见《立法会议事规则》第31(1)(c)条、第57(6)(c)条。

③ 参见《立法会议事规则》第69(3)条。

④ 参见《香港基本法》第72条第2项。

⑤ 宋小庄:"从'拉布'看立法会议事规则部分条文的违法性",载《紫荆》2012年第6期。

断,也不必经过政长官书面同意,比一般政府政策的法案还不如。[①] 这种遗漏也许是全国人大常委会两次解释说明涉及行政长官和立法会产生办法的修订由香港特区政府提出的原因。[②] 对涉及政府特殊政策三种法案的处理,《香港基本法》并没有作出区分,议事规则也就不应当自作主张,没有理由不一视同仁处理。议事规则不应当只对涉及公共开支的修正案作规定,而不对涉及政治体制和政府运作的修正案作规定。在实际操作中,却又允许立法会议员任意提出有关的修正案。

第四,一旦有任何修正案表决后,就不必再区分修正案的性质了,任何议员无须预告就可立即动议该议案的任何再修正案。[③] 涉及政府特殊政策的三种法案既不能由议员个人或联名提出修订,当然就不能对修正案提出更为简便、不受限制、不作预告的再修订。换句话说,既然不允许对未生效的法律修正,就自然不允许对已生效的法律修正;既然不允许修正,就自然不允许再修正,或再进一步修正;既然不允许第一级修正,就自然不允许第二级、第三级等的修正。

上述有关的议事规则是与《香港基本法》第74条直接或间接抵触。在行政、立法成员互不兼任的情况下,由行政长官把握涉及政府一般和特殊政策的立法主导权,是行政主导体制的要求。上述妨害行政主导的做法,既没有《香港基本法》的依据,也不符合回归前的通常做法。[④] 对于前者,不难证明;对于后者,只要不抵触《香港基本法》就可以被保留,不一定要找到依据。在香港回归后,一旦对被保留的部分进行修改,或建立新的制度和政策,就要以《香港基本法》为依据,[⑤]不能乱改,不能随意修订。一旦修订,就要在《香港基本法》找到依据。立法会不能越位,进入政府不能缺位的领域。

香港特区政府提出的有关法案和财政预算案未必是完美的,从行政立

---

① 参见《立法会议事规则》第51(4)条。

② 全国人大常委会《关于〈中华人民共和国香港特别行政区基本法〉附件一第七条和附件二第三条的解释》和《关于香港特别行政区2012年行政长官和立法会产生办法及有关普选问题的决定》。

③ 参见《立法会议事规则》第49(4)条、第49(6)条。

④ 备受反对派推崇的外籍宪法学者佳日思(Yash Ghai)都不否认立法会议员不得提出涉及公共开支的修正案。参见Yash Ghai, Hong Kong New Constitutional Order, Hong Kong University Press, 1997, p. 254。

⑤ 参见《香港基本法》第11条第1款以及1990年4月4日全国人大常委会《关于〈中华人民共和国香港特别行政区基本法〉的决定》。

法相互制约、相互合作的角度出发，尽管议员不得提出有关的修正案，但并非不可以被香港特区政府所吸收，成为政府法案和预算案，或转而成为对政府立法和财政工作的质询案提出。[①] 如行政长官和特区政府认为有可取之处，也可以在“二读”阶段，由政府提出相关的修正案，补救原财政预算案和有关法案之不足，体现善治。

有意见认为，对《立法会议事规则》应当从宽解释。理由是：《香港基本法》涉及立法机关的条文只有10余条，但《立法会议事规则》有93条之多，有不少《香港基本法》没有具体规定的条文。如《立法会议事规则》不能就《香港基本法》未明文规定的事项作规定，那么《立法会议事规则》就无从制定。笔者认为，这是有成文宪法国家在实施该法时都会碰到的问题，要对具体情况作具体分析，不能形式化、简单化处理，更不能强调《香港基本法》的“不完备性”和《立法会议事规则》对该法的“补充性”。

《香港基本法》是完备的。以该法为纲，就可以以纲统目。东汉郑玄《诗谱序》：“举一纲而万目张，解一卷而众篇明。”有人认为回归以来，《香港基本法》的实施出了大小千百计问题，在于未能纲举目张，总觉得该法只有160条条文，管不住香港特区千万件事务。若以此逻辑类推，该法有关立法会的条文只数十条，也管不住93条议事规则及其下设委员会规则和程序。推而广之，还会怀疑只靠该法第74条条文，岂能维护行政主导体制。这是否认了《香港基本法》的完备性及其统领香港特区法律的作用，否认了有关条文的原则精神以及默示性含义，也否认该法的解释空间。

与《香港基本法》的160条条文比较，美国宪法只有7条，加上修正案也不过30多条，经过200多年的变迁，还能与时俱进，管住美国的千万件事务。对《香港基本法》也可以再认识，适应香港情势的变化。

在此可举美国两例：一是美国宪法没有禁止奴隶制，南方各州曾长期奉行奴隶制，美国南北制度不同，曾被学者认为是“一国两制”，[②]有最高法院司法判例确认蓄奴的合宪性。[③] 虽然美国宪法没有禁止蓄奴，但这并不意味着

---

① 参见《香港基本法》第73条第5项。

② 黄仁宇“‘一国两制’在历史上的例证”，载《过渡期的香港》，“一国两制”经济研究中心1993年版，第29~42页。

③ 美国判例 Dred Scott v. Sanford, 19 How. 393, 15L. Ed. 691 (1857)。

美国奴隶制不能以宪法判断,也不能否定林肯总统解放黑奴的宣告,并导致该制度的废除。二是美国宪法也没有规定“司法独立”,由于宪法的分权原则已经体现了司法独立的精神,不能排除美国国会以宪法为依据制定有关司法独立的法律,以体现美国宪法的有关精神。但如有人质疑,美国的法官们和学者们会起来捍卫其合宪性。如有关司法独立的法律背离了宪法的原则精神或默示性规定,也不排除有违宪的认定。

香港特区的问题在于如何建立《香港基本法》的权威性地位,起纲举目张之效,而不是将该法当成提货单式的法律,在被提货的物品之外,别无他物。《香港基本法》第 75 条第 2 款有“立法会议事规则由立法会自行规定,但不得与本法相抵触”的规定,如与《香港基本法》的有关规定背道而驰,违反了,则可能直接抵触《香港基本法》;如没有在《香港基本法》找到依据,或与《香港基本法》的原则精神和默示性含义不相符,则违反了《香港基本法》第 11 条第 1 款要求香港特区的制度和政策以本法的规定为依据的要求,则可能间接抵触《香港基本法》。

六、应对“拉布”的建议

在行政主导下的香港特区,“拉布”不难应对。“拉布”至少有修订和不修订议事规则两种方案,每个方案也可以有多种应对措施。先谈修订的方案:

第一,既然《立法会议事规则》有抵触《香港基本法》的问题,而立法会“拉布”的根本原因来自实施《香港基本法》第 74 条的失误,釜底抽薪的解决方法就是由全国人大常委会主动释法,也可以由行政长官报告国务院,再由国务院转请全国人大常委会释法,阐明该条的立法原意。释法时应当明确该条将香港特区的法案分为三类:一是涉及公共开支、政治体制、政府运作三种政府特殊政策,只能由香港特区政府提出;二是涉及政府一般政策,但不涉及公共开支、政治体制、政府运作三种政府特殊政策的法案,议员提出前必须得到行政长官的书面同意;三是不涉及政府政策的法案,可以由议员提出。法律草案包括修正案以及有关的议案,对涉及政府政策及其修正案的判断权属于行政长官,对不涉及政府政策及其修正案的判断权属于立法会主席,修正案包含再修正案。

该释法应当列入《香港基本法》附件三,不但在法理上,而且在法律上成为《香港基本法》的组成部分。根据上述解释,《立法会议事规则》抵触上述解释的条文包括第20条、第31条、第49条、第51条、第57条、第69条等,立法会应对该规则作相应的修改。

第二,在全国人大常委会没有释法的情况下,由行政长官要求立法会按法定程序对《立法会议事规则》作出修改。[①] 根据《香港基本法》第48条第2项的规定,行政长官有执行该法第74条的职权,当其认为《立法会议事规则》与该条相抵触时,可以向立法会提出修改《立法会议事规则》的动议。

第三,在全国人大常委会没有释法的情况下,认为香港特区实行行政主导体制的立法会议员也可以提出对《立法会议事规则》的修改。该动议如经立法会全体会议表决通过,立法会议事规则委员会应当作相应修订。

为了确立《香港基本法》的权威性地位,修改会议事规则是上策,如不修改《立法会议事规则》,而动用《立法会议事规则》本身制衡“拉布”的内外在机制也可行,但却是下策。立法会全体会议的表决、立法会主席的裁决、立法会议员的动议表决,是制衡内在机制;对妨碍政府提案的“拉布”,政府也可以提出节制“拉布”的议案,请立法会主席列入议程,并动议表决,是制衡外在机制。在立法会“拉布”的少数反对派议员是被制衡的对象。如利用电视现场直播“拉布”,揭其荒谬性,提出应对措施,后发制人,将会有很好效果,不会有不良后果。

应对“拉布”有总体和具体两方面,总体对策有以下的思路:

第一,行政长官、特区政府、立法会主席大胆行使《香港基本法》赋予的职权。从《香港基本法》对立法会主席的资格要求来看,[②]该主席是香港特区的第二号人物,其重要性不如行政长官,但并不亚于终审法院首席法官。《香港基本法》第72条赋予立法会主席广泛的程序性裁决权,第79条又赋予该主席涉及议员资格丧失的宣告权。行使上述职权时,该主席就可以如同行政长官和终审法院法官一样直接执行或适用《香港基本法》。只要有足够水平,立法会主席处理“拉布”将处于非常有利的地位。其同党中的议员可以通过不作预告的动议,协助该主席或立法会实现香港基本法的立法目

---

① 法定程序是指《立法会议事规则》,但该议事规则不得与本法相抵触(《香港基本法》第75条第2款)。

② 参见《香港基本法》第71条第2款。

的。行政长官、特区政府应当促成其事。

第二,立法会主席勇于行使议事规则赋予的职权。有三类:一是维持会议秩序权。《立法会议事规则》明确,“已就某议题发言的议员,可再次发言以解释其先前发言中被误解的部分,但发言时不得提出新事宜”。[①]“任何议题经立法会主席或全体委员会主席向立法会或全体委员会提出待决并付诸表决后,议员即不得再就该议题发言。”[②]二是程序决定权。《立法会议事规则》明确,“立法会主席、全体委员会主席或任何委员会主席分别就立法会及委员会会议遵照会议规程行事负责。主席在会议规程问题上所作决定为最后决定”。[③] 三是程序和实体付诸表决权。《立法会议事规则》明确,除涉及取消议员资格、发回重议的法案、经解散重选的立法会通过有争议的原案以及弹劾案外,所有提交立法会或全体委员会表决的非议员议案,均须获得出席会议议员的过半数票,方为通过;所有提交立法会或全体委员会表决的议员议案,均须获得分组出席会议的议员的各过半数票,方为通过。[④] 对“拉布”,建制派议员要求“剪布”,很有可能通过。

第三,立法会主席行使参考其他议事规则的职权。《立法会议事规则》第 92 条规定“对于本议事规则未有作出规定的事宜,立法会所须遵循的方式及程序由立法会主席决定;如立法会主席认为适合,可参照其他立法机关的惯例及程序处理”。这是一把尚方宝剑,英国下议院、加拿大国会众议院、澳洲国会众议院、新西兰国会众议院、英国参议院、美国参议院、美国众议院等普通法国家议会制衡、应对“拉布”已有多种措施可参照,[⑤]还可收集更多议事规则,供立法会主席选择。

第四,立法会主席促成立法会会议裁决和表决。对有预告的“拉布”修正案,立法会主席可以裁决不得提出。对没有预告的“拉布”修正案的提出,立法会主席可以提出合并,也可以禁止提出;对“拉布”的辩论发言,立法会主席可以阻止,建制派议员可以动议要求结束;对“拉布”修正案的表决,建

① 参见《立法会议事规则》第 38(3)条。

② 参见《立法会议事规则》第 38(6)条。

③ 参见《立法会议事规则》第 44 条。

④ 参见《立法会议事规则》第 46(1)条、第 46(2)条。

⑤ 2013 年 1 月 29 日立法会议事规则委员会《关于处理法案的拟议修正案及全体委员会讨论的议事规则及行事方式》。

制派议员可以动议合并表决。由于“拉布”是反对派极少数激进议员的行为,未必是反对派整体性行为,反对派其他议员有选票的考虑,未必全力支持。只要立法会主席将反“拉布”或“剪布”的议案列入议程,根据《立法会议事规则》第46(4)条的规定,“若表决赞成某议题的议员多于在进行表决时在席议员的半数,议题即获过半数票”的规定,该议题是容易获得通过的,不必分组表决。如需分组表决,也有可能通过。

在总体应对对策之外,还可以有各个阶段的具体对策:

第一,修正案“拉布”对策。例如,《立法会议事规则》明确议员“不可动议全体委员会主席认为琐屑无聊或无意义的修正案”,①该禁止性权力可由立法会主席行使。《立法会议事规则》虽然没有专门合并修正案的条文,但可以根据第92条的规定参考外国对“拉布”修正案的规定进行合并《立法会议事规则》第58(2)条允许变通对修正案进行审议说,“凡有一系列互有关连的修正案,则为节省时间并避免议论重复,全体委员会主席可准许同时讨论该等修正案,并在有需要时更改第(5)或(7)款所规定的审议次序”。② 采用从禁止到合并的方法,立法会主席和委员会主席将“拉布”的修正案处在极低数量,就不足为患了。政府也可以提出“拉布”修正案抵触《香港基本法》的议案,请议员否决。

第二,辩论发言“拉布”对策。《立法会议事规则》明确“立法会主席或全体委员会主席可准许就议案及其修正案进行合并辩论”,③还明确议员就每项议题发言不得多于一次,但在全体委员会上的发言属于例外;④议员在全体委员会上的发言虽然可多于一次,但如未获立法会主席或全体委员会主席许可,发言不得超过15分钟。⑤ 到底多于一次是多少次,参考《美国参议院议事规则》的规定,是不超过两次(two - speech rule)。⑥ 而且“议员只限对讨论中的题目发表意见,而不得提出与该题目无关的议题”。⑦ 辩论合并

---

① 参见《立法会议事规则》第57(4)(d)条。
② 参见《立法会议事规则》第58(2)条。
③ 参见《立法会议事规则》第34(4)条。
④ 参见《立法会议事规则》第38(1)(a)条。
⑤ 参见《立法会议事规则》第36(5)条。
⑥ 参见《美国参议院议事规则》第19条。
⑦ 参见《立法会议事规则》第41(1)条。

后,"拉布"的空间可以压缩。

第三,对法定人数"拉布"的对策。"拉布"将影响出席会议议员的积极性,容易出现法定人数不足的问题。由于"立法会及全体委员会的会议法定人数为不少于全体议员的二分之一",[①]"如出席会议的议员不足法定人数,而有人向立法会主席提出此事,立法会主席即须指示传召议员到场。15 分钟后,如仍不足法定人数,立法会主席即无须付诸表决而宣布休会待续。"[②]这就会发生"流会",浪费了立法会的议事时间。

其应对方法有三个:一是合并辩论;二是由主席根据《立法会议事规则》禁止继续发言,或严格执行两次发言规则;三是实况转播,让市民看到"拉布"议员原来的种种的丑态,如此浪费公帑,就会弃之如敝屣;四是让议员对是否暂停某些议事规则的效力表决。[③]

第四,对表决"拉布"的对策。对一项修正案的表决,通常需要 15 分钟,如有 1000 个"拉布"的修正案,就需要 25 个小时。既然修正案在提出时可以合并,在辩论时可以合并,在表决时当然也可以合并。如立法会主席不敢自行决定,也可以由议员提出合并表决的动议。即使立法会主席做出分开表决的决定,议员也可以提出合并表决的动议,该议题是不必分组表决的。既然有议员表决决定,立法会主席也要按照合并表决处理。不论是否经过合并,有关的修正案是要分组表决的,通过的机会还是很低。

对修正案的"拉布"、辩论发言的"拉布"、表决"拉布",根据《香港基本法》第 62 条第 5 项的规定,特区政府也可以从香港总体利益的考虑,提出合并"拉布"修正案、合并辩论、发言限制、修正案合并表决等议案;根据《香港基本法》第 72 条第 2 项的规定,对该动议立法会主席须优先列入议程,不必表决。在优先列入议程后,政府的议案不经分组表决,在立法会建制派议员过半数的前提下,政府提出反"拉布"措施的提案,也完全可以通过。少数激进反对派议员的捣乱不足为惧。香港特区政府不大愿意直接或通过兼任行政会议成员的立法会议员提出有关动议或提案来遏制"拉布",反而值得深思。

---

① 参见《立法会议事规则》第 17(1)条。

② 参见《立法会议事规则》第 17(2)条。

③ 宋小庄:"限制'拉布'的根本途径",载《大公报》2014 年 5 月 6 日。

结语

综上所述,《香港基本法》第 74 条实施的问题发现得很早,但却一直没有得到有效改进。自香港回归以来,香港特区的行政主导体制一直受到《立法会议事规则》及其下设的委员会规则和程序困扰。加上司法机关的夹击,香港特区行政长官和特区政府缺乏主导议事和施政能力,行政主导不断弱化,已经到了干扰管治、妨害经济发展、影响民生改善、阻碍民主推进、影响社会和谐的程度了。

党的十八届四中全会依法治国的决定提出“完善与香港基本法实施相关的制度和机制”的任务,纠正《立法会议事规则》实施《香港基本法》第 74 条的偏差,应当就是其中一个小环节。

困局与突破:香港特区实行“双普选”的影响因素

陈　虹*

“双普选”是指香港回归后,香港特区按照《香港特别行政区基本法》(以下简称《香港基本法》)第45条和第68条第2款所规定的行政长官和立法会的产生办法,循序渐进,最终达至行政长官和立法会议员普选的目标。港英政府管治香港期间,香港政治民主化程度非常低。在英国管治香港150多年期间,从璞鼎查到彭定康共28任港督,全部由英皇委任。就立法局而言,1985年修订的《英皇制诰》才规定了立法局由总督、“官守议员”、“委任议员”和由选举产生的“民选议员”组成,由此正式拉开了民主化序幕。为了香港的和平回归与平稳过渡,中央在制定对香港基本方针政策时,提出了在香港特区建立民主制度的问题,写入《中英联合声明》,并进一步落实在《香港基本法》中,2007年12月29日,全国人大常委会通过了《关于香港特别行政区2012年行政长官和立法会产生办法及有关普选问题的决定》,确定了普选时间表和“五部曲”。

从港英政府20世纪80年代开始发展代议制民

* 深圳大学港澳基本法研究中心科研秘书,讲师,法学博士。

主,到回归后“双普选”时间表和“五部曲”的确立,香港普选之路不过短短30余年,反观英美法等国家,都经历了100多至200多年的民主历程,故香港特区“双普选”出现诸多问题实为正常。因此,结合香港特区的实际情况,分析不利于“双普选”的因素,积极创造有利于“双普选”的条件是必须认真对待的一项重要工作。

一、香港社会不利于“双普选”的主要因素

(一)香港特区政府的管治能力

香港特区回归17年以来,历经董建华、曾荫权和现今的梁振英三任特区行政长官,香港特区政府的管治一直未尽如人意,且情形愈加严重。如董建华特首任期内《香港基本法》第23条立法触礁,曾荫权管治后期提出的社会民生政策得不到支持;梁振英就任特首以来,更是举步维艰。政府提出的不少政策遇到阻滞,不能一以贯之。

究其原因,首先,管治环境发生了转变。香港社会存在一批“泛政治化”人士,经常挑起事端,攻击政府,加速香港社会的政治化,令管治环境恶化。在英国统治时期,香港政治极度封闭,港人的参与度很小,对政治十分冷漠。但当中英开始就香港问题进行交涉、谈判,进而确定香港将回归中国,英国政府为1997年后能继续影响香港的政局而开始突击发展民主,推动代议制改革,标榜所谓的“负有预作准备,让所统治之区独立的责任,必须为受其统治之百姓提供知识以及制度上的工具,让他们能够掌握自己的命运”,①其中意欲为何十分明显,就是为1997年回归后的香港对抗中国中央政府的管治埋下伏笔。代议制民主的发展,激发了港人的参与政治热情。从20世纪80年代开始,香港政治性团体大量产生,从无政治历练的民众徒然赋予了选举议员的权力,使社会政治化开始迅速发展。香港回归后,尤其是《香港基本法》第23条立法失败后,这种社会政治化趋势加剧。

其次,行政与立法的关系发生了根本性转变。港英政府时期实行的是港督集权制,强势的行政主导是其政治体制的突出特点。港督实际上直接掌握行政局、立法局以及布政司属和整个行政系统,这种由港督高居顶端的

---

① 彭定康著:《东方与西方——彭定康制港经验》,蔡维先、杜默译,时报文化出版企业股份有限公司1998年版,第21页。

金字塔式权力结构,使传统的港英政治具有突出的专制主义色彩,①这样的"行政主导"是一种不受制约的、绝对的"行政主导"。立法局是协助港督进行立法的机构。对立法局通过的法案,港督可以批准,也可以拒绝批准;港督主持立法局的会议;立法局表决议案时,港督虽然只享有普通一票,但当赞成与反对票数相等时,他的一票便成为决定性的一票;港督可随时解散立法局。因此,立法局只是港督的咨询机构、辅助机构。② 在这种体制下,港督虽然集行政与立法权力于一身,但其权力的核心还是行政权。由于港督的特殊地位,香港行政与立法的关系实质是典型的行政主导,以港督为代表的行政权具有优先性,而立法权具有附属性。行政与立法不是着眼于分立和对抗,而是致力于相互配合。在 20 世纪 80 年代推行代议制民主后,出现了民选议员,立法局由此开始形成了制约港督的因素和能力,尤其是末代港督彭定康政改方案的推行,提出立法与行政分家,立法制约行政,行政对立法负责,同时 1993 年《英皇制诰》进行了修改,港督不再兼任立法局主席,到了 1995 年的立法局选举,取消了委任议席,全部议员由直接或变相直选产生。至此,立法局便与行政局彻底地分开,导致立法与行政的彻底分家,立法权开始以行政权制约方的角色出现,立法局演变成为了一个能够从根本上对政府进行制衡的代议机构,进而形成了对行政主导模式的真正挑战,行政主导由原来的绝对主导逐渐转变为相对主导,尽管时间短暂,但为香港回归后出现的立法压制行政的局面埋下了伏笔,留下了祸根和隐患。香港回归后,香港特区的政治体制总体是行政主导,行政与立法相互配合,相互制约。《香港基本法》第 49 条、第 50 条、第 51 条、第 74 条、第 76 条规定了行政长官对立法会的制约,《香港基本法》第 52 条、第 64 条、第 73 条第 9 项以及第 90 条规定了立法会对行政长官的制衡关系。但是,从上述规定来看,《香港基本法》授予了行政长官及其领导的香港政府广泛的权力,但这些权力并不足以保证行政长官控制立法会,行政长官无法运用手握的否决权与议员协调,双方各让一步以取得立场的一致。香港特区政府成立以后,立法会议员的产生方式改为直接选举和间接选举两种方式,立法会已经具备了对行政长官较强的制约能力和相应的制度化机制。在这样的情况下,行政长官及其

---

① 周平著:《香港政治发展(1980-2004)》,中国社会科学出版社 2006 年版,第 4 页。

② 郑宇硕编:《香港政制及政治》,天地图书有限公司 1987 年版,第 88 页、第 95 页。

领导下的政府制定的政策,并不是总能得到立法会的支持。作为特区最高首长的行政长官,已经受到了立法会相当程度的制衡。

最后,公务员队伍与行政长官不同心。早在1984年邓小平在谈到保持香港的繁荣稳定时就指出,“不能设想,到了1997年6月30日,一夜之间换一套人马。如果那样,新班子换上来,什么都不熟悉,不就会造成动乱吗?即使不造成动乱,也会造成混乱”。[①] 因此,在1997年6月30日,中英交接时,香港的公务员体系、公务员队伍基本保持不变,但是中英交接香港时,没有进行有关档案资料的交接,英国情报机构拥有香港大量政府高级公务员的绝密资料,包括个人污点、个人升迁轨迹等。在回归前一年,此类资料并未在香港销毁,而是运回了英国。香港回归后,英国仍控制着一批从港英政府过渡到特区政府的高级官员的个人资料,一旦有必要,则利用在港的媒体,发放不利消息以打击目标人物。此外,英国在过渡期实行“居英权”计划,收买控制了一批政府公务员,而中国对哪些人具有居英权并没有掌握。因此,有的公务员难以真正支持政府,与行政长官同心同德,齐心协力为市民服务。

(二)香港特区的政治生态

香港特区的政治生态有三大特点:一是选民基本状态为“两头小,中间大”,即中间力量占多数;二是政治格局表现为两极对立,即建制派与反对派的对立,缺乏强有力代表中间选民的政治团体,也就是常说的“两头大、中间无”;三是“六四定律”,即在立法会地区直选中,反对派与建制派所得选票的比例,基本上保持在6:4。

1.“两头小,中间大”的格局从香港回归以来,基本未变

香港回归以前,香港社会长期习惯对政治倾向上认同新中国、支持共产党的领导并视为亲北京的势力,称呼为传统左派或“亲中派”;将政治上倾向支持国民党、效忠台湾的“亲台”势力,称为右派或“亲台派”。由此形成了香港特区现在政治派别习惯上的左中右之分:左派是指建制派;右派是指站在建制派对立面的反对派。两者之间的这是中间派。从个人政治倾向来看,香港持中间立场的民众占大多数。

---

① 邓小平:“保持香港的繁荣稳定”,载《邓小平文选》(第3卷),人民出版社1993年版,第74页。

2. 两极对立的政治格局愈演愈烈

香港特区的基本政治生态虽然是“两头小,中间大”,但有庞大中间市民存在的地带却没有相应的中间派团体,形成不了有号召力的中间派,而对立的建制派和反对派则需要在选举时拉拢中间派,获取中间派的选票,这种中间派的不确定性,使选举的不确定因素加大。香港回归后,英国、美国等外部势力也在以不同的形式支持反对派,国际势力的渗透,加剧了两极对立。作为建制派的主要政团民主建港协进协盟,是香港第一个爱国爱港政团,认同和尊重国家的社会主义制度和共产党的领导,与反对派形成两极对立。

3. “六四定律”并非魔咒

香港特区中产阶级作为最重要的中间力量,却没有相应的中间派政团来凝聚他们的力量,使这部分民众游走于建制派与反对派之间。中间派的游走使立法会选举出现“六四定律”。通常而言,选民的理念是,区议会议员是选择实干的,能够服务于社区,为市民解决问题的候选人,在这一方面,建制派较易当选;立法会议员(分区直选)选能监督政府的,所以反对派易当选;行政长官人选要选中央认同的。这三种理念导致在立法会选举中反对派与建制派的得票率为6:4。香港社会还有另外一个“六四定律”,就是选举立法会议员的选民中,投票给建制派和反对派的民众占四成,而没有政党倾向的选民为六成。事实上,邓小平早在1984年就强调过中间力量是着重选择和发展的力量,“参与者的条件只有一个,就是爱国者,也就是爱祖国、爱香港的人。选择这种人,左翼的当然要有,尽量少些,也要有点右的人,最好多选些中间的人。这样,各方面人的心情会舒畅一些”。[①] 在爱国者中选择中间力量,培植中间团体,加强建制派与中间力量的联系,使中间力量与建制派能够达成妥协,是解决“六四定律”的一个方式。

(三)香港特区的舆论环境

港英管治下的香港,虽然没有民主但却有较高程度的自由,包括言论自由。港英政府将政治与经济和一般社会生活相分离的施政取向,使港英政府在垄断政治权力的情况下,给了居民在经济活动和一般社会生活中相当大的自由空间,特别是市民享有较高的言论自由,市民的许多不满,都可以

① 邓小平:“保持香港的繁荣和稳定”,载《邓小平文选》(第3卷),人民出版社1993年版,第74页。

通过言论自由发泄出来。回归后,对新闻媒体的监督管理仍然是特区自治范围内的事务,仍旧沿袭了港英政府时期的管理方式,政府对媒体的约束力非常小。故易出现以下几方面问题:

1. 民众对言论自由的衡量出现偏差,把没有限度的反对、批评当成是表达自由。由于某些传媒的长期误导,人们对言论、新闻、出版自由度的衡量,也出现了某种偏差,不是看社会各种意见能否都拥有均等的表达空间和渠道,而是只看反对、批评甚至谩骂、攻击言论能否畅行无阻。如李慧玲事件,[①]因事件涉及批评反对特首,媒体就大肆宣扬,也不管李慧玲的指控是否有根据,使本来寻常的解雇事件演变成政治上的迫害事件。这就是某些香港媒体推崇的新闻自由,他们可以自由地歪曲真相,肆意夸大渲染,随意剪裁事实。但对他们这种无限度的自由,别人只要稍加质疑,就会被扣上“破坏新闻自由”的大帽子。

2. 司法程序昂贵,和媒体打官司劳心劳财。虽然香港特区有充分的言论自由,也有健全的法制,但是很多媒体上都能看到失实的报道,真正因媒体胡说八道而打官司的却少之又少,因为香港的官司打不起。首先,时间赔不起。打官司要严格依程序进行,一场官司下来,最短的得几个月,长的要好几年。其次,钱赔不起。打官司的律师费用动辄几十万、上百万港币,一般人就不愿意打官司了。于是,一些媒体越发有恃无恐甚至养成了信口开河的毛病。

3. 缺乏监督管理机制。通常而言,对媒体的监管大多数国家都是政府监管与行业监管相结合的。在香港特区负责监管媒体的是通讯事务管理局下设的影视、报刊及物品管理办事处,而通讯事务管理局不是政府职能部门,仅是一个法定机构,因而对媒体监管的态度就取决于法定机构监管人员的政治态度,难以与政府同心同力监管媒体。香港特区的报业评议会虽是业界设置的自我监督机构,但东方、苹果、太阳等报纸却并非其成员,根本无法监管。

(四)其他因素

1. 香港社会的公民意识及社会心理与普选政治有显然的落差。长久以

---

① 李慧玲系香港商业电台实事评论节目的主持人,2014 年 2 月 12 日突然被解雇了,却引发了香港传媒和舆论的广泛关注。李慧玲解雇后声称商业电台是为续牌照的问题向政治势力屈服从而解雇她。李慧玲是香港有名的亲反对派的一位媒体工作者。

来,香港是商业社会,由于港英政府对香港权力的高度控制,排斥香港居民的政治参与,亦拒绝回应香港居民的权利诉求,有的香港民众存在"政治与我无关"的心态,追逐经济利益是主要的社会心理。

2. 香港民众政治意识淡漠。英国人统治香港之后,为维护其统治,淡化港人的国家民族观念及政治意识,阻止港人参政从政,有意采取了一套非政治化的统治策略。一方面鼓励港人投入经济活动,崇尚经济利益;另一方面在社会上鼓吹反政治的文化,将政治活动妖魔化,认为投身政治的人都是搞事分子,导致港人的政治意识淡漠。尽管回归以后,公众参与意识与要求日益提升,但"一国两制"决定了香港政治体制不可能从港英时期的殖民垄断政治直奔普选的高度民主政制体制,需要循序渐进。

3. 英国、美国等外部势力干预香港事务。香港回归后,英国在香港有大量的投资,具有巨大的经济利益,英国不甘心从香港撤离,故而从未放弃对香港事务的干预,英国政府每半年向国会提交一期所谓《香港半年报告书》。香港《大公报》、《文汇报》等多家媒体揭露,英国情报机构在香港的活动,不仅没有在香港回归后消停,反而愈演愈烈,众多退役、现役的英国军情人员成为驻港特工,有的以领事身份,有的以经济文化等部门职员的身份在港服务于"英国的需要"。[①] 英国干预香港事务还依靠其多年在香港累积的人脉资源,尤其是利用回归前"居英权"计划,以及根据手上掌握的大量公务人员的升迁甚至是污点等未在香港回归时交接给中国政府,也未销毁的档案资料控制了一批人员为英国政府服务,干预香港事务。美国在香港回归前,港美贸易发展迅速,到1979年,在港美资公司由20世纪60年代的170家左右增加到800家左右。[②] 在这一时期,美国对香港的关注更多是在经济领域,但是,20世纪80年代东欧社会主义国家的巨变,美国开始希望透过香港特区改变中国,从主要关注美国在香港的经济利益转为关注美国在香港的政治利益。利用香港回归的契机,美国力图填补英国撤退后产生的国际真空,全面干预香港事务。1992年美国通过了《美国—香港政策法》,1995年该法案修正案要求国务院定期向国会报告有关《香港基本法》和《中英联合声明》

---

① 参见《大公报》2013年9月16日、《文汇报》2013年9月16日。

② 郝文娟:"1997-2007年美国对香港政策研究",广东外语外贸大学2008年硕士学位论文,第9页。

的执行情况,包括香港立法会选举的开放和公平程度,行政长官的选举公平程度及如何向立法会负责,司法独立和终审权问题等。1997 年美国通过《香港回归法案》,强调确保美国涉港法律的连续性。美国国务院每年依照《美国—香港政策法》向国会提交报告,对美港双边经济文化关系和美对港政策作出界定。美国国务院每年的人权年度报告,对香港人权状况进行监督和评估。美国经济与安全评估委员会也会对香港部分进行报告。美国国务院 2007 年 6 月 30 日发表的香港政策报告也明确表示,美国未来将继续努力维护在香港的利益。[①]

二、香港特区“双普选”存在不利因素的原因

(一)历史条件的限制

1. 香港特区民主发展揠苗助长

发展民主需要循序渐进,需要合适的条件和基础。在港英政府管治香港的 150 余年之间,香港是英国的殖民地,实行总督集权制政府,没有民主可言,尤其是 1984 年《中英联合声明》签署前,港人几乎没有参与政治的空间。即使从 1979 年英国启动代议制民主开始至今也不过 30 余年,发展民主的历史基础十分薄弱。从中英谈判中国准备收回香港开始,尤其是《中英联合声明》签署后的过渡期,港英政府才开始极速发展民主。英国政府借机加速发展民主,为香港回归后的政制发展设置障碍,乘机推出了居英权计划,英国政府在 1997 年 7 月 1 日以前赋予 5 万名香港“精英人士”,包括其家庭成员“英国公民护照”,拥有英国本土居留权,其中 1/3 约 2 万人为政府机构人员。该计划的实施迫使部分公务员在香港回归后产生双重效忠问题,作为香港特区政府公务员理应效忠特区政府,但是如果他们不为英国效忠,将被取消居英权,因而这部分公务员处于两难境地,无法一心一意效忠特区政府。

2. 人权法案及司法判例确立的人权标准脱离香港的现实

回归前,香港的宪法性法律是《英皇制诰》、《王室训令》,在这两份文件中没有人权保护规定,《香港人权法案条例》制定前人权保护规定仅散见于本地立法中。1975 年 5 月 20 日,英国政府正式交存《公民权利和政治权利国际公约》的批准书,并声明将公约扩展适用于香港。但是,英国当时并未

① 参见澳门《新华澳报》2009 年 7 月 1 日。

制定国内法实施公约,公约仅在国际上对英国有效,在国内并不具有直接的法律效力,对香港同样也不具有直接的法律效力。普通法的原则是国际公约必须纳入本地法律才具有效力,[①]直至 1991 年香港制定《香港人权法案条例》才使公约的内容得以在香港实施。《香港人权法案条例》的制定,使香港从一个人权保护低标准的地区一下跃入了高标准行列。1991 年 6 月 8 日《人权法案条例》制定之时,国际上加入批准该公约的国家只有 92 个,其中还有不少如英国一样加入后并没有在国内法上实施的国家,而英国的《人权法案》是 1998 年制定的,比香港晚了 7 年,可以说香港的人权保护脱离香港现实而盲目提高保护标准。

《香港人权法案条例》给香港带来的另外一个副产品是给回归后的香港带来了司法干预立法、行政的"违宪审查"制度。《中英联合声明》签署后,香港进入过渡期以后,英国政府为其在香港的长期利益,采取了一系列法律措施,力图在香港建立法院的"违宪审查"制度,并将其作为政治遗产留给香港特区政府。[②] 1991 年 6 月,香港通过《香港人权法案条例》,引入《公民及政治权利国际公约》(International Covernant on Civil and Political Rights, ICCPR)中关于保障人权的规定(基本全文照搬)。《香港人权法案条例》序言规定,本条例将 ICCPR 适用于香港的规定纳入香港法律。第 3 条规定:先前立法与该条例冲突的自然无效,今后的立法也不得与该条例相冲突;第 4 条规定,"在生效日期或其后制定的所有法例,凡可解释为与 ICCPR 中适用于香港的规定没有抵触的,须作出如是解释"。同时《英皇制诰》对第 7 条作出了修订,规定任何违反 ICCPR 的法例都是无效的,[③]从而肯定了《香港人权法案条例》的法律效力高于香港立法机关制定的其他法例的效力。实践中,1992 年香港法院在 R. v. Lum Wai – ming[④] 一案中直接适用公约审查立

① 黄江天著:《〈香港基本法〉的法律解释研究》,三联书店(香港)有限公司 2004 年版,第 426 页注 81。

② 董立坤、张淑钿:"香港特别行政区法院的违反基本法审查权",载《法学研究》2010 年第 3 期。

③ 《英皇制诰》第 7 条被修改为:"联合国在 1966 年 12 月 16 日常务会议正式通过的国际公民及政治权力公约,如在香港使用,将会透过香港条例而生效。在香港的《英皇制诰》1991(No. 2)[1991 年 6 月 8 日]生效之后,香港的任何法条均不能与现时在港生效的公约相违,也不能以任何方法限制现时香港人所拥有的权利和自由。"

④ R v Lum Wai – ming,(1992)2 Hong Kong Public Law Reports,p. 182.

法机关制定的法律。据此,确立了法院审查立法机关制定的法律的审查制度。

3. 没有重视政治人才的培养和支持他们有效参与过渡期的香港事务

1984 年邓小平在会见港澳同胞国庆观礼团时发表《保持香港的繁荣和稳定》的讲话,专门谈到 13 年过渡期的参与问题,他强调这个参与不是北京方面参与,而是香港人的参与,中央政府支持香港人参与。在过渡时期后半段的六七年内,要由各行各业推荐一批年轻能干的人参与香港政府的管理,甚至包括金融方面。① 但是,前后过渡期,中央政府没有尽早支持香港人参与,没有为回归后的特区政府培养政治人才。而英国在管治香港的过程中,一直都有培养政务官的计划,如早期的培养官学生计划,让官学生成为政务官,后期的从当地选拔政务官计划,再到过渡期为英国撤出香港后仍能影响香港而大搞民主改革,推行代议制政治,培养政治代言人。两相对比,中央支持的香港人参与政府管理的凤毛麟角,管治团队的问题从回归前就一直存在。

4. 重要档案未能移交,埋下管治隐患

在中英谈判过程中,双方就条约问题、财产问题、档案问题都进行过谈判,中英联合联络小组从 1986 年就开始谈判档案交接问题,1990 年就该问题达成了《中英联合联络小组关于香港档案移交问题的讨论的共同记录》,规定了一些原则,随后双方就香港档案移交的具体内容、形式及其他有关问题进行了多次讨论,但是交接过程中,英方的很多重要档案拒绝提交,为了平稳过渡,中方没有坚持。例如,港英当局对首长级政务官或者可能被提拔成为首长级政务官的高级公务员都设有专门档案,但这部分档案没有移交,以致回归后特区政府留用的公务员心有余悸,总觉得有什么把柄在英国人手中,2012 年发生的“麦齐光事件”就是一个例证。② 该事件也给香港高级

① “保持香港的繁荣和稳定”,载《邓小平文选》(第 3 卷),人民出版社 1993 年版,第 74 页。

② 香港发展局局长麦齐光在 2012 年 7 月 1 日就任后第 12 天,即因被报章揭发在 1986 年任职港英政府工程师期间,与职级相若的公务员同事曾景文分别购入北角城市花园两个单位,互租物业并领取租金津贴,为期 27 个月,估计涉款约 25 万元,双双被廉政公署拘捕,麦齐光辞任发展局局长。尽管该案只是涉及以往的行为,与现政府施政无直接关系,而且事实上给予高级公务员房屋津贴,是港英殖民管治时期制定的法规,但香港特区政府无法提出证明材料,仍迫使其辞职,这对刚成立的第四届特区政府是个极大冲击,严重打击梁振英新班子的管治威信。

公务员带来了恐慌,使他们在大是大非问题上不敢表态,怕英方秋后算账,这当然影响香港特区政府的管治能力。

(二)"一国两制"创新发展滞后

"一国两制"是一个伟大的创新,但它的创新意义不仅仅在于成功实现香港的回归,还需要在香港回归后的管治中继续创新和发展。毋庸讳言,香港回归 18 年来的管治实践显示"一国两制"的理论和实践都存在创新不足的问题,主要表现在以下方面:

1. 思想上有认识误区。开始一度认为香港回归才是最为重要的事,只要顺利回归,其他问题都会迎刃而解。因而,回归后忽视了对"一国两制"的研究,许多在 1997 年以前成立的研究港澳问题的机构或被解散或转为研究其他问题或并入其他研究机构。在 1997 年 7 月至 2003 年之间,发表的港澳问题的文章急剧下降。在行使中央权力方面自我设限,奉行"不干预政策",直到 2003 年发生"7 · 1"大游行后,才发现管治问题出现了危机,许多新情况、新问题需要研究解决,治港工作不能完全无所作为,而必须有所为、有所不为。

2. 忽视了台湾问题与香港问题的联动性。香港与台湾的联系从来就不是孤立的,香港的反对派与"台独"势力联系紧密。香港反对派"占中"行动与台湾"占院"行动互相沟通,反对派为此还向台湾社运取经。

3. 法律适应化没有完成。《香港基本法》第 8 条规定:"香港原有法律,即普通法、衡平法、条例、附属立法和习惯法,除同本法相抵触或经香港特别行政区的立法机关作出修改者外,予以保留。"第 160 条规定:"如以后发现有的法律与本法相抵触,可依照基本法规定的程序修改或停止生效。"根据第 160 条的规定筹委会完成了对 1997 年以前香港的成文法共 640 多项条例和 1100 多项附属立法的审查工作,全国人大常委会于 1997 年 2 月 23 日通过了《关于根据〈中华人民共和国香港特别行政区基本法〉第一百六十条处理香港原有法律的决定》,对成文法完成了法律适应化的工作。但是,香港原有法律还包括普通法,而普通法主要是由具有约束力的判例形成的判例法,《香港基本法》是香港法律的根本规范,也是香港普通法得以保留和发展的依据,香港普通法必然将根据《香港基本法》进行适应化的变革和发展。然而,对于普通法的审查及适应化至今没有落实,违反《香港基本法》的普通法仍然在继续适用。

4.《香港基本法》实施中出现的一些重大宪制性争议问题没有得到妥善解决。例如,香港是否具有违反《香港基本法》审查权的问题,香港终审法院通过一系列案件审查香港本地条例是否违反《香港基本法》,并宣布违反《香港基本法》的条例是无效的,而根据《香港基本法》的规定,香港法院不具有违反《香港基本法》审查权,但是,香港法院至今仍在行使这一权力。全国人大常委会法律解释的效力问题,香港终审法院在庄丰源案中认为全国人大常委会 1999 年作出的《关于〈中华人民共和国香港特别行政区基本法〉第二十二条第四款和第二十四条第二款第(三)项的解释》中所述的本解释所阐明的立法原意以及《香港基本法》第 24 条其他各项的立法原意已体现在筹委会通过的《关于实施〈中华人民共和国香港特别行政区基本法〉第二十四条第二款的意见》中的内容不属于有约束力的解释,视其为普通法判决中的“附随意见”,拒绝承认其效力,事实上全国人大常委会的解释属于立法解释,全国人大常委会的法律解释与法律具有同等效力。普选问题上的争议,普选本来是指选举权的普及与平等,但香港反对派声称普选还应包括提名权和被选举权的普及与平等。香港反对派还鼓吹普选要符合国际标准,可对什么是国际标准却没有公认的定论。

(三)爱国爱港力量的局限性

在制定“一国两制”方针政策过程中,邓小平十分强调“港人治港”的标准和界限,就是管理香港的人必须爱国爱港。1984 年 6 月,邓小平就明确提出,“港人治港有个界限和标准,就是必须以爱国者为主体的港人来治理香港。……爱国者的标准是,尊重自己的民族,诚心诚意拥护祖国恢复行使对香港的主权,不损害香港的繁荣和稳定。”①香港特区成立 17 年以来,“爱国爱港”力量在区议会选举、立法会选举、行政长官选举,以及在重要事件上与中央政府、特区政府、立法会、香港民众的互动中,都暴露出了自身的局限性,如团结协调能力较差;看重眼前利益和党派利益,忽视建制派的长远利益与整体利益;不重视人才队伍建设;等等。

建制派在立法会中占有多数议席,但建制派在立法会中没有与政府有效联动。尽管通过政改方案建制派达不到 2/3,还必须争取关键反对派的支

---

① 2013 年 3 月 24 日全国人大法律委员会主任乔晓阳在香港立法会部分议员座谈会上的讲话。

持，但在其他一般法案议案上建制派有足够能力支持政府施政，却由于内部的利益之争使一些重要方案未能通过。例如，2012 年 6 月梁振英政府提出的“优先处理政府架构重组方案”在立法会意外地因一票之差被否决，关键是有 6 名建制派议员缺席，1 名建制派议员投弃权票，2 名建制派议员投反对票。建制派支持梁振英，又不投票支持新班子上场是非常奇怪的事情，这反映出建制派内部欠缺沟通协调机制。

（四）立法会存在具有否决能力的反对派

按照《香港基本法》附件一和附件二的规定，两个产生办法如需修改，须经立法会全体议员 2/3 多数通过。《香港基本法》设立政改方案通过的高要求，就是希望政改方案必须取得尽可能广泛的社会共识，得到包括一些反对派人士在内的社会各界支持。本届立法会议员为 70 人，而反对派议员有 27 人，普选方案要得到全体议员的 2/3 多数即 47 人通过，还必须争取至少反对派议员 4 人才能通过。但如果反对派联手捆绑投票，就拥有否决政改法案的能力。在反对派内部，有激进势力公民党，也有温和反对派。激进的反对派不可能妥协，他们对政改投反对票是必然的。因此，能否争取温和反对派支持政改变得十分关键，也可以说真正具有否决能力的反对派是温和反对派。如果能争取 4 张温和反对派的赞成票，则为 47 票，达到 2/3 多数，可以通过政改方案，如果不能争取，则政改方案无法通过。

三、“双普选”实现过程中面临的巨大挑战

根据第十届全国人大常委会第三十一次会议（2007 年 12 月 29 日）审议通过的《关于香港特别行政区 2012 年行政长官和立法会产生办法及有关普选问题的决定》，2017 年香港第五任行政长官的选举可以实行由普选产生的办法，在行政长官由普选产生以后，香港特区立法会的选举可以实行全部议员由普选产生的办法。也就是说，香港“双普选”的具体时间应分别不早于 2017 年和 2020 年，2017 年的行政长官选举和 2020 年立法会选举可以普选，也可以不普选。这样，2017 年政改方案是否通过牵一发而动全局，具有前提性意义。客观来说，最终结果无非是原地踏步或获得通过，而这两种结果都取决于普选方案是何种内容的方案。自 2013 年以来，公民提名之争、国际标准之争、真假普选之争都显示了特首普选问题上的巨大分歧。反对派一直幻想中央在原则底线上让步，他们看到中央一直在尽力排除各种阻力

和困难,争取反对派中温和力量的转态支持,以落实普选时间表。中央希望通过政改的态度,在2012年政改方案讨论通过的整个过程中已有充分表现。那一次为了争取通过2012年政改方案,中央最后一刻向温和反对派作出两大让步:一是采纳了国际上有关普选是指选举权“普及而平等”的定义;二是接受民主党所提出的“一人两票”模式。[①] 所以,这一次特首普选方案,反对派幻想中央接受一个包含公民提名的行政长官普选方案。反对派的首要目标是争取较低门槛的提名机制,让反对派候选人有机会入闸,再利用舆论优势和以往选举地区直选中六四之比的优势,争夺行政长官宝座。但是,根据《香港基本法》的规定,中央有自己的底线,不容退让。全国人大常委会2004年4月26日作出的《关于香港特别行政区2007年行政长官和2008年立法会产生办法有关问题的决定》指出,有关香港特区行政长官和立法会产生办法的任何改变,都应遵循与香港社会、经济、政治的发展相协调,有利于社会各阶层、各界别、各方面均衡参与的原则。香港特区是中国的一个地方行政区域,最后确定的普选方案,必须与香港特区的这一法律地位相符合,必须维护国家主权、安全和发展利益,那种挑战“一国”地位的普选方案、否定中央对政改具有决定权的普选方案都是无法获得中央支持的。可以预计,提出一个符合原则、坚守底线但又能得到立法会2/3多数议员支持的方案是一项具有巨大挑战性的工作。

可以预计,即使排除各种艰难险阻,有幸通过2017年特首普选方案,接踵而至的2020年立法会普选方案将面临更大挑战。众所周知,均衡参与是香港政治发展必须坚持的重要原则。香港特区立法会选举考虑到这两方面的均衡参与,一半议员由地区直选产生,另一半议员由功能界别间接选举产生。同时,香港是资本主义社会,需要高度重视工商界的声音,功能团体能够兼顾社会各阶层利益特别是工商界和专业界的利益。作为工商界参政的自由党在新一届立法会的议席全部由功能团体选举产生,恰好说明工商界对功能团体的间接选举仍然有很强的依赖性。根据全国人大常委会2007年12月29日作出的《关于香港特别行政区2012年行政长官和立法会产生办法及普选问题的决定》,2020年香港特区立法会的选举可以实行全部议员由

① 李晓惠著:《迈向普选之路——香港政制发展进程与普选模式研究》,新民主出版有限公司2013年版,第17页。

普选产生的办法。立法会普选牵涉功能组别存废问题,关涉均衡参与原则能否得到很好体现。如果在设计立法会普选方案时废除功能界别选举,反对派就可以轻易控制立法会过半数议席,拒绝通过政府提出的财政预算案及其他重要的法案,并能迫使行政长官根据《香港基本法》第 50 条解散立法会。但行政长官任期内只能解散一次立法会,重选的立法会因为香港政治生态仍会被反对派控制,行政长官就不得不辞职,如此反复,更大的管治危机将会发生。但反对派在这个问题上早就“妖魔化”功能界别制度,摆明了一定要废除功能界别制度的立场。可见,实现双普选的目标,一个比一个难度大!

四、应对不利因素的措施

(一)坚定中央对“双普选”的原则立场

中央对“双普选”态度非常明确,2013 年 3 月 24 日,全国人大法律委员会主任乔晓阳在与香港立法会部分议员座谈会上重申,坚决不能接受与中央对抗的人当特区行政长官。邓小平不止一次强调,“一国两制”要讲两个方面都不变,既要保持香港原有的资本主义制度不变,也要保持中国共产党领导下的具有中国特色的社会主义制度不变,这是对所有人的要求,更是对管理香港的人的要求。2014 年 3 月 4 日张德江与政协港澳委员会面并发表重要讲话,从主权原则指出香港发展民主要尊重中央的权力、维护中央的权力,并宣示中央对香港政改的“一个立场”和“三个符合”。“一个立场”指中央坚定不移地支持香港根据《香港基本法》循序渐进地发展民主;“三个符合”是指行政长官普选制度要符合香港的实际情况,符合《香港基本法》的规定,行政长官要符合爱国爱港标准。按照《香港基本法》、“8·31 决定”,香港特区政府 2015 年 4 月 22 日公布《行政长官普选办法公众咨询报告及方案》,方案公布后,全国人大常委会香港基本法委员会副主任张荣顺在 5 月 20 日政改座谈会上表明,“香港要实行行政长官普选,离开提名委员会不行,要确保普选取得成功,离开普选法案的规定不行”。[①]

由此可见,中央的态度是明确的,很难再像通过 2012 政改方案那样,在

① 参见张荣顺 2015 年 5 月 20 日在有关政改座谈会上的发言“张荣顺:行政长官普选制度的要点及其考虑”,载《明报》2015 年 5 月 22 日。

第一个普选方案被否决之后作出重大让步,以换取温和反对派的支持。在未来香港政改问题上,中央只有坚定对“双普选”的原则立场,让香港民众充分认识到中央坚定不移依据《香港基本法》推进民主的诚意和决心,让反对派清楚认识到中央是不会拿原则底线做交易和妥协的。这样,才有可能回到《香港基本法》的轨道上来实现“双普选”。

(二)力争分化瓦解反对派,争取温和反对派

为获得政治上的利益,反对派发起了“占领中环”运动(以下简称“占中”运动),发起人戴耀廷从2013年1月开始在《信报》、《苹果日报》等媒体上发表多篇文章鼓吹“占领中环”,随后反对派还提出了“占领中环”的具体实施计划。“占领中环”发起人以“爱与和平”为幌子,以举行“商讨日”为手段,以要求“真普选”为托词,给普选施加压力,鼓吹如果中央同意反对派提出的所谓国际标准普选方案,“占中”就不会发生,只会变成盛大的“7·1嘉年华”。2014年9月“占中”运动开始直至“占中”退场、反“占中”清场的几个月中,香港特区政府应对“占中”运动的举措总体是令人满意的,但是在这一过程中,需要对违法“占中”市民的反应进行分析。市民对占中者提出政治诉求是表示同情的,对表达政治诉求采取的“占中”违法手段是不支持的。

反对派日渐出现分化,温和反对派有了转变迹象。在2013年开始讨论特区行政长官普选的过程中,激进势力已经成为反对派的主流,温和反对派“一出来就给人打死了”,看不到温和反对派人士愿意与中央理性磋商政改。① 而李柱铭公开提出带有一定折中妥协性质的特首候选人提名方案,即遭到反对派的群起攻击,于第二天急急收回,认错道歉。②但是在2014年5月6日第三个“占中”“商讨日”,签署《占中意向书》的支持者投票选出3个含有公民提名的方案,包括学术界方案、“人民力量”方案和“真普联”的三轨方案。但“人民力量”,当天鼓动支持者投票给自己的方案,令其他方案出局,反对派内部由此爆发激烈内战,呈现出温和反对派不与激进反对派捆绑的趋势。温和反对派未来是沟通还是对抗,将成为香港能否落实普选的关键。

---

① 李晓惠著:《迈向普选之路——香港政制发展进程与普选模式研究》,新民主出版有限公司2013年版,第21页。

② 参见2013年4月10日香港《明报》相关报道。

(三)改变香港特区政治生态是长期任重道远的工作

香港特区“双普选”众多影响因素归结为一,就是香港的政治生态问题,如果转化为一个简单二选一问题,就是支持建制派的选民多,还是支持反对派的选民多。改变香港的政治生态,才是解决香港特区“双普选”问题的根本。

1. 重申中央对香港具有全面管治权,中央对香港政制发展有主导权

中央对香港的管治权是指中央基于国家主权,对作为国家领土构成部分的香港特别行政区行使的管辖权和治理权。《中英联合声明》明确规定:“中华人民共和国政府决定于 1997 年 7 月 1 日对香港恢复行使主权。”这充分表明了主权和治权是不可分离的,行使主权的行为也是行使对香港的管治权。[①] 可见,中国对香港行使主权也是对香港行使管治权。

香港是我国单一制国家结构形式下的地方行政区域,无权决定自己的政治体制。《香港基本法》第 45 条规定,香港特区行政长官在当地通过选举或协商产生,行政长官的产生办法根据香港特区的实际情况和循序渐进的原则,最终达至由一个有广泛代表性的提名委员会按民主程序提名后普选产生的目标,行政长官产生的具体办法由附件一《香港特别行政区行政长官的产生办法》规定。《香港基本法》第 68 条第 2 款对立法会选举也有类似规定。根据上述规定,2004 年 4 月全国人大常委会通过了《关于香港特别行政区 2007 年行政长官和 2008 年立法会产生办法有关问题的决定》,2007 年 12 月通过了《关于香港特别行政区 2012 年行政长官和立法会产生办法及有关普选问题的决定》,实际行使了香港政制发展主导权。2014 年 6 月,国务院发布《“一国两制”在香港特别行政区的实践》白皮书明确指出对香港特区政制发展问题作出决定是中央依法直接行使的管治权。只有强调中央对香港政制发展的主导权,才能让香港市民理性对待“双普选”,才能回到《香港基本法》的框架内来谈普选。

2. 提高香港特区政府的管治能力和对普选工作的主导能力

分化反对派,争取反对派的议员同意香港特区政府的普选方案,争取政改方案在立法会的通过,只是短期减少政府施政阻力,为了让市民支持政府,提高政府管制能力是重中之重。

---

① 董立坤著:《中央管治权与香港特区高度自治权的关系》,法律出版社 2014 年版,第 38 页。

香港特区政府应让市民更加了解《香港基本法》关于普选的规定,以及政府提出的政改方案的依据,反对派方案为何不可取的原因,明确指出反对派方案抵触《香港基本法》或在《香港基本法》中没有依据。针对反对派提出的方案,香港特区政府应向市民说明,反对派曲解了《公民权利和政治权利国际公约》第25条和联合国出版的《人权与选举:选举的法律、技术和人权手册》对普选要求的详细情况,普选的原则并不适用于提名和参选阶段。香港特区政府可以把美英法等一些世界发达民主国家发展民主的时间历程、政治环境、经济文化条件等方面进行对比,让市民能够认识到民主进行中遇到困难是正常的,普选需要过程,不能揠苗助长。

香港特区政府提高自身的管治能力。解决目前香港的几大突出问题,是香港特区政府的当务之急。为满足未来房屋需求,解决土地供应问题,筹谋填海造地计划,制定新的房屋政策,改造现有的居者有其屋计划,加快廉租公屋建设,放宽私人房屋买卖政策;总结国民教育经验教训,解决国民教育问题,恢复历史地理教育,调整通识教育,加强对学校的管理和引导;认真总结内地与香港之间的交流与发展,评估自由行政策的利弊,合理解决内港居民之间的利益冲突;改善舆论环境,争取话语权,提高引导舆论的技巧,建立舆论监督机制,对作出不实报道的媒体加强监管;重塑公务员队伍的效忠意识,解决首长级政务官的消极怠工和故设陷阱的情况,使广大公务员在主要官员带领下发挥正面作用,建立适当的行政长官、主要官员人选任用制度;为使两大阵营的选民支持度大致均衡,应当考虑实行鼓励性选民登记和投票制度。

3. 提高建制派在选民中的影响力

香港特区现有的选举主要有行政长官选举、立法会选举和区议会选举,建制派在这三项选举中都要提高影响力,在区议会选举之前就应立足社区,长期为社区居民服务,扩大在居民中的影响力,扩大在区议会的议员席位。从2007年以后的两届区议会选举中可以看到,建制派在基层民众中开展工作的方式是比较成功的,区议会的选举建制派议员占70%。而历届立法会的选举,建制派议员都不少于1/2,但都未能达到2/3。在2012年立法会选举中,分区直选获得17席,功能组别选举中获得26席,功能组别选举对建制派议员的当选具有重要意义,建制派在立法会选举中应更加讲究策略。在行政长官选举中,建制派更应积极提出合理的政改方案,积极与反对派进行辩论,对香港特区有关"一国两制"的政府施政、议题、重要事件进行理性、客观的评论,在针对反对派的媒体对政府施政、议题等情况作不实报道或评论时,建制派应及时进行分析、批评、说理,用正确的舆论影响选民。

有针对性地做好选民的工作。建制派做选民工作,不仅要做好支持建制派选民的工作,也要做支持反对派选民的工作,还要做中间选民的工作,对不同的选民要采用不同的策略。对建制派选民而言,因为价值观的认同程度较高,所以增加凝聚力,提高建制派的整体能力是做这部分选民工作的重点;对反对派的选民而言,由于政治理念的不同,做他们的工作重在说理,特别是在法律的框架下以理服人;而对于一般选民而言,则要诚恳地摆事实、讲道理,让选民能够从建制派的纲领中切实感受到关怀和好的未来发展。

提高建制派的包容心。首先在建制派内部整合资源,搞好团结,为整个建制派的利益服务,这种整合包括立法会中的建制派议员,也包括其他的"爱国爱港"力量。如民建联、工联会、经民联等,他们所代表的社会利益不同,政见上有些分歧是难免的,但是在重大原则问题上需要加强立场协调和统一行动。另外,分化反对派,对从反对派中分化出的人员要团结、包容,让他们能为建制派服务,至少不成为破坏力量。

提高应对反对派挑战的能力,提高议政能力。建制派的议政水平还比较低,应当高度重视提高建制派政治能力的建设,提高理论政策水平和政纲营销能力,占领理论高地,敢于善于提出议题,有效引导舆情,进而赢得多数选民的支持。

澳门回归以来政府施政中的不足与改善

冷铁勋*

澳门特别行政区成立15年多来，在中央和内地的大力支持下，澳门特区政府按照《澳门基本法》的规定施政，通过制定相关的政策并加以贯彻执行，大力发展经济改善民生，并稳步推进政制发展，实现了经济繁荣、民生改善、民主发展和社会全面进步。然而，澳门居民对于澳门特区政府的施政依然期待甚殷，崔世安先生在竞选第四任行政长官期间收到的12万多份的意见和建议书中，不少内容反映出居民对政府过往施政仍存有的不足希望有所改善。国家主席习近平在庆祝澳门回归祖国15周年暨澳门特别行政区第四届政府就职典礼上的讲话中，更是特别强调要不断提高特区依法治理能力和水平。鉴于此，认真分析澳门回归以来澳门特区政府施政中存在的不足及其成因，对于促进澳门特区政府改善施政，更好地回应居民的诉求，促进澳门特区的进一步发展，有重大的现实意义。

一、澳门特区政府施政中存在的主要不足

澳门特区政府成立以来，一直秉承“以民为本”的

---

* 澳门理工学院“一国两制”研究中心副主任，副教授，法学法博士。

施政理念,依据澳门经济发展与社会要求,对公共行政理念、职能、架构、公职制度等方面进行了持续的改革。历年的特区政府施政报告,都会涉及行政改革的内容,且十分强调"服务行政"的理念。客观来说,澳门特区政府这些年来的行政改革,在行政价值观、工作流程、服务意识及服务质量等方面均取得了一定成效。然而,由于回归后的澳门,经济、社会、文化乃至居民的维权意识已发生了根本性变化,民众对政府的施政有着越来越高的期待,而部分公务人员包括一些领导级别公务人员的思维却没有与时俱进,特别是未能与"一国两制"、"澳人治澳"的基本原则相接轨,①以致不能严格落实工作的规范和要求,影响了政府的施政效果。对此,澳门特区政府的历年施政报告也不回避,都对有关施政不足问题有所总结。综观这些总结,以及新闻媒体等反映的公众对政府施政的意见,澳门特区政府施政中存在的主要不足集中在以下六个方面:

(一)一些重大决策中咨询工作不到位时有发生

任何一个国家或地区的政府在进行公共政策的规划及决策时都必须重视社会公众的意见,而且必须要将社会公众的意见融入政策的制定及执行过程中,确保公共政策的质量,以提高政府施政的认受性、合理性。而要将社会公众意见完整地加以收集并合理地融入公共决策中,建立一套行之有效的咨询机制便显得尤为必要和重要。澳门特区政府自成立以来,十分重视民意的听取,历年的施政报告中,几乎每年都会提及完善政府咨询机制,推动公众对公共事务的民主参与,目的就在于要将公众的意见纳入公共政策的制定过程。2010 年,第三任行政长官崔世安于施政报告中更是明确指出,要"推进公众咨询的制度化,提升公众咨询的成效,在政府与公众的双向沟通中真正能够吸纳民意"。为此,澳门特区政府在 2011 年 8 月就以第 224/2011 号行政长官批示的形式公布了《公共政策咨询指引规范》,明确政府的公共政策,包括政策行为、措施及法律,与推行咨询工作时所应遵守的一般原则性及指导性的规定,以营造良好的咨询环境,促进公众的参与,充分听取公众的意见,利于政府的施政。

然而,咨询工作的实际成效如何呢?市民又是如何看待政府的相关咨

---

① 杨允中主编:《何厚铧行政长官施政报告汇编》(2000~2009),澳门理工学院"一国两制"研究中心 2010 年版,第 21 页。

询工作呢？不容否认，政府在作出一些重大决策时，咨询工作不到位的情形时有发生，具体表现为只注重咨询的形式，认为只要做了咨询就算完成任务，没有真正理解咨询的目的在于获取真实民意，以帮助政府科学决策。不少公务人员甚至居于领导职位的公务人员，确实存有为咨询而咨询的认识，因而开展起咨询工作时处于被动状态，甚至只把咨询作为一个简单要求来对待，以致有市民认为是"假咨询"。例如，有关西湾湖夜市的首轮咨询，政府后来承认有关部门未有完全依照咨询指引去开展工作，如居民是在没有环评资料、信息不足下提出意见，咨询过程也违反规定，没有在指定期间内公布咨询汇编等。更有不少市民表示不知道有关的咨询工作。还有，关于兴建轻轨及路线选定的咨询工作，也被廉政公署相关的调查报告认为不足及不全：一方面，在咨询阶段采用难以令人信服的规则及程序，所委托的机构，或被访对象欠缺代表性，又无一个具说服力的准则进行咨询，结果只会强差人意；另一方面，关于轻轨本身的构造及所经路段的咨询，程序及方式亦不合现代公共行政管理的要求，从无技术数量及安全质量全面向公众解释，这难免引起质疑。最后，轻轨原先计划走伦敦街及波尔图街的路线要更改，轻轨的建设期限自然要往后延。对此，有立法会议员借此直指政府的多项咨询是"为咨询而咨询"，让社会有"走过场"之感，未有让咨询工作成为科学决策的依据及尊重民意的表现，甚至有议员更因此质疑政府掌握民意的力度。①

此外，澳门特区政府在向立法会提交法案时，咨询工作不到位的情形有时也会发生。影响最大的就是澳门特区政府向立法会提交的《候任、现任及离任行政长官及主要官员的保障制度》法案，在获立法会一般性通过后，因相关条款的修订根本就未做咨询工作，还谈不上咨询工作做得不理想，结果导致后来不得不由行政长官出面宣布撤回法案，而且承认政府做得不足，未来需多听意见和进行咨询，以凝聚社会更大共识，收窄分歧。

对于咨询不足，就是在第四任行政长官选举期间，仍有行政长官选举委员会委员不断提起，认为政府的不少咨询工作未如理想，有时更影响立法。唯一候选人崔世安也承认现时咨询有不足，并表示政府将检讨及改善，并加

① 陈明金："检讨公众咨询　吸纳民意科学决策"，载《澳门月刊》2014年7月。

强立法过程及立法后的政策解说。[①] 即使在崔世安高票当选第四任行政长官候任人后,仍有学者认为政府未来 5 年管治上的最大挑战是如何克服现行咨询制度的缺陷,真正有效获取并吸纳真实民意,做到官民沟通。[②] 对此,新一届的特区政府以至往后的特区政府都要引起高度重视,并采取有效措施妥善解决好。

另外需要注意的问题是,咨询不能无期限、当断不断、没完没了,政府该做决断的时候还是要适时做出决策。以轻轨路线咨询为例,一遇沿线居民反对,咨询便推倒重来,结果又引发新的问题和争拗。如何平衡沿线居民利益与全体居民的利益,确实考验政府决策者的智慧。

(二)一些部门或人员行政不作为的情形仍然存在

在澳门,任何一个行政机关的设立和运作都有相应的法律规范,行政机关正是依据相应的法律规范去行使职权。对于依法享有的职权,行政机关及其工作人员应积极合法地行使,而不能消极放弃。否则,就会构成行政不作为,轻者属于侵权,重者会构成犯罪。因为法律赋予行政机关以广泛执法权,不是为了行政机关自身的利益,而是为了公共利益,是便于行政机关履行职务所需。因此,行政机关的职权同时也是一种责任,即职责,行政机关在依法行使的同时,还应积极去行使。无论是行政机关基于自身完成其任务所需,还是居民、法人或其他组织为了自身或他人的权益,依法申请行政机关行使职权时,行政机关及其工作人员均负有依法积极实施行政行为的职责和义务。如果行政机关及其工作人员应当履行而无正当理由未履行或拖延履行其法定职责,就是行政不作为,是一种行政违法行为,亦称"不作为违法"或"消极违法"行为。这种行政不作为,不仅可能会直接侵犯行政相对人的合法权益,而且背离了权责相一致的原则,有损政府的威信,极易造成公众与政府间关系的恶化。长此以往,会损害公共利益,阻碍社会经济的发展。对此,前澳门廉政公署专员冯文庄曾有过精辟分析,认为现代行政理论已充分印证,"不作为"、"迟作为"的危害性往往比"乱作为"更大,甚至影响更深远。

为防止行政机关及其工作人员无正当理由不作为,澳门特区《行政程序

---

① "咨询不足需检讨",载《澳门日报》2014 年 8 月 17 日。

② "学者:官民沟通成最大挑战",载《澳门日报》2014 年 9 月 2 日。

法典》将“作出决定”作为行政程序法的一项基本原则。根据澳门特区《行政程序法典》第11条的规定,行政机关对于私人向其提出属其权限之所有事项,有作出决定之义务,尤其对于与行政机关直接有关之事项,或为维护合法性或总体利益而提出之任何请愿、申述、声明异议或投诉。修改后的澳门特区《廉政公署》法律,强化廉署的行政申诉职能,赋予廉署可针对行政机关“不作为”情况发出劝喻的权限,行政机关不接受或部分接受劝喻时须说明拒绝接受的理由。同时,修改后的法律将行政机关回复廉署劝喻的期间由原来的90日缩短为15个工作日,避免错过适时解决问题的机会。此外,为实现立法对行政的有效监察,澳门特区立法会还专门通过了《对政府工作的质询程序》的决议,要求政府部门对立法会议员提出的书面质询,应在行政长官收到书面质询之日起30日内作出书面答覆。

然而,在现实生活中,有的政府部门及其工作人员行政不作为的情形还是较为严重。例如,有段时间,由于澳门建筑行业出现不少非法劳工,劳工局进行监察的力度不足,有的甚至就是执意不作为,引起社会的广泛关注。2008年4月底开始,廉政公署与劳工局合作,联合进行劳动监察的运作审查,就劳工局打击非法工作的实务工作进行了深入分析,并部署了新的执法机制,取得了成效。此外,对于非法旅馆,不仅内地有旅客投诉,澳门居民也是意见很大。但旅游局尽管拥有庞大的执法检查人员,在这方面的执法力度却不能回应市民的诉求,这里面应该也涉及行政不作为的问题。再者,澳门土地资源紧缺,但却仍有人霸占政府用地,负责土地管理与使用的政府部门对此现象不严格执法,没有及时依法追讨,同样涉及行政不作为的问题。

从廉政公署受理的行政申诉中,也有不少系因行政不作为而引发的。例如,有居民投诉,2010年至2012年间,有人长期将车辆违法停放在亚婆井前地内,影响居民嬉戏及作息,居民建议民政总署在上述地点的外围加设栏杆,但民政总署却一直没有跟进并处理,居民质疑民政总署行政失当,向廉政公署投诉,后在廉政公署介入后,民政总署才采取适当措施处理有关事宜。

此外,政府部门对于立法会议员提出的书面质询,按照立法会的有关决议,相关的政府部门应在法定期间内即行政长官收到书面质询之日起30日内作出书面答覆。这既是质询权的强制性要求,也是政府部门履行对立法会负责的职责要求,更是依法施政的形式要求。然而,不少的政府部门却无视立法会决议关于法定期间进行回复的规定,不在法定期间内作出书面答复,有的逾期长达三五年时间都不予答复。现在的情形虽然有所改善,但仍有政府部门没有在法定期间内回复,这实际上也是行政不作为的表现,影响了立法对行政的有效监督。

对于现实生活中存在的行政不作为,曾有立法会议员作过分析,指出一些行政机关和政府官员在自己管辖的范围内,遇事即装聋扮哑,致使居民有苦难言,投诉无门。[①] 总之,形形色色的行政不作为,早已成为行政机关和政府官员推诿、拖延、渎职和失职的常态。说到底,行政不作为就是无视民生诉求,不仅使居民的合法权益得不到及时有效的保障,更为严重的是,在一定程度上影响了政府职能部门的形象,严重磨灭行政效能,激化社会矛盾,影响法治社会的稳定,对社会造成的损害和法制的破坏相当严重,也成为居民大众反映最强烈的问题之一。

(三)行政违法现象时有发生

"依法行政"是现代公共行政管理的基本准则。在法治社会里,政府机关的权限均来源于法律规范,所谓职权法定说的就是这个道理,政府在行使职权时一定要有法律上的依据。不仅如此,政府机关还必须按照法律规定的程序来行使,切不能凭个人喜好而任意妄为,这也是合法性原则在行政领域的具体要求。总之,行政机关的运作必须符合法律规范,行政管理权的行使必须受合法性原则的严格限制,这不仅事关公共行政管理秩序,更事关个人合法权益和公共利益的切实维护。

澳门特区政府自成立起,历年的政府施政报告在谈及行政改革时都会提及依法行政的要求。然而,有些行政机关的行政行为违法的现象依然存在,也就是通常人们所说的"行政乱作为"依然存在。从澳门廉政公署就有关行政申诉的处理情况来看,居民对"行政乱作为"的投诉较为强烈。以廉政公署 2012 年的工作报告为例,居民就行政申诉的投诉集中在医疗卫生、工务、治安执法、经济与社会房屋、教育及市政、交通等方面。这些个案所揭示的问题显然与处理方式不当、对法律的认识不足以及行政决定失误及拖延有关。经调查,被投诉的部门对投诉涉及的事宜采取完善措施或接纳"公署"建议而纠正欠缺、不公或违法程序的超过 200 宗,这一数据表明行政行

① 麦瑞权:"对行政不作为的思考",载《澳门日报》2010 年 1 月 20 日。

为违法的状况并不是个别现象。

对于"行政乱作为",澳门律师公会主席华年达曾提出批评,认为公共行政当局的一些部门决策能力在退化,部分极重要部门主管及负责人没有权限及能力作出决策,更糟的是由于不懂现行法律、规章或合作,而害怕作出决定或作出错误决定。澳门立法会议员陈明金也根据廉政公署关于"2G转3G"的投诉处理报告、"公共天线服务"劝喻等,炮轰有些部门处理失当、不符合公共利益甚至抵触《行政程序法典》等行政违法、行政不当的问题。

近年来,社会上议论较多的新巴士服务虚耗公帑、电信服务严重落后、电视节目受削、公共工程屡屡超出预算等事件,尽管未如欧文龙案般影响重大,但不断暴露出行政部门出现行政失当和解决不力的情况,一次次引发舆论风波,激化矛盾,致使各种社会争议和杂音此起彼伏,每每都把政府推到风口浪尖,一度引发舆论对政府管治能力的质疑,反映出民众对政府违法行政的强烈不满。这其中,以交通事务局在道路集体客运公共服务批给事务上错用法例导致违法最为典型。根据廉政公署的相关调查及分析报告,交通事务局在新巴士服务事务的处理上存在五个方面的违法情形,包括不遵守现行法定制度、越权免税、巴士财产归属不清、中途违法调整服务费、违法予公司免责条文。报告形容新服务不善用公帑,损害公共利益,并从法律角度分析交通局如何无视法律、不识法、乱作为等。按廉署分析,现行法律仅容许以"公共服务批给"方式,许可私人公司经营公共巴士服务,但交通局一开始即错用"提供服务合同"法律。这一错用致该局作出连串违法行为,整份合同也带有不符合公共利益,甚至明显违法的瑕疵,令三家巴士公司在未获"批给"及无订立批给合同下违法经营,留下一堆颇复杂又急需解决的问题。

(四)部分公共行政服务领域效率低下较为突出

任何组织,在实际运作中都会考虑到效率问题,以最小的成本投入获得同样的效益产出,或者以同样的成本投入获得最大的效益产出。在公共行政管理方面,同样提倡效率原则,目的在于尽可能减少不必要的行政耗费(包括时间、人力、财物等),以实现管理效益的最大化。因此,提高行政效率是公共行政管理的方向和宗旨,也是检查和衡量公共组织、公共行政管理活动有效性的一个重要标准。

澳门回归后,澳门特区政府针对澳葡政府时期公共行政的明显陋习与缺陷,如官僚作风、效率低下等问题,持续进行了有力度的改革,努力转变服务态度,提升公共服务效率。例如,推行"服务承诺计划"和"一站式服务";针对市民投诉事项的复杂性与特殊性,组成跨部门、跨范围的专责小组加快处理;通过"行政服务协议"整合不同管辖范围的政府服务,减少政出多门、各自为政的现象,使政府服务更贴近社会与民众的需要;重塑政府工作流程,积极推行质量管理体系认证工作;推动"电子政府"建设,简化市民申请公共服务的程序与手续;推行执法服务责任制、过错责任追究制、执法服务水平考核等制度。这些措施使民众受益,也获得了社会的好评。

然而,澳门部分公共行政服务领域效率低下的问题较为突出,并且饱受民众的批评。据澳门理工学院"一国两制"研究中心 2009 年 6 月发布的《澳门特区十年发展进步大型民意调查报告》显示,受访居民对澳门特区政府施政最不满意的地方,"发生欧文龙事件"位列第一,有近 72% 的受访居民选择这一选项;位居第二位的选项就是"行政效率低下",有超过 43% 的受访居民不满政府行政效率低下,尤其在土地工务运输领域,工作效率低下的问题最为突出。澳门廉政公署 2010 年工作报告也严厉批评澳门特区的公共行政效率低,未能配合澳门社会发展的进度,其中居民的行政申诉个案有约一成涉及土地工务运输局。2012 年廉政公署工作报告更是直指治安执法、卫生医疗、交通事务、经屋与社屋及市政等是引起投诉最多的领域,引起投诉的原因包括精简行政流程依然未见起色、该作为而不作为、该决定而拖延决定等,其中该作为而不作为、该决定而拖延决定的现象颇为常见。针对不作为、迟作为的现象,冯文庄表示廉政公署将在提升行政效率及依法行政方面发挥应有的监督作用。

随着澳门社会和经济的发展,利益多元化是一个客观的现实。如何平衡多元的利益,对新一届澳门特区政府将是一大考验,特别是如何保障处于社会底层居民的根本利益,并及时回应来自社会底层的诉求,关系社会稳定。澳门特区政府制定并推行重大公共政策,在寻求各方利益最大公约数同时,兼顾效率。否则,一个拖延的政策即使最终落实,也会影响其作用的发挥。最为典型的是旧区重整和集体运输系统建设这两项重大的民生工程,其进展缓慢已严重影响澳门的进一步发展。此外,轻轨工程的建设也已经是严重滞后,不能满足居民及游客出行的需求。

第四任行政长官选举期间,对于行政效率低下较为突出的问题,不少选举委员会成员“发炮”批评。候选人崔世安也表示，已听到不少意见，认为政府公共行政的效率与要求有落差，承诺若当选，会加大力度解决行政效率低问题，落实一个政府的概念，更好服务市民。

（五）部门间协调机制仍不健全

公共行政贵在“行”和“断”，一项再好的政策如果不能有效地执行，也只会是一纸空文。有效的政策执行又离不开一个制度化的政府部门间的沟通协调机制。推进制度化、经常化和有效“跨界”合作以增进公共价值，是当今发达国家政府改革的新趋势，整体政府和跨部门协同也相应地成为发达国家政府改革的热门实践，其核心目的就是解决公众最感焦虑的复杂性问题和政府服务管理的碎片化问题，试图利用新的文化理念、工作方式、责任和激励机制以及公共服务模式，最大可能地提升政府决策和服务供应的整体效力。

澳门特区成立以来，一直致力于采取现代化公共行政手段，透过部门职责分工合作机制来推动跨部门间的协调，并且因应社会发展的需要，成立了一些跨部门小组，也取得了一些成效。例如，优化旅游指示标识系统跨部门工作小组，涉及旅游局、民政总署、土地工务运输局、文化局、交通事务局、治安警察局等政府单位，通过部门间的配合，在有序推行旅游景点方向及位置标示的改善工作方面取得了进展，以便为旅客及市民提供清晰的路线指引。

然而，从整体来看，澳门特区政府仍缺乏一个制度化的部门间协调机制，导致政策执行力不强。在目前的政府架构中，五个司级机构与行政长官分享政策制定权限，局级机构则多承担政策执行的功能。五个司可以说是五个相对独立的小政府，地位平行，互不隶属，职能则分开，各自为政。同一个司内，司、局之间有上下沟通机制，但不同司之间以及同一个司内的局级机构之间却没有一个协调机构，因此，很少互动或平行沟通。结果是，各司级机构闭门决策，在各自的管辖范围内享有决策权，不受其他司级机构的制约。在政策执行中，各司遇到牵涉几个司级机构的事务时，则容易互相推诿、久拖不办。在社会治理环境日趋复杂的情况下，一些社会问题往往牵涉跨司级领域，如果各司之间横向协调不够灵活和顺畅，则这类问题往往难于从根本上解决。对此，社会上有意见认为，不少官员虽希望有所作为，但施政时往往只顾及自己范畴，忽略考虑周边问题，便会在没有其他人分担的情况下遇上阻滞。

此外,为处理一些突发的事件,如善丰花园事件、九澳空气污染事件等,澳门特区政府会透过成立相应的跨部门工作小组来应对,但有时因小组的工作效率不高,未能及时回应市民的诉求,导致事态不断恶化。例如,善丰花园的处理,最后导致不少市民占领交通道路。究其原因主要还是部门间的协调机制不健全,面对问题和责任,各自都容易推诿,这自然会影响工作效率。对此,澳门特区政府的施政报告在总结施政的不足时也直指,部门与部门之间的沟通和协调仍有待改善,团队精神并未完全树立,各自为政甚至互相扯皮的情况仍然存在。

第四任行政长官候选人崔世安在回应行政效率低的提问时,提出落实一个政府的概念,主要针对的就是政府跨部门间协调机制不健全这一影响行政效率的症结。

(六)政府问责的制度整体上未有落实,奖赏制度亦缺位

行政问责制是现代政府强化和明确责任以及改善政府管理的一种有效制度。作为民主制度的组成部分,行政问责就是通过各种方式让掌握公共权力的政府机关及其行政人员切实为其行为负起责任来,其实质在于防止和阻止政府机关及其行政人员滥用或误用公共权力。成功的问责制度通常主要包括三个方面的内容:一是明确公职人员的公共职责;二是在公职人员中树立履行自己职责的责任意识;三是设立激励公职人员为公共利益而行动的奖惩措施。其中,奖惩措施的标准就是如何处理公共利益与个人利益之间的关系:当他们以牺牲公共利益为代价追求个人私利时应当受到惩罚;反之,当他们在个人私利中追求公共利益时则应当得到奖励。

历届的澳门特区政府在推进制度建设时,行政问责是其中的一项重要内容。自 2004 年起,每年的政府施政报告中均会提到加快问责机制的建设。2009 年立法会通过的第 15/2009 号法律《领导及主管人员通则的基本规定》,在第四章"责任与权利"部分对领导及主管人员的责任问题,作了专门规定。其中,第 21 条至第 23 条对领导及主管人员应承担的民事及刑事责任、纪律及财政责任、领导人员的特定责任分别作了具体规定。在对该法律草案的理由陈述中,澳门特区政府提出了"加强问责"的五种手段,即调职、订定领导人员的"工作表现评审"制度、"过冷河"制度、行政长官对不称职的领导人员公开告诫、订定在 3 年或 5 年内禁止失职者出任领导或主管的情况。

然而,澳门特区政府整体上尚缺乏有效的高官问责制度设计。其中,官员的绩效评审机制至今仍未建立起来,缺乏有效的官员绩效评审机制,问责制度就不健全,也难以落实。此外,《领导及主管人员通则的基本规定》所界定的问责对象只涉及领导及主管人员,即局长、副局长、厅长、处长等,而不包括司级高官。其结果是,有的澳门司长级高官如出了问题,一方面是往下属身上推,不愿负担应有的责任,由此引发中低层公务员不满和队伍士气低落;另一方面是受到高官的牵连,为此要负连带责任,承受巨大的社会压力。例如,《候任、现任及离任行政长官及主要官员的保障制度》法案在引发大规模游行时,最后还得由行政长官出来解释并宣布撤回法案。正是由于没有职责分明的高官问责模式,一切行政过错造成的怨愤,容易累积在行政长官身上,极易引发澳门市民对特区政府的整体不信任。

其实,澳门社会一直也在质疑官员问责以及公务员评核制度,认为这些制度并未真正落到实处,没有起到有效的监督和激励作用。根据政府公布的结果,84%的公务员,评核得到"十分满意",可以讲是皆大欢喜。这种制度,既缺乏激励,又容易养懒人,结果是官员无力调动现有公务员的积极性,有新服务推出只能加人手,如此恶性循环,造成公务员人数越来越多。至于主管及以上官员的问责,虽有一定的法律,但执行标准模糊、缺乏透明,一些不作为、乱作为的官员,很少被追究责任。即使有追究,也只是象征性"保护性追责",调职做顾问等。长此以往,严重损害了政府的管治威信,使政府公信力大打折扣。

第四任行政长官候任人产生后,提到官员问责时,公众都希望新一届政府能加快落实问责制度,并且要动真格,该谁负责就要负责。社会上也普遍认为,特区政府要切实健全官员问责制度,甚至有学者建议政府内部设立督办机构,以加强制度建设并形成有效管理机制。

澳门特区政府的施政除以上六个主要方面的不足外,还存在一些其他的不足。例如,不少政府部门的运作较为偏向呆板,弹性未够,创意欠缺,应变能力薄弱;相当一部分主管人员只是机械地执行上级的指令,未能积极发挥必需的主动性与灵活性;更有一些人员,办理文过饰非,遇有责任则推向上级部门;有些部门的工作,未能充分反映社会真实需要和帮助市民解决实质问题;一些服务的安排,很少站在服务对象的角度来考虑;习惯于依赖法定程序运作,未能在法制上、伦理上和施政操作上加固人性的防线,未能具备足够的科学分析能力,以致在施政成效和廉政建设方面受到了深刻的教训;公务人员队伍不断膨胀,但同为公务人员却存在忙闲不均的现象等。

二、澳门特区政府施政中存在的主要不足之成因

澳门特区政府施政中存在的上述不足,原因较为复杂,综合起来,主要有以下几个方面的因素:

(一)有些人对政策咨询工作重要性认识不足,形式重于实质,影响咨询成效

咨询工作能不能取得成效,首先取决于能否真正重视咨询工作。如果对咨询工作的重要性认识不足,就不可能做好咨询工作。在具体从事咨询实际工作时,就会只注重形式,且流于形式,容易走过场,而对于咨询的目的和意义何在、如何做好咨询等,则往往关注不够,甚至全然不顾。

澳门特区政府目前进行咨询工作时所暴露出来的问题,究其原因,除了咨询制度建设方面,如意见的收集、整理分析以及事后反馈、评估等方面,可进一步完善外,一些政府的公务人员尤其是负责、从事政策制定的公务人员,对咨询工作重要性的认识不足,这是一个不可忽视的决定性因素。政府政策咨询是公众参与的一种重要形式,正是利用政策咨询这个平台,公众参与公共政策的制定过程,这既是民主政治建设的基本要求,也是政府科学决策、民主决策的客观需要。政策咨询既有利于实现政府公共政策的公共利益价值取向,又有助于推动政府决策的顺利实施。因此,政策咨询尤其是涉及民生的重大决策咨询,绝不是可有可无的,而是一定要有的。不仅如此,咨询工作必须注重实效,要将咨询工作作为获取真实民意的重要途径。唯有如此,才能在政府与公众的双向沟通中有效吸纳民意,并将公众的意见纳入政策的制定过程。

然而,不可否认的是,政府部门中的不少公务人员,包括负责、从事政策制定的领导及主管级公务人员,对咨询工作存在不少认识上的误区。例如,认为制定政策是政府的事情,咨询会弱化政府的决策职能;公共决策专业性强,专家学者的意见才重要,普通公众的意见发挥不了什么作用;咨询会增加决策成本,影响决策效率;咨询容易导致并加剧利益冲突,不利社会稳定;在澳门,政府向社团咨询即可,不必发动公众来表达意见;等等。这些对咨询工作的不当认识,当然会影响咨询工作的开展与成效,有的本身从事政策

咨询工作的公务人员自身都认为做咨询只是做个样子,走走过场。结果只能是"你说你的,我做我的",政府部门仍然按照自己的意愿进行决策,政府所推行的咨询,只是做个样子,完成"功课",在形式上的意义大于其实质内容。至于咨询中收集的意见是什么、如何处理等,全无下文。这不仅使咨询工作的功能没有发挥出来,而且也会使公众对咨询失去信心,并且对咨询采取漠不关心的态度。政府日后就是真有心要进行咨询,公众的配合和参与又成为一个新的问题。

(二)部分政府部门职能归属设置不合理甚至重叠是行政不作为、乱作为以及部门协调不畅的重要原因

澳门回归后,因应澳门特区第一届政府有关机构和主要官员职位设置的新要求,政府部门的设置作了一些调整。然而,政府部门职能归属设置不合理甚至重叠的情形一直存在,这既是澳门特区政府管治中存在的问题之一,也是引起行政不作为甚至乱作为、部门协调难等问题的根源所在。正是由于职能设置不合理甚至重叠,不少部门及公务人员对于需承担责任的事项,就会采取躲或推的方式,"不愿管"。而对于涉及利益分配的事项,则可能"积极作为"、"争着管",行政不作为、乱作为以及部门协调不畅等极易由此而生。

就职能设置问题而言,社会上对民政总署与其他政府部门的职能重叠反应便很强烈。从目前来看,与民政总署相关的职能重叠的主要包括:(1)民政总署与体育发展局:大众体育;(2)民政总署与旅游局:发放饮食牌照;(3)民政总署与文化局:文康、图书馆、博物馆;(4) 民政总署与土地工务运输局:道路工程;(5)民政总署与卫生局、经济局:检疫、环境卫生、公共卫生;(6)民政总署与土地工务运输局、治安警察局:交通运输;(7)民政总署与治安警察局:执行市政条例;(8)民政总署与地图绘制暨地籍局:地籍资料;等等。从历年的行政长官施政报告和行政法务范畴施政方针来看,对于这些职能重叠问题,特区政府有着深刻的认识,明确提出要开展"结构性、功能性的彻底革新"。在澳门特区政府成立之初,由于澳门特区政府制定的公共行政改革策略是首先进行管理机制和服务模式的改革,以回应社会民众对公共服务效率和质量的迫切诉求,职能重组主要处于研究和讨论阶段。民政总署成立以来,澳门特区政府积极展开了相关的职能重叠研究。2002 年的《行政法务范畴施政方针》就指出:"依法监督新设立的民政总署的运作。

与存有职能重叠或可能存在职能重叠的部门,包括土地工务运输局、文化局、体育发展局等深入研究职能重叠情况,并提出合理调整的方案,逐步理顺职能关系。"由于职能调整的复杂性与艰巨性,4年之后的2006年《行政法务范畴施政方针》继续强调,"民政总署与其他部门的职能理顺工作将会进一步推进,包括调整有关体育、文化、工务、运输及地籍等职能及相关架构,尤其重点理顺交通运输职能"。实践中,澳门特区政府也启动了剥离民政总署职能到其他政府部门的工作,取得了一定成效,但仍有待继续认真加以解决。澳门特区政府2014年施政报告也强调修改文化局和体育发展局组织和运作的法规,以配合民政总署相关职能的转移,并在此基础上,进一步调整民政总署的其他相关职能,在更大范围内整合和优化政府架构。

除民政总署职能问题外,其他政府部门的职能是否也存在不清或重叠的问题,也要通过行政改革并检讨并理顺。例如,法务局与法律改革与国际法事务局的职能如何合理分工并优化,也应引起关注和重视。

此外,对于司级部门管辖的局级政府部门范围是否合理,社会上也有不少意见。例如,旅游局现在归属于社会文化司,作为澳门的重要产业,将其归属于经济财政司的呼声一直未断。还有,涉及交通问题,陆、海、空分属交通事务局、海事局、航空局等部门,是否有必要整合职能,也是社会上较为关注的。

(三)有的法律制度、行政规章滞后影响了行政效率的提升

澳门行政效率低下的一个重要因素是法律制度、行政规章滞后。回归已10多年,但澳门不少的法律规定,特别是行政规章仍是澳葡政府管治时期制定并保留下来的,不少规定早就时过境迁了。例如,政府、议员均有感数十年前订定的采购相关法律制度不合时宜,且难保证公帑用得其所,有完善必要。如20世纪80年代订定的法令规定,若工程估价超过250万元,便必须公开招标。有立法会议员便直指:按现在算,250万元算得什么呢?称不但招标程序费时,更有可能因此支出的行政费用已较工程本身昂贵。此外,回归前的行政规章所设定的政府部门支出审批标准,回归后没作什么大的调整。例如,在免除竞投、咨询或订立书面合同程序的方式取得资产及劳务,超过澳门币25万元的支出时,仍需司长审批,结果是司长除要负责范畴内的决策事宜外,还要忙于审批相关的费用支出,效率自然就受到影响。在回归前,澳门经济连续多年出现负增长,加上当时博彩业专营,澳门的经济规模总量有限，当时的澳门币25万元是一个不小的数目。如今，澳门的经济规模大了，加之物价上涨等因素，25万元澳门币的支出早就不再属于大数目的支出了。

澳门现在适用的不少涉及民生领域的重大法律，是回归前制定后适用至今。法律制定时的社会条件如今早就发生了巨大变化，但法律的适应化工作却因受制于法律人才的缺乏等因素而进步缓慢。在法律没有修改前，政府部门只能按照法律规定的条件和程序处理具体事务，想要快也快不了，有时甚至是想做可能都做不了。例如，涉及旧区重整的工作，就受到原有法律的限制。根据澳门特区《民法典》相关规定，旧楼重建项目必须得到百分之百业权人的同意，但本澳只有少数楼宇是单一业权作登记。大部分低层楼宇均采取分层登记制度作登记，业权分散，加上有的业权继承人已移居国外，若要得到百分百业权人同意或取得共识，重建工作推动存在很大困难。因此，有社团建议政府创设条件，降低相关重建项目的启动门槛，容许只需八成业权人同意后便可启动重建。但这要修订法律才可达成，如果相关的法律没有修订，政府也不可能违法去推进。

澳门目前适用的法律，包括行政规章，很大一部分是保留下来的原有规范性文件。这些保留的原有规范性文件中，到底有多少不再适应澳门的实际情况，目前政府仍在清理、分析、处理中。不过，限于人员缺乏等因素，政府目前集中力量优先处理法律的适应化，而对于行政规章的适应化不一定能够兼顾。为了提高行政效率，不仅法律的适应化要抓紧，行政规章的适应化同样在全力推进。

（四）有些公务人员缺乏担当精神和责任意识，导致行政执行力弱化，影响行政效率

政府施政主要是通过行政管理活动来进行，而行政执行活动在整个行政管理活动中又处于十分重要的地位。除行政决策外，行政机关的绝大部分工作都是行政执行。一个政府的执政执行力强，就能高效地贯彻落实所制定的政策，满足公众利益的需求。反之，缺乏行政执行力的政府，执行政策时要不采取不执行的态度，要不就是不完全、不适当执行，政府的行政管理工作便难以甚至无法实现既定公共政策设置的目标。而要打造一支有行政执行力的公务员队伍，首先就必须要求公务人员有担当精神和责任意识。既敢于做事、积极进取，又不怕承担责任。因为只要做事，就有做错的风险，就可能会有责任的追究。如果因怕做错事而承担责任,那自然就会采取该做不做,或等等看再慢慢做的消极方式,行政执行力当然会弱化,行政效率也会因此而受影响。

澳门特区政府成立以来,公共行政改革工作一直是历届政府施政的重要内容,其中也包括了加强行政执行力的建设。然而,由于负责政策执行的公务人员素质参差不齐,特别是缺乏担当精神和责任意识,削弱了行政执行力。即政府领导及主管级公务人员中,有些人的政策水平及执行能力仍然有限,不少人抱有"多做多错、少做少错、不做不错"的心态,表现在实际工作中,就是对政策执行事务不积极主动,而是采取犹豫观望、拖泥带水、久拖不执的态度和方式。有的见困难就绕,见责任就推。公务人员中的这些消极现象,无疑会对行政执行力造成负面影响。

此外,由于公务人员缺乏担当精神和责任意识,执行政策的方式容易陷入简单机械的境地。有些政府部门及其公务人员在执行政策时,习惯于把政策执行理解为照搬、照抄、照转,很少去抓落实、抓检查、抓监督,呈现出一种典型的应付型、被动型执行,最终使政策难以落实,或落实起来走样,致使政策执行缺乏实效。还有,涉及多部门的政策执行,一些政府部门及其公务人员缺乏政府施政一盘棋的观念,缺乏必要的协调、沟通、配合,导致政策执行的整体效果不尽如人意,这同样会影响政策的实施效果。

对于公务人员缺乏担当精神和责任意识,澳门社会上的批评之声从未停过。曾任澳门检察院检察长的何超明对这种不正常现象也曾尖锐地指出,一些机构因不依法办事而导致矛盾或纠纷后,自身不愿承担责任,却简单地将问题和矛盾推给司法机关,美其名曰"依法处理"。新一届澳门特区政府要在行政改革方面取得成效,就必须通过培训、考核、职务升降、责任追究等方式,使公务人员尤其是领导及主管级公务人员具备担当精神和责任意识。

(五)独立的官员绩效评审制度未建立,使问责制度难以落实

澳门特区立法会2009年通过的第15/2009号法律《领导及主管人员通则的基本规定》第23条所规定的领导人员的特定责任,实际上就是领导官员问责制度的重要内容。根据该条规定,领导人员在其部门的职责范围内,有责任忠诚地协助政府制定所属领域的政策,以及组织及领导其部门,以便与监督实体紧密合作,确保政策的执行。领导人员如不遵守或不完全遵守上述规定,以致影响已采取的政策或其执行,则可被谴责、免职且不获补偿。由于上述规定过于原则,且缺乏独立的领导人员绩效评审制度,以致领导官员问责的制度难以有效执行。

澳门特区政府成立10多年来,社会上对一些政府部门行政不作为或乱作为一直批评不断,然而,除欧文龙因案发而被追究刑事责任外,很少有领导官员因此而被追究责任。例如,北安码头始建于2005年,建设费用不断上涨,较最初评估超出5倍多。政府主导的这么重大公共工程,是否依专业惯例及科学行事?当中是否应有人负责?轻轨项目一再延误,澳门半岛的路线至今仍未确定,巨大的交通压力早就压在居民面前。对这些问题,政府并没有很好地回应,更没有人因此而被追责。究其原因,没有令人信服的绩效评审制度是关键因素,大家"一团和气",自然不会有人被问责,权责一致的氛围当然不会有。第15/2009号法律《领导及主管人员通则的基本规定》第14条虽然规定了领导人员必须每年接受工作表现评审,但通常都是由上属司长评其工作表现,再向行政长官提交报告,报告的内容又不对外公开,普通民众无从知道评审的依据及具体内容。该法律自2009年实施4年多以来,并没有领导人员因为评审为无能而被免职。是否领导官员们都称职呢?社会现实是,澳门回归10多年,经济快速发展,但由于一些官员的不行为或乱作为,导致行政效率低下,许多困扰民生的问题日积月累,小问题变成大问题,老问题未解决新问题又出现,以致普通居民的住、行、医等都成常态性问题。

对普通公务人员的考核,同样面临因缺乏独立公正的评核制度,使考核流于形式,没有真正发挥监督公务人员的作用。考核的结果大家都称职,优秀的也不少。按照这样的考核结果,行政效率应该比较高,居民应该满意才是。但现实情况并非如此,人们对政府部门的工作效率批评不断。这其中固然与人们有着较高的期待有关,但也说明政府部门及其公务人员的表现仍有很大改善空间。此外,由于激励机制未建立起来,影响了人们向上流动的机会,这也会使考核的监督作用受到影响。

(六)有些部门和人员仍然存有本位观念,缺乏合作精神

不同的政府部门之间,既有职责分工,又有协调配合,这是行政管理中的一项重要原则。建立并健全部门职责分工协调机制,对合理界定部门职责边界、强化部门责任、建设责任政府和服务型政府等有着重要意义。从实践来看,讲职责分工容易,但涉及部门协调时,往往比较困难。澳门特区政府成立以来,各自为政、互相扯皮等现象还是存在的。特别是涉及责任的承担时,本位观念严重,大家缺乏合作精神,对引发公众不满的事件,大多采取"躲"和"推"的态度,要谈协作解决问题是难上加难,导致一些跨部门合作的工作受阻。

例如,澳门推出新巴士服务两年多后,因公众对相关的服务投诉不断,经廉政公署调查并分析后,认为交通事务局一开始便错用"提供服务合同"的法律,但交通事务局最初的回应认为只是其对相关法律的理解不一。后来,法务局认为交通事务局适用法律有瑕疵,实际上指的就是交通事务局适用法律不正确。事实上,交通事务局对廉政公署提出的错用法律问题,可与法务局进行沟通、交换意见后再表态,因为涉及法律适用的问题,法务局的意见也是非常重要的。当然,如果交通事务局在早前适用法律时便与法务局沟通,那错用法律的问题甚至可以避免。

再者,澳门有段时间发生多宗致人伤亡的重大交通事故,但警方却碍于缺乏公共地方的录像监视而难以破案。其实,在澳门,俗称"天眼法"的《公共地方录像监视法律制度》早于2012年2月就获立法会通过了,但由于"天眼"安装工程涉及保安、工务方面的跨部门合作,两年过后,有关的"天眼"安装工程却仍停留在工务部门的设计中。澳门作为国际旅游城市,公共地方的录像监视设施应该及早跟上,涉及跨部门的合作时,要通力协作。澳门日后一些重大的民生工程,如粤澳新通道、新城填海造地等,都会涉及不同政府部门的工作,如果部门间没有合作的理念和机制,那么工作很难推进,居民受到的影响会越来越大,居民对政府的意见和不满会更加尖锐。

除上述六个主要方面的因素外,还有其他一些原因引发了澳门特区政府施政中的不足。例如,有的公务人员忧患意识不够,尤其是领导级官员,面对澳门依赖博彩业保持经济快速增长的情形,对影响澳门进一步发展的深层次问题和矛盾认识不足,工作处于被动局面;有的领导级官员的全局观以及果断处理突发重大事项的能力还不强;以民为本的施政理念弱化,没有认识到政府的施政在于促进市民生活的改善,因而对市民的真正想法和需要缺乏必要的了解,这既影响了政策的制定,也影响了政策的执行;不求有功,但求无过的消极文化仍然存在;一些公务人员工作中的无所用心、不愿承担、贪功诿过、用虚应故事遮盖工作的无能、用公关技巧掩饰工作失误的现象等确实存在。

三、改善澳门特区政府施政的相关建议

针对以上所分析的特区政府管治中存在的主要问题及其成因，将来特区政府施政可从以下五个方面加以改善：

（一）从发展民主政治建设、促进科学施政的高度来看待咨询工作，检讨并完善公众咨询机制，吸纳民意科学决策

首先，要纠正部分公务人员中关于咨询工作的不当认识，将公众参与咨询放在发展民主政治建设、促进科学施政的高度来认识。任何政府在推进本国或本地区的民主政治进程时，只有通过广泛的公众参与，公众才能切实体会到什么是民主，谁是社会的主人，并在心理上认同和建立民主的作风，在行为上获取民主办事的方法。离开公众的参与去谈民主政治建设，便失去了基础。同时，政府要科学施政，就必须建基于充分的民意上，而咨询工作正是获取民意的有效途径。无论是政府政策的制定，还是立法机关的立法活动，都离不开公众的参与，咨询工作不是可有可无的。只有充分认识到公众参与在民主政治建设中的真正价值，才有可能在行动上尤其是政策制定过程中对公众参与咨询予以应有的重视并加以落实。澳门特区政府要利用公务员培训学习、政府网站、工作考核等方式，加强公务人员尤其是领导、主管级公务人员对咨询工作重要性和作用的认识水平。

其次，大力完善公众的意见表达机制，为公众参与咨询提供便捷通道。一方面，政府部门要适时提供与决策有关的信息给社会公众，以便公众有准备地参与；另一方面，政府部门要不断拓宽公众参与的通道，综合利用多元方式，包括讲解会、座谈会、研讨会、小册子、互联网、多媒体等，增加公众参与的有效形式，提高公众参与的兴趣与能力，保证公众参与的数量和质量。在咨询对象方面，既要发挥、利用社团的联络功能广泛发动公众参与咨询，又不能单纯依赖社团，必须多途径确保参与咨询的人员或群体具有代表性和广泛性，特别要将咨询事项所涉及的相关利害关系人或将涉及的群体，以适当的方式就咨询的目的进行前期性的意见及资料收集，不能简单地找一些人凑够数量便算完成咨询工作了。

再次，完善意见的收集整理及公开工作机制，保证咨询结果尽量贴近民意。政府进行咨询活动后，对收集到的意见，要有一套规则去加以分析和整

理、归纳,以便于决策者清楚了解社会公众关注的焦点是什么,公众意见中的多数或主流意见是什么,这些意见与政府的咨询文本差距在哪里等。不仅如此,对整理后的综合材料,最好能通过适当的方式向社会公开,确保公众在咨询活动中反映出的意见能够在综合材料中体现出来。

最后,建立咨询结果处理回应机制和咨询工作评估机制,不断提升政策咨询工作水平。澳门特区政府目前进行的咨询工作不少,但由于缺乏处理结果回应机制,弱化了人们对公共政策咨询的态度,尤其是那些意见未能得到采纳的居民,可能会失去对咨询的信心,因为会觉得说了也白说。如果能建立咨询结果回应机制,说明决策时为什么没有采纳咨询中相关的意见,有关人员在获悉政府的回应后,会觉得政府注意到他的意见了。此时,意见的采纳与否实际上已不是十分重要了,重要的是公众参与的价值已经体现出来了。此外,政府有必要事后就咨询工作进行总结评估,这既是检验咨询活动成效的一种重要形式,也是政府不断提高咨询工作水平的一种有效途径。通过评估,总结其中好的经验做法,检讨其中做得不好的地方,可作为以后改善咨询工作的参考。

(二)优化公共组织架构,理顺政府职能关系

澳门回归初期,各方面"百废待兴",澳门特区政府在特定阶段扮演一个强势政府的角色,以洗刷澳葡政府时期无为而治的"夕阳心态",这是可以理解和接受的。但是,澳门特区政府不能由此形成一种路径依赖,更不能衍变为一个全能政府。市场经济下的政府应是一个有限政府与有效政府的有机结合体。澳门特区政府目前的部门设置,存在职能重叠、政出多门的突出问题,尤其是工务部门的职能重叠、民政总署与其他职能部门重叠的问题,显得尤为突出。对此,政府早前的施政报告中就多次提出要致力于通过职能归并、整合的方式,来解决职能重叠的现象。在实践中,澳门特区政府也启动了剥离民政总署职能到其他职能部门的相关工作,取得了一些成效。然而,如果要从根本上理顺政府职能关系,需要在整个澳门特区政府部门的层面进行职能调整和重组,从总体上优化公共组织架构,进而清晰政府部门间的权责关系,形成一套权责明确、统一有序的命令执行链条,解决不作为、乱作为、部门协调不畅等问题,提升政府的行政执行力。

鉴于现有的公共行政改革路线图已明确基本要求,即"职能合理配置,以施政目标为导向,配合政策过程的需要,强化中央统筹,促进部门间的合作及功能互补”，澳门学者同盟2013年年底在其《澳门公共行政改革的方向与策略》研究报告中，就澳门特区政府如何优化公共组织架构、理顺政府职能关系提出了以下相关建议：(1)检讨评估现有行政组织架构。遵照社会发展和施政目标的要求，需要定期或不定期对政府各部门职能的目标、有关职能所涉及的工作量或服务需求进行检讨评估，据此作出如何撤销、归并、集中的改革指引。(2)重新整合相关部门。对已完成临时目标或不符合社会需求的职能部门应予撤销，对涉及重叠或交叉职能的部门应予合并，对性质相同、相近或流程上密切相关的职能部门应予集中。(3)优化职能分工系统。应以专业分工与流程关系合理化为原则，按照政策内容的相关联性，优化部门职能，使之从决策、执行到评估过程具有连续性、完整性和有效性。(4)强化部门之间协调职能。对必须由多个部门合作进行的职责和事务，须明确各部门的主次关系和权责，据此设置有效的协调机制，实现跨部门沟通、协作与力量的有机整合。[①] 此外，报告中还建议澳门特区政府设立具有统筹职能的部门，以便对特区重大的跨部门事务进行统筹和协调；设立对外合作专责部门，专司特区对外合作事务等。

（三）健全法律法规，特别是完善政府行政规章，简化行政程序

行政行为要遵循一定的程序，但过于烦琐的程序又容易造成行政效率低下。一直以来，澳门特区政府有着典型的官僚制特征，普遍信奉按章办事、程序控制导向。由于澳门特区政府所适用的法律法规，特别是行政规章，很多都是澳葡政府时期制定并保留下来的，不少已经与回归后的澳门社会现实严重不符甚至脱节。例如，与政府施政有着密切关系的采购法律制度中，有关政府展开采购工程和取得财产与服务的程序的规定，分别于1999年和1985年颁布并实施，至今已分别超过15年及30年。目前仍大体适用当时的审批金额和程序，已明显不适应需要。纵使政府采购程序具有相当高的严谨性和复杂性，但也要因应澳门回归后社会经济已有长足发展的需求，提高相应的审批金额，并把烦琐和无谓的步骤删除，以及把一些工作规范化、标准化，使执行程序更符合现今社会需要和更为客观，并且引入适当的科技手段，制订操作简单并符合不同采购方式的程序，不再使较低金额的

---

① 杨允中、李嘉曾、陈慧丹等著：《澳门公共行政改革的方向与策略》（专题研究报告），澳门学者同盟2013年版，第68页。

采购无程序可依而由各公共部门自行决定有关步骤,让整个采购程序达到“统一、简单且严谨”的操作水平。

正是囿于生效的法律法规所规定的繁杂行政程序,政府施政时不得不在程序上花上更多的时间,这使澳门被有关舆论认为是海峡两岸、香港、澳门中行政效率最低的地区。鉴于此,澳门要提升行政效率,必须对规范行政程序的相关法律法规,尤其是行政规章,认真加以清理。已经不适合经济社会发展需要的,要尽快作出修订完善;还缺少的法律法规,要抓紧制订。早在澳门回归10周年时,时任国家主席胡锦涛在特别行政区第三届政府就职典礼上的讲话中提到加强制度建设时,认为特别是要按照以人为本、勤政、廉洁、高效的要求,完善行政规章制度,促进澳门特别行政区政府管治水平不断提高。随着澳门博彩业的开放,人们的利益诉求日益多元,政府的施政应及时反映并平衡日益多元的利益诉求,要从制度层面完善法律法规特别是行政规章,以提高行政效率,积极消除和减少澳门居民出现的某些不满情绪,把澳门建设成为一个和谐有序的社会。

(四)树立责任本位意识,加强领导官员问责制度建设

首先,要在公务人员尤其是领导官员中树立责任本位意识。责任本位意识是与权力本位意识相对应的,意指在处理政府的权力与责任这一对关系时强调责任是政府的基础,权力是政府履行责任的工具,是先有政府责任然后才有政府权力。而权力本位意识则刚好相反,认为是先有权力后有责任,权力是政府的基础,责任只不过是对权力的限制与指向。这两种不同的意识往往会产生不同的效果。在权力本位意识下,政府官员容易形成对权力的追逐,政府也会处于不断扩张权力的冲动之中。而在责任本位意识下,政府首先是一个责任主体,是为了履行公共责任而设置的公共管理组织。政府权力则是政府履行责任需要配置的一种必要工具,而不是政府必然拥有的力量。责任本位意识能促使政府警醒地履行自己的职责,并通过依法行使自己的职权,更好地服务社会大众,最大限度地谋求公众的利益。澳门特区政府工作人员的日常工作都与政府权力——行政管理权的行使密切相关,尤其是领导及主管官职据位人的政府官员更是依法享有或多或少、或大或小的职权。如何确保政府官员正确行使这些职权,既事关政府的执行力和形象,更与澳门居民的福祉攸关。这其中,政府官员应树立责任本位意识是不可或缺的一个重要因素。

其次，加快领导官员绩效评审制度的构建。当前，领导官员问责制度之所以不能有效落实，重要原因之一是缺乏独立的领导官员绩效评审制度。因此，必须从制度建设层面加快构建领导官员绩效评审制度。领导官员绩效评审制度的构建，与整个公共行政绩效管理制度的构建以及政府职能理顺等又密不可分。因为政府绩效评估是评估主体对评估对象做了什么进行评估的过程，如果部门的职责不清、工作目标不明，肯定无法顺利开展政府绩效评估工作，领导官员的绩效评审最终也会难以落实。因此，公共行政绩效管理、领导官员评审和官员问责是紧密相连的，一环扣一环，缺一不可。当然，其他公务人员的绩效评审制度也要进一步加以完善。

最后，要严格执行领导官员问责制度。领导官员问责制度建立起来后，必须严格执行，否则，只是摆设。澳门居民对官员不作为或乱作为未能追究责任有意见，认为在官员问责这个问题上未见实际行动。现时公务员团队出现不少问题，与问责制未有落实也有关系。例如，廉政公署、审计部门将有关政府部门的问题揭露后，应有条件问责，但最终提出纪律程序的很少，受到纪律处分的更少。总之，上级没有责任，下级也“有样学样”。澳门特区政府今后要营造权责一致的行政文化，就必须严格落实问责制度。任何领导官员，只要未履行法律所要求的忠诚协助政策制定或执行的义务，以致影响已开始的政策或其执行，便要问责，依法追究其责任。这样，就可以以提升官员问责制的实践效果作切口，培育与促进问责文化的形成。

(五)重视行政文化建设，提高行政执行力

澳门居民反应的行政不作为、乱作为或行政效率低下、部门协调不够等问题，实际上是政府的行政执行力存在问题。要提高行政执行力，除要有一套科学合理的行政规章制度外，还离不开一个良好的行政文化环境。澳门特区政府要提升行政执行力，必须高度重视行政文化的建设。对于行政文化建设的重要性，曾有澳门学者将其界定为澳门特区政府塑造形象的起点。[①] 的确，行政文化是公共行政的灵魂。积极、健康的行政文化，对于提升行政效率和政府服务质量有着积极推动作用。反之，消极、落后的行政文化，便会阻碍行政效率的提升和服务质量的提高。特区政府在推行公共行

① “行政文化建设：澳门特区政府塑造形象的起点——访澳门理工学院公共行政学校教授兼课程主任娄胜华”，载《统一论坛》2012 年第 6 期。

政改革时,一定要注重并抓好行政文化建设。目前,特别是要建构忠于职守、勇于担责的行政文化,消除“多做多错、少做少错、不做不错”的行政文化。忠于职守,就是要把该做的事情做到位,不该做的事情坚决不做。这说起来简单,要求也并不高,但要真正做到并不容易,特别是如今,很有大力提倡的必要。勇于担责,就是要主动做事,敢于承担责任。这也是说易行难。一方面,任何行政权力的行使都要有法律依据,并受到法定程序的限制,不少公务人员会因此而消极被动开展工作;另一方面,做事就意味着可能出错,并招致责任,这也会使人们工作不主动。不少公务人员中存在的不求有功,但求无过的心态,就是怕担责的集中体现。有了这种不健康的心态,就不可能会主动做事。社会经济活动的复杂性和多变性,要求政府施政在合法的前提下,还要有必要的灵活性,必须应实际情况进行决策或调整相关决策。如果政府不能适应剧烈多变的现实情况,仍因循守旧,那必然会引起公众的不满甚至抗争,施政也就会非常困难甚至难以为继。

除上述五个主要方面外,澳门特区政府还要做好加强廉政制度建设、控制行政架构及人员膨胀、注重治澳政治人才培养、完善公务人员向上流动的公平竞争机制、提高法案质量、强化公务人员的基本法学习与培训等方面的工作。总之,澳门特区政府要将加强制度建设摆在突出位置,并当作一件大事来抓,同时注重行政文体建设。通过制度建设和行政文化建设,一方面,提高公务人员的素质,使他们能为澳门贡献自己的聪明才智;另一方面,打造廉洁高效、以民为本的政府,以适应澳门发展的新需要和广大居民的新期望,不断提高科学决策、民主决策水平,推动澳门经济持续发展,社会全面进步。

香港中学教育核心问题及由《香港特别行政区基本法》解决之途径

凌友诗*

我国香港特区自2014年9月28日发生了持续两个半月的非法“占领中环”运动(以下简称“占中”),继而有本土、“港独”运动,反国家、反内地的言行上演。“占中”和“港独”者,并非传统上制造革命的工农阶级、中产阶级,而是怀着某种特定理念和习于某种思考方式的年轻人,并且这种理念和思考方式在15~30岁的年轻人心中颇为普遍。理念和思考方式乃教育所赋予。由此可知,香港回归以后青年问题的根源在教育,而教育问题又与中小学的课程(curriculum)有很大关系。但这个问题并未引起足够重视。

香港回归前进行了重大的教育改造。整个教改工程非常庞大,彭定康和陈方安生等抓住了20世纪90年代以后改革教育、打破传统的世界风潮,对课程和人事进行翻天覆地的变革,变革的结果悉数由回归后的特区政府接受并执行,总结而言,其目的不外“去中国”(de - China)和“去教化”(de - humanization)

---

* 前香港特区政府中央政策组高级研究主任,全国港澳研究会会员,深圳大学港澳基本法研究中心兼职研究员,博士。

二端。本文就影响学生人格形成最关键的中学课程予以分析,提出个人的学术见解。

一、中学课程的"去中国"(de – China)

英国殖民政府第二次世界大战后在马来西亚的"去华化",用的是两个方法:一是减少中国历史的比重;二是把马来西亚置换为历史中心。[①] 在香港,这两个方法都比较难明目张胆采用,于是港英政府就赶着世界进行教改的风潮,借助一种"当今发展已经不需要专门知识、只需要通识"的理论,提倡起"学科综合化"来。

1999 年香港课程发展议会发表《学校课程整体检视报告》,其后教育局课程发展处在总监陈嘉琪操作下推动小学和初中的"八大学习领域"。除了中、英、数作为独立科目保留以外,小学和初中的传统的科目全部综合起来:中史、世史、地理、社会、公民合并为"综合人文科";物理、化学、生物合并为"综合自然科"……学科统整的核心是废除学科(not teaching by subject),改以主题带动学习(teaching by topic),即用专题研习(project learning)方式组织课程。[②] (可参考图 1。)

学科"综合化"在小学还未见其恶果,可是到了初中即恶果毕现。恶果有三,最严重的就是减少了中国历史的比重,并且微妙地产生了"去中国中心"(de – centering)的效果:[③]

(一)"去中国中心"(de – centering),国史成客观知识

教育的一个重要责任,是建立民族主体性和国家主体性。也就是说,当说到自己国家的地理、历史、文化、政治和发展时,须陈述为"我的",并以此为中心去看世界。可是由于学科统整以主题带动学习,中国历史不独立成科而跟随主题混在其他的社科知识里面,不显它的主体特质,虚化为一种客观的有关中国的知识。

---

① 参考《比较霸权:战后新加坡及香港的华文学校政治》,台湾群学出版有限公司 2008 年版。

② 2000 年进行课改,传统分科归入"八大学习领域",八大学习领域指:中国语文领域、英文语文领域、数学领域(即中文、英文、数学独立成科)、个人社会人文领域、科学领域、科技领域、艺术领域、体育领域。后五个领域打散过去的科际分野,并成综合科。国史被归在"个人、社会、人文"领域内,与世界历史、地理、政治、经济等合并为一科。

③ 诚如龚自珍在《定庵续集》里说的:"欲知大道,必先为史。灭人之国,必先去其史。"

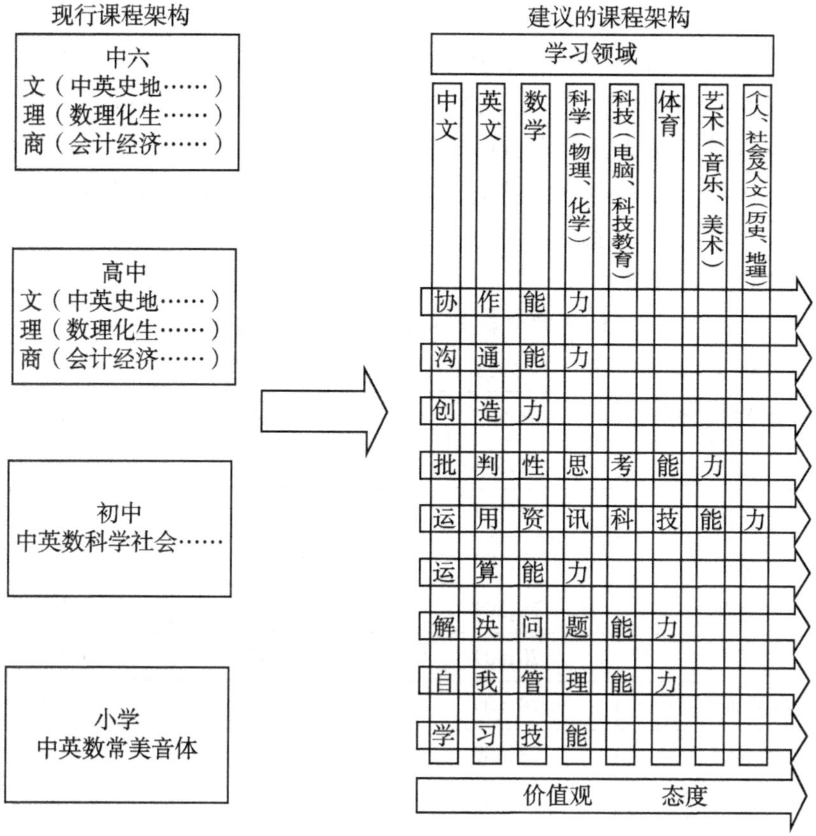

图 1

例如，“中西交通史”这一个主题，郑和与哥伦布、麦哲伦放在一起讲，学生没有了郑和是本国人的意识，也不知道他在哪一个朝代。郑和下西洋，只是客观的“中国元素”，只是去了“中国中心”的历史材料。在马来西亚、新加坡、我国台湾地区费力的“去中国化”工作，在香港被一个“学科统整”就轻易完成。这对于回归后亟须补国家意识的香港是一个最致命的伤害。

（二）以通识科挤占中国历史科

课程发展处把初中的科目综合化了还不够，到了高中还要把人文、自然都统在一起，正名为“通识科”，由 2009 年开始实施，学生高中 3 年皆必修此科，考大学必考且需及格。通识科没有固定教材，任由学校老师编选教材，学生游谈无根，中国历史仍只是客观知识。然而更严重的是，高中通识科的设置达到了挤开国史的效果。

中国历史科在高中是一个独立科目,但只是一门选修科。新高中要求学生读四科必修,外加二科至三科选修,中国历史科能被挤进这二个或三个选修科的机会非常微小。在 2009 年高中通识科开始定为必修以前,即便港英时代,历年选修中国历史科的学生有 25,000 多人,约占同级学生 1/3。可是 2009 年以后,当年选修中国历史科的学生锐减为 12,867 人,只占同级学生 16.4%,不满 1/6。

表 1　2009 年新高中,部分选修科目修读比率

科目	高一生总人数(人)	修读人数(人)	比率
企业、会计与财务概论	78,509	23,374	29.8%
化学	78,509	19,527	24.9%
生物	78,509	19,049	24.3%
物理	78,509	18,077	23.0%
地理	78,509	17,694	22.5%
中国历史	78,509	12,867	16.4%
信息及通讯科技	78,509	12,725	16.2%
世界历史	78,509	9842	12.5%
组合科学:生物及化学	78,509	5470	7.0%
中国文学	78,509	4696	6.0%
英语文学	78,509	723	0.9%

数据来源:《苹果日报》2010 年 7 月 1 日引教育局数字。

6 年以来,升读高一时选修中国历史科的人数不断下跌,到 2012 年只剩 9364 个学生(见表 2),占同级学生的 13%,约 1/8。据说 2014 年高中中史入读率只剩下 1/10 了。也就是说,学生在初中读的已经是残缺的国史,到了高中,10 个高中生里大概只剩 1 个继续接触国史,其余那九成的学生,国史知识就只有初中那残缺的一点。难怪有的学生都只知道自己是香港人,不知道自己是中国人。

表 2　各年选修中国历史科的学生人数

	2009 年升读高一	2010 年升读高一	2011 年升读高一	2012 年升读高一	2013 年升读高一	2014 年升读高一
选修中史科人数	12,867 人（16.4%）	11,812 人（15.2%）	缺	9364 人（13%）	缺	缺

数据来源：教育局，2009～2012 年《新高中科目资料调查》。

同时，由于高中中国历史科内容过于深奥，公开考试试题过分艰涩，也达到弱化中国历史科的效果。高中选修中国历史科的学生，有一部分是成绩不好，选不上商科而改学文科的。他们遇上艰涩的内容和考试，纷纷打退堂鼓，中途退修。从表 3 来看，学生退修情况也严重。高中 3 年，学生的退修率竟然达到 30% 以上。把退修率算在内，实际上有中国历史涵养的学生，100 个人里大概只有 7 个人，难怪新一代对国家、对历史没有感觉、缺乏感情。

表 3　新高中中国历史科学生选修及退读状况

（就 2009 届和 2010 届入读高一的 78,509 名同一批学生统计）

2009 届	2009 高一		2010 高二		2011 高三			
	修读人数（人）	占总体学生比率	修读人数（人）	占总体学生比率	参加考试人数（人）	占总体学生比率	退修人数（人）	退修率
中国历史	12,867	16.4%	10,096	13.5%	8501	10.8%	4366	34%
2010 届	2010 高一		2011 高二		2012 高三			
	修读人数（人）	占总体学生比率	修读人数（人）	占总体学生比率	参加考试人数（人）	占总体学生比率	退修人数（人）	退修率
中国历史	11,812	15.2%	9329	12.7%	7437	9.5%	4375	37%

数据来源：教育局，2009～2012 年《新高中科目资料调查》。

（三）各科知识碎片化

学科综合化带来的不仅是中国历史科的“去中国中心”和弱化消亡，对其他传统科目也都带来巨大灾难。因为每个传统科目，都有它的知识结构。数学的结构是加减乘除、代数、三角、微积分等，中国历史的结构是唐、虞、夏、商、周、秦、汉、魏晋南北朝、隋、唐、宋、元、明、清等。然而综合科目是以主题带动的，打散各科固有的结构，如气候变化、食物安全等，每个主题都涉及一点各科的知识,如蜻蜓点水。

流弊所及,是学生对知识的掌握不连贯、不扎实。高中选修科出现严重的退修潮,不仅发生在中国历史科,其他许多科目皆如是。目前在高中只有不需要太多知识基础的商科一枝独秀,大学许多传统学系如物理、化学、中文、历史等,申请的学生都少了。香港未来不可能出现学者和人才,如果物理不好,出不了物理学家,也出不了科技发明家。同时,学生专注于追求一门学问的过程没有了,碎片式学习,学生没有钻研带来的内在满足感,这样学生很容易失去人生定力和目标。

二、中学课程的“去教化”(de - humanization)

回归前就布置好的课程改革不仅要“去中国中心化”,并且把可以形成学生良好人格的教化手段彻底破坏。改革者借由培训语文能力把语文课工具化,又透过一种叫“批判思考”(critical thinking)和“其他学习经验”(other learning experiences)的方式,打破学生的人格规范,把政治斗争带进校园。我们看到“占中”分子和有的香港年轻人极之傲慢、专断,这还不只因为他们没有国家意识,而是他们失去了人格的教化,被带到另一个方向去。

(一)中国语文科“工具化”、“空洞化”

中国语文是一个独立科目,它不能由综合化而被瓦解,课程发展处总监陈嘉琪和崇日派课程总主任李小达采取工具化、空洞化的方法,把文学美感、道德情操和文化精神完全抽空。[①]

在英国,英国学生必读莎士比亚,可是在我国香港特区,对待中国国文却是强调语法、句式、修辞、文章结构,让学生看到篇章时注意力全部放在工具问题上,考试则考讲、读、听、写能力,“出师表”成了书信体来学、“岳阳楼记”成了游记体来读。

然后,把千古总结出来最具道德意涵、人文典范的范文从必读必考的地位拉下来。港英时期,高中一、二年级有 26 篇范文,高中三、四年级有 6 篇

---

① 教育局发给学校采用的《中学中国语文建议学习重点》,详细列举了语文基础知识、读写听说的学习重点,而中华文化、品德情意的学习重点只作为附录形式出现。(参见 2007 年修订课程发展议会《中学中国语文建议学习重点》。)

“中国文化”指定篇章，这些都是必读必考的。[①] 2001 年考试局废 6 篇文化指定篇章；2005 年课程发展处废必读必考范文，不再有特定教科书。这是继中国历史“去中国中心化”以后又一抽空中华文化意识的辣招，而同时青少年也失掉了由文学而来的人格养成。

（二）高中通识科提倡批判精神

在传统学科、中国历史、中国语文这些具有教化作用的学科都遭到破坏以后，课程发展处在陈嘉琪的领导下又借着一种流行的课程理论，认为当今知识爆炸，学生要学会学习、培养价值观，大力提倡起批判精神。借由高中通识科，要学生多谈时事、多谈社会、政治问题。在英国，通识科是高中选修科，是学思考逻辑，不是谈时事、谈政治的科目；在我国香港特区，却推另一套。

不难看出，青少年没有知识基础和人生经验，教师怀偏见者甚多，师生只能妄下结论，或套用在传媒、政客那里最常听到的答案，于是外部势力顺利借着批判思考长驱直入我国香港的正规教育，在香港特区建立了“反华基地”。[②] 令人惊讶的是，这种所谓的批判思考又向小学、幼儿园蔓延，“占中”期间有幼儿园老师以批判思考、活动教学的名目带幼童到示威区，向幼童灌输警察是坏人的思想并宣扬“占中”主张。

除此以外，“古之思辨律己，今之思辨律人”，习惯于批评的孩子不反求诸己，他们认为过错都在大人和政府那里。并且在以自我中心的当今之世，要孩子过早批判，其弊害是使孩子高高在上，觉得自己什么都懂，提早关闭了谦虚学习的大门。所谓不学而好辩，参与“占中”的那些年轻人，都有这种特点。

（三）鼓励其他学习经验

通识科有一部分学分是要靠其他学习经验取得的，在香港特区如此政

---

① 六篇必读必考中国文化专篇是：唐君毅的《与青年谈中国文化》；吴森的《情与中国文化》；刘君灿的《传统科学的过去、现在、未来》；赵永新的《中国艺术的基本精神》；金耀基的《中国的传统社会》；殷海光的《人生的意义》。

② 美国近年大谈“软实力”（soft power）或“巧实力”（smart power），把美国人主观信仰的自由、民主、人权变成一种意识型态灌输给其他与它价值观不同的国家，以增加美国除军事力量之外控制世界的软力量。参见 Nye, Joseph S. , *Soft Power: The Means to Success in World Politics*, NY: Public Affairs. 2004。

治化的环境下,参加“七一”大游行、保护“本土”、“反高铁”,甚至“占中”,都可以被视为其他学习经验而有学分。有的老师组织学生去参加,有的学校更纳入正规课程中。

(四)鼓励当代文学创作

教育当局不鼓励学生读古文、读古诗词,却提倡当代文学创作。奇怪的是,一些灰色或黄色的香港当代文学作家被堂而皇之地邀请进入校园,指导学生创作,致使灰色、黄色毒素蔓延在学生的脑海里。学生对病态作家趋之若鹜,自然败坏颓废。媒体报道参加“占中”的学生们在帐篷里谈恋爱、吃火锅、搓麻将,这很有香港当代文学创作的影子。

对待国文不以情意、思想来读而以工具来读,中文工具化、空洞化使学生讨厌中文、害怕中文,产生了与自己国族疏离的后果。同时,学生不能在先哲的人生情志里获得滋养浸润,不能在先贤的道德情操里获得感动砥砺,遂心灵干枯,人格单薄、麻木不仁。

教育如果不能在先贤的道德情操里获得感动砥砺,便会心灵干枯,人格单薄。香港回归后中学课程里的通识科重视的是分析和思考,是一个相对重理不重情的学科。重理不重情本身,可以被转化为对“中国国情的‘一面倒’批判”,则又是一个“去中国”的安排。古今教育家非常戒慎政治进校园,对于孩子参加课外活动,总是精挑细选,唯恐有害孩子身心。然而香港回归后中学课程里的批判思考、文学创作、其他学习经验,把失去人文教化的学生培养得不知天高地厚,一些意见领袖和媒体还对其吹捧有加,这恐怕是青年人成为社会运动甚至动乱的主力军源头所在。

(五)通识科的考题加剧反建制心态

近年来,通识科委员会和高级研究经理开始不避嫌疑地展示他们的立场。例如,考试评核局在 2013 年中学公开试通识教育科出了一题“立法会拉布”。这些政治题本身就带有意识形态性质,而其加插的漫画则带有很强的讽刺政府和建制派的意味(如图 2 所示)。

漫画把建制派比喻为一个大黑球,要把议会里的少数派压垮。试题要学生评价议员为什么“拉布”?“拉布”有没有损害香港市民利益?题目是中性的,可是考题内所提供的图片和数据却是有明显倾向性、引导性的,很容易导向“由于建制派势力庞大,因而少数派必须拉布才能维护香港利益”的结论。

以下漫画默示香港政府对立法会内泛民主派的态度

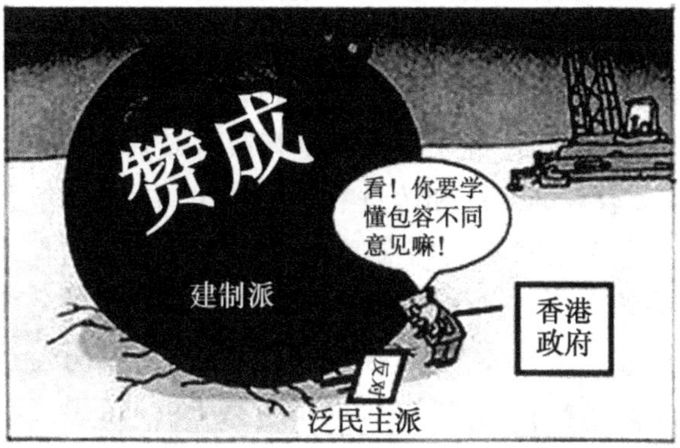

图 2

三、解决问题的法律依据

虽然我国香港基础教育的失序还包括师资不足、校政民主等诸多问题，可是核心问题在于课程(curriculum)。此处所谓课程，并不是香港那种广义的所谓学位(degree)。在香港特区，学士学位、硕士学位、博士学位称为学士课程、硕士课程、博士课程。此处所说的课程，是教育学上指的“学习内容”，一般称之为科目、学程或教材，有的课程理论家也将学生在学校内的各种活动包括进去。①

(一)需要根据《香港特别行政区基本法》第136条，探讨香港的课程管理权

教育和国防、外交一样，属国家主权范围。尤其是普及教育中的课程管理权，包括课程设置权，课程实施权和课程评价权，教些什么，什么必须教、什么不可以教、如何教、教学效果的评价(考试)等，是教育权中最不可让渡的部分，国家总是紧紧握住。有学者指出，“课程管理权是国家教育行政机关为保障教育目的实现而对教育机构的课程进行管理的公共权利，它包括课程设置权、课程实施权和课程评价权。其中课程设置权是核心权利，不可让渡；课程实施权和课程评价权是非核心权利，可以适时适当让渡”。②

① 王云五主编：《云五社会科学大辞典：教育学》，台湾商务书局1970年版，第131页。

② 胡少明：“试论学校课程管理权的主权让渡”，载《中南大学学报》(社会科学版)2013年第5期。

中学教育的“课程管理权”,虽不如国防权、外交权载明于《香港特别行政区基本法》(以下简称《香港基本法》)由国家行使,但同样也不列在《香港基本法》第 136 条中,香港教育局的课程管理权究竟有多大是值得探讨的。《香港基本法》第 136 条载明:“香港特别行政区政府在原有教育制度基础上,自行制定有关教育的发展和改进有关的政策,包括教育体制和管理、教学语言、经费分配、考试制度、学位制度和承认学历等政策。”

第 136 条的条文,在“自行制定……政策”之后用逗号,然后用列举式列出特区政府自定政策的具体内容,唯独没有“课程管理”。在这里有灰色地带。而第一项“教育体制和管理”(Education system and its administration)在《香港基本法》第 136 条应理解为狭义的所谓“教育体制”和对那些体制的“管理”,也就是指在香港的大中小学学制、学校类别、公私办学团体、综合型与技职型学校等,而不能作广义的理解。如果用广义来理解“教育体制”,那么教学语言、经费分配、考试制度、学位制度和承认学历都是广义“教育体制”的一部分,就不需要再单独罗列出来了。也就是说,“课程管理”属国家教育主权所保留的本源性权力,而《香港基本法》第 136 条又未明言授权给香港行使,如果它是未指明权属的“剩余权力”范围,应也属于中央,不属于香港特区。中央有权决定该项权力谁属。

《香港基本法》第 137 条规定:“各类院校均可保留其自主性并享有学术自由。可继续从香港特别行政区以外招聘教职员和选用教材。宗教组织所办的学校可继续提供宗教教育,包括开设宗教课程。”虽然对于课程管理的问题,《香港基本法》第 137 条似有所补充,然而由于中学的课程是政府定的,大学所开设的课程也必须经香港学术及职业资历评审局认可,因此仍须解释为在法律许可范围内的受政府管辖的自主性和学术自由,并非完全的自主和自由。而条文明言课程处,是开设宗教课程,其余课程问题皆未言及属学校自主范围。

(二)有必要根据《香港基本法》第 2 条及第 43 条,完善中央对香港监督权的配套

即使有人认为目前香港特区已经取得了课程管理权,但从基本法的授权原理来推导,中央也有权回收香港的课程管理权。当然,中央并不一定要采取积极作为的办法,即采取由中央设置机构直接管理香港的课程设置、实施和评价。完全可以采取消极方式,透过中央对特区政府的监督而完成。

《香港基本法》第 2 条载明："全国人民代表大会授权香港特别行政区依照本法的规定实施高度自治，享有行政管理权、立法权、独立的司法权和终审权。"《香港基本法》第 43 条载明："香港特别行政区行政长官依照本法的规定对中央人民政府和香港特别行政区负责。"这两条都蕴含中央人民政府对香港特别行政区和行政长官有监督权。实事求是地总结，回归以来中央对特区的监督权甚少被关注，中央政府对特区政府只作建议和提醒，监督权的行使没有具体的机构和机制去落实。而要落实监督权，需要一系列的配套措施。

对于回归以来香港特区教育和课程方面存在的问题，绝不能错误地认为属于特区高度自治权范畴而置之不理。香港回归前后直到今天的教育课程问题主要体现在课程的设置上，并包括与课程有关的考试出题评分。课程不改，香港的中小学教育决无拨乱反正的可能。这个问题已经到了迫在眉睫、必须认真加以解决的时候，试想一下，每年 6 万新生进入中学，读的是"去中国、去教化"的课程，失去了年青一代，国家和香港如何承受？"一国两制"的事业如何薪火相传？

四、结束语

笔者认为，中央可根据《香港基本法》明确中央对香港的教育主导权，包括研究"课程管理权"的权属以及发表《香港教育白皮书》。建议中央尽快发表《香港教育白皮书》，把香港教育应履行的培养爱国精神和培育英才的责任以及应如何履行这些责任的原则方向，用白皮书的形式加以阐明，包括去殖与国家认同、培养爱国情操、巩固香港竞争力、培养儿童青少年品格、造就社会多元性等教育所期望达到的目的，一一陈明。以此作为监督特区政府教育发展的指导性文件，使国家在监督、指导行政长官和教育局施政时有所依归，唯其如此，香港的国民教育才能走上正轨，"一国两制"实践才能更加顺利发展。

香港回归以来青年就业上游竞争力及其提升研究

林至颖*

前言

（一）研究意义

香港回归以来，在"一国两制"正确方针的指引下，香港特别行政区正发挥其自身优势，经济、政治、文化各方面稳健发展，然而，青年就业率却一直偏低。青少年作为一个国家提高综合竞争力的人力资本，除了知识能力外，其工作经验同样重要。因此，如何提高香港青年就业率成为人们日益关注的问题。从影响青少年就业上游竞争力的内外因素着手，在政府、社会组织和青年自身三大层面出发，提出提升青少年就业竞争力的有效政策。

（二）文献综述

香港理工大学在不久前发布了一份关于"香港低学历青年就业困难意见"调查报告，①报告数据显示，67%的低学历香港青年（学历在副学士或高级文凭以下，年龄在15~29岁的青少年）很难找到工作，被访

---

* 全国港澳研究会港区会员，广东省青联委员，原香港特区政府中央政策组非全职顾问，深圳大学港澳基本法研究中心兼职研究员。

① "低学历青年就业困难意见调查"，香港理工大学应用社会科学系社会政策研究中心2013年。

谈的人中,失业超过一年的青少年占据25.8%。当然,这份调查也有一定的局限性,被访问者集中在200名年龄在15~29岁之间的香港青年。①

香港政府统计处一组最新资料显示,2013年,香港第二季度的失业率仅为3.3%,可是,15~29岁的青年失业率却高达13.5%,就业不足的青年占据了17%以上的比率,20~24岁的青年失业率长时间维持在8%以上。调查分析香港青年就业难的原因主要在于:第一,缺乏工作经验;第二,就业眼光较高;第三,就业竞争激励。

一、影响青少年就业上游竞争力的内外因素

(一)就业竞争力的内涵

就业竞争力是指求职者所具备的能力,并且是符合用人单位或者市场的用人需求,对其拥有一定的吸引能力。青年就业上游竞争力分为内在能力和外在条件,前者包括青年所具有的专业知识和职业技能,思想道德水平和人际交往能力等;后者是指影响青少年就业的外部因素,如社会环境、家庭背景、学校名誉等。

(二)香港回归后的发展前景

1997年,香港回归祖国怀抱后,其政治、经济和文化有着重大变化。在"一国两制"的方针指引下,港人发挥其聪明的才智和勤劳的特点,结合内外部环境,充分利用香港现有的优势,不断克服经济发展中的重重困难,成为世界第十大贸易实体,人均GDP达到31,800美元。凭借其雄厚的经济基础和祖国内地经济的快速稳步发展,香港的贸易、金融、旅游、房地产等多方面的产业在未来10年都会保持持续发展的良好态势。同时,科技产业、能源产业和服务行业的快速崛起,给香港青年带来了更全面、更广阔的就业岗位。然而,随着经济危机全球化和技术性贸易壁垒的加强,香港面临全世界和祖国内地竞争不断激烈的局面,如何使青年转变和适应社会环境,提升和增强个人竞争力,促进其就业等问题日益受到人们的关注。

---

① "低学历青年就业困难意见调查",香港理工大学应用社会科学系社会政策研究中心2013年。

(三)影响青少年就业上游竞争力的内外因素分析

1. 内部因素分析

(1)香港具备综合优势较强的经济基础，不断提高的经济实力给青年求职者带来大量的就业岗位。20 世纪 80 年代，香港被称为“亚洲四小龙”之一，其多项经济指标已超越部分发达地区。香港是国际贸易中心、国际航运中心、国际信息中心、国际旅游中心四者合一的国际大都市，其蓬勃发展的经济直接或间接地给香港青年求职者提供了广阔的职业空间。

(2)香港回归以来，在“一国两制”政策的支持下，和港澳地区与内地联系越来越紧密的情况下，香港特别行政区抓住机遇，鼓励移民的港人回港投资，仅 2013 年回港的人数就高达 8 万多人。许多回归工商人士合作增加在香港特区和祖国内地的投资，据不完全统计，2012 年回流港人对产业投资金额高达 260 亿美元，无论是巩固原有产业还是开发新的产业，无疑对香港青年求职者来说，都是莫大的机遇，同时也反映了香港人民对未来发展的信心。

(3)香港教学制度的改革，为市场提供高素质高技能的人才。回归后，香港全日制教学内容中，加入了普通话和专业技能的学习，让香港青年对祖国有进一步的认识，加强其国家认同感，在掌握专业的相关技能后，愿意进入内地就业，拓宽他们的就业面，也为港澳与内地合作开发项目提供专业的人才。表 1 是 2009 年到 2013 年以来，香港 15 岁以上青少年的文化程度。

表 1 香港 2009～2013 年 15 岁及以上青少年受教育情况①

项目		2009 年		2010 年		2011 年		2012 年		2013 年	
		人数(万人)	百分比	人数(万人)	百分比	人数(万人)	百分比	人数(万人)	百分比	人数(万人)	百分比
未受教育	男	279.00	23.34%	280.03	23.25%	281.90	23.13%	283.98	23.03%	286.87	22.94%
	女	318.72	26.66%	322.26	26.75%	327.49	26.87%	332.46	26.97%	338.47	27.06%
幼儿园教育	男	7.17	0.60%	7.20	0.60%	7.94	2.01%	7.56	0.61%	6.41	0.51%
	女	25.11	2.10%	24.20	2.01%	24.53	2.01%	23.59	1.91%	21.61	1.73%
小学教育	男	47.84	4.00%	46.37	3.85%	44.55	3.66%	42.58	3.45%	42.66	3.41%
	女	60.28	5.04%	59.41	4.93%	57.90	4.75%	56.98	4.62%	57.95	4.63%

① 参见香港特区政府统计处数据，资料来源：http://www.censtatd.gov.hk/，2015 年 8 月 25 日访问。

续表

项目		2009年		2010年		2011年		2012年		2013年	
		人数（万人）	百分比	人数（万人）	百分比	人数（万人）	百分比	人数（万人）	百分比	人数（万人）	百分比
初中教育	男	49.56	4.15%	49.02	4.07%	48.56	3.98%	47.54	3.86%	47.32	3.78%
	女	45.71	3.82%	46.75	3.88%	46.62	3.83%	46.65	3.78%	46.90	3.75%
高中教育	男	98.35	8.23%	99.03	8.22%	100.97	8.28%	102.42	8·31%	102.75	8.22%
	女	114.74	9.60%	117.16	9.73%	120.80	9.91%	124.03	10.06%	126.68	10.13%
高等教育（非学位课程）	男	24.31	2.03%	23.67	1.97%	22.48	1.84%	22.83	1.85%	24.18	1.93%
	女	24.89	2.08%	24.01	1.99%	22.51	1.85%	22.68	1.84%	23.26	1.86%
高等教育（学位课程）	男	51.76	4.33%	54.74	4.54%	57.39	4.71%	61.05	4.95%	63.55	5.08%
	女	48.00	4.02%	50.73	4.21%	55.13	4.52%	58.53	4.75%	62.06	4.96%
总计		1195.44	100.00%	1204.58	100.00%	1218.77	100.00%	1232.88	100.00%	1250.67	100.00%

2. 外部因素分析

（1）在经济和贸易全球化给香港经济带来机遇的同时，金融危机全球化的影响也越来越明显。作为国际金融贸易中心，香港在经济危机的影响下，部分企业面临甚至处在已经破产的尴尬局面，不得不裁员或者解散员工。面对就业机会减少、就业竞争变大的情况，青少年的就业信心被重重打击。香港青年就业率明显下降，2013 年其就业率仅有 56%，可见，经济的稳步发展对青少年上游就业率的影响是多么大。

（2）随着香港与外部的沟通交流越来越频繁，部分企业在用人上聘用了非港籍的优秀人才，在需求量一定时，供给量的增加，会给香港青少年的就业带来更大挑战。在外企和中外合资企业中，非港籍的就业人员占据企业总人数的 5% ~15%，港籍人员中青少年仅占其中一部分。外聘的非港籍人员，从一方面来看，缩小了香港青年求职者的就业机会；但从另一方面来看，香港青年在竞争如此激烈的环境下，他们会提高自身的综合能力来应对挑战。

二、香港回归前后青少年就业的状况分析

（一）香港回归前青少年就业情况及其特征分析

回归前，香港作为一个金融中心和贸易中心，青年求职者主要从事与金

融、贸易相关的工作。用人单位招聘的岗位有限,不少青少年是经历多次的面试,才好不容易赢得某一职位。香港学历较低的青少年,就业一直比较困难,6个人当中就有1个人失业。加上香港青年偏好白领的工作,对于政府提供的体力劳动较强的职业不感兴趣,导致青年就业率不高,呈现就业观念硬性化、就业岗位单一化、就业地区集中化的特点。

(二)香港回归前青少年就业情况及其特征分析

香港回归后,青少年上游的就业情况大致良好。根据2013年12月至2014年2月的临时数字,[①]2012年完成学业的15~25岁的劳动人口中,就业比率高达95.2%;2013年完成学业的劳动人口中,有85.7%已经就业。同期,15~24岁青少年的最新失业率为7.2%,显著低于2009年全年平均12.6%的水平。特征呈现就业年龄低龄化、就业岗位多样化和就业地区分散化。[②]

三、提升青少年就业竞争力的有效措施

(一)政府层面

1.加大香港特区与内地的活动交流,合作新建大型项目促进就业

自香港回归以来,香港特区与内地的交流越来越频繁,从刚开始的加强认识了解,到现在的合作开发新项目,证明了香港相信和认同祖国的经济基础和科技实力。双方为促进经济共同飞速发展和提高青年就业率,审时度势,取长补短,巩固现有的优势并开拓新的竞争优势,同时积极争取中央政府的惠港政策以保持香港经济竞争力的优势。

2.健全和完善现行的教育机制,提升青少年的专业就业技能

21世纪,综合国力的竞争归根结底是人才的竞争。新兴产业的发展,为香港青年提供了许多技术岗位,为了提升青年就业竞争力,香港政府应转变原先刻板的教学方法和内容,从课堂教学转变为课本和实操相结合,从纯粹的素质教育转变为以素质教育为基础,以专业技术为尖端,提高香港青年的综合素质。

---

① 参见香港特区政府统计处数据,资料来源:http://www.censtatd.gov.hk/,2015年8月25日访问。

② 同上。

3. 吸引内地以及全世界的高科技人才到港,加强与内地科技合作

当今社会经济竞争力的关键是科技,而科技的关键是人才,所以香港政府应该采取政策,大量引进高科技人才,同时,应加大和内地合作开发新科技产业。这样不仅仅可以转变香港的产业结构,提升香港制造业的竞争力,同时还可以促进香港服务业向大陆发展,增强香港服务业竞争力,为香港青年就业者提供更加广阔的就业机会。

(二)社会组织层面

1. 直接提供就业机会

在促进青少年就业中,社会组织起到至关重要的作用。社会组织的经济活动关涉许许多多的领域,而服务性行业又占据了绝大部分,需要大量的劳动力。服务行业正处在蓬勃时期,发展速度之快,形成了各种各类的新兴服务业,给劳动者带来了更广泛、更丰富的就业机会。相关研究表明,非农行业、公共部门和服务性行业三大方面的就业中,社会组织创造的就业机会占据很大的一部分,并呈现逐年递增的发展趋势。可见,社会组织能直接创造就业机会,大量吸纳就业者,为求职者提供不断的发展空间,成为解决香港青少年就业上游困境的一个重要途径。

2. 及时提供就业信息等相关服务

在这个信息多元化的时代,求职者会通过多种方式和途径了解就业的相关信息。社会组织作为一个正式、权威的团体,是求职者和用人单位沟通的桥梁,它能利用网络、电视、报纸、杂志等一切渠道,及时迅速地提供和更新最新的就业资讯。社会组织发表的就业信息及时更新,统一整理后才发布,更加全面、可信和及时,能自动对信息进行初步的筛选,为求职者和用人单位选取最合适的资源,避免资源不对称而造成的资源浪费。一方面,社会组织为青少年求职者提供就业政策、企业用人需求、职业生涯规划等信息;另一方面,社会组织为香港企业提供青少年求职者的基本信息、各地区岗位平均薪资水平等信息。社会组织通过对就业供求双方的需求进行沟通协调,帮助青少年寻找到合适工作的同时,也帮助用人单位招募到优秀的人才,搭建一个便捷的沟通平台。

3. 实行就业指导和职业培训

初出茅庐的香港青少年,在刚刚走出校园踏进社会这个转变的过程,大多数都表现得比较迷茫,不知道自己适合怎样的工作,不清楚自己想从事哪

方面的工作。社会组织在引导青少年求职者勇敢走出校园,选取满意工作这个环节,起着至关重要的作用。社会组织需要以市场为导向,组建一个高素质的专业化、职业化就业指导小组,对香港青少年求职者分阶段、分类型进行针对性、系统性的指导,为不同的青少年量身定制其职业发展规划。职业发展规划只是就业引导工作的开始,为了使青少年求职者有自信地按照规划一直走下去,还需要对其进行职业培训。职业培训的内容包括面试技巧、职业道德、岗位技能等。当然,职业培训不仅是增强求职者自身的综合素质,还为用人单位提供有质量的就业人才。

4. 开展职业介绍和劳务代理

社会组织直接创造的就业岗位还是有限的,因此,职业介绍和劳务代理成为社会组织促进青少年就业的一个重要服务项目。社会组织是一个以非营利为目的的团体,其组织成员具有强烈的社会责任感和强大的同理心,会使其在职业介绍和劳务代理活动中,更加遵守法律法规、遵循社会道德,诚心诚意地为青少年求职者提供可靠的就业信息。[①] 香港青少年求职者通过社会组织的职业介绍和劳务代理,就能找到称心如意的工作,不仅能避开鱼目混乱的职业中介所,还能为社会组织开辟另外一个广阔的发展空间。

(三)青少年自身层面

1. 合理制定自身的职业规划

人生中最难的一门课程是"认识自己"。只有真正的了解自己、认识自己,清楚自己的优缺点,明确自己的追求,才能设定符合自身要求的奋斗目标和人生规划,它将会影响我们的求职道路,甚至影响一生。因此,在踏进求职道路上前,就应该制定合理的职业规划。[②] 青年求职者要依据自己的兴趣爱好、专业技能和发展潜力等要素,制定短期、中期和长期的职业规划,第一份想要的工作是什么,薪酬待遇怎样;工作一年后,将学到哪些能力和技能;工作三年后,将晋升到哪个级别;当发生哪种事情,会选择另外一条职业道路等。

2. 提高自身的综合素质,做好就业准备

在校期间,必须好好学习基础知识,掌握专业技能。基础知识是与外界

---

① 王智毓、谭永生:"社会组织促进青年就业的潜力及政策建议",载《中国人力资源开发》2014 年第 13 期。

② 陈艺丽:"提升大学生就业竞争力探讨",福建师范大学 2013 年硕士学位论文。

沟通的前提,专业技能是在竞争激烈的社会中求生的本领。另外,一个工作认真负责、高效细心、严谨踏实的青少年会得到许多企业的青睐,因此,培养自己的敬业精神和提升自己的处理能力,是每一个青年求职者所必须必备的条件。提升自身的综合素质,就等于是增强就业竞争力。所以,青少年应该从观念、态度、知识、能力等方面全方位提高自身的综合素质,为踏进社会,寻找满意的工作做好准备。

3. 增强国家认同感,积极进入内地就业

由于生活地区的特殊性,香港青年对国家的认同感还是比较低。在今天这个和谐安稳的社会环境下,香港青年应从学习普通话,认识中国历史文化等方面入手,摒弃以往对祖国内地的错误认识,放下"高高在上"的姿态,用平等、发展的眼光看待问题。① 祖国内地的就业机会、工作环境和薪酬待遇在不断增加和改善,增强国家认同感,积极进入内地就业,也一样能开拓一片天地。

四、结束语

面对日益激烈的竞争市场,香港政府要从稳定香港金融中心,改革教育制度,加大与内地合作等方面着手;社会组织则应发挥其非营利作用,为青年直接提供就业机会、就业信息、就业指导和就业培训等服务;青年求职者应制定合理的职业规划,提高综合素质,转变就业观念,积极参与到社会工作中来。

---

① 涂敏霞、王建佶、萧婉玲、谢美玲:"港澳青少年国家认同研究",载《青年探索》2014 年第 2 期。

书　　评

《香港城邦论》思想述评

孙　成*

一、引言

2011年，香港在《华尔街日报》和美国传统基金会发布的“经济自由度指数”年度报告中，再次被评选为全球最自由的经济体。① 但在这份繁荣的背后，香港社会已经潜藏着一股失落与焦躁的情绪。陈云②的《香港城邦

---

* 清华大学法学院宪法学博士研究生。

① 资料来源 http://www.heritage.org/Index/PDF/2011/Index2011_Highlights.pdf，2015年3月25日访问。

② 陈云本名陈云根，出生于20世纪60年代的香港，在香港中文大学拿到本科与硕士学历，硕士毕业后在香港树仁学院担任西方文学课程的老师，期间也赶上了中英就香港回归进行谈判的历史性时刻，但并未表现出对政治的太大兴趣。1990年他赴德国哥廷根大学攻读博士学位，期间曾出任德国“中国民主联合阵线”主席。在1995年回港后，他先是进入政府渡过了一段为期12年的公务员生涯，2007年转任岭南大学担任中文系教师，开始从文化角度介入香港政治问题。2011年年初，受到宜居湾区规划事件和“双非”问题影响，他开始系统性地提出香港城邦的理念，出版《香港城邦论》一书，并获第五届香港书奖。看到社会舆论反应强烈，他又先后撰写了《香港遗民论》和《香港城邦论Ⅱ光复本土》对其理论进行具体阐述。随着这些书引发的争论，他一跃成为香港本土意识领域标志性的人物，网络称其为“教主”或“国师”。除了撰写书籍外，他还先后参与筹组了“香港自治运动”、“城邦学社”、“城邦论坛”等组织，不过后来都由于内部理念分歧，无疾而终。2014年中期他又注册成立香港复兴会，旨在推销他的城邦论思想。以上关于陈云的资料主要参见维基百科，陈云条目，http://zh.wikipedia.org/wiki/%E9%99%B3%E9%9B%B2_%28%E5%AD%B8%E8%80%85%29；维基百科，香港自治运动条目，http://zh.wikipedia.org/wiki/%E9%A6%99%E6%B8%AF%E8%87%AA%E6%B2%BB%E9%81%8B%E5%8B%95；维基百科，香港独立运动条目，http://zh.wikipedia.org/wiki/%E9%A6%99%E6%B8%AF%E7%8D%A8%E7%AB%8B%E9%81%8B%E5%8B%95；香港自治运动官网，http://hkam2011.blogspot.com/；香港复兴会官网，http://hkresurgence.com/；岭南大学官网，http://www.ln.edu.hk/chi/ChinWK.htm；许知远对陈云的访谈：“遗民与蝗虫”，资料来源 http://www.ftchinese.com/search/?keys=%E9%81%97%E6%B0%91%E4%B8%8E%E8%9D%97%E8%99%AB&ftsearchType=type_news&x=37&y=17。以上网站的访问时间均为2014年3月25日。

论》就出版于此时,他在书中不仅主张存在割裂于中华民族之外的“香港族群”这一想象共同体,而且利用“城邦”这个充满政治意味的概念挑战香港在中国所处的政治地位。其凭借犀利的批判、激进的主张,辅之以浅白甚至低俗的表述,立即在香港激起舆论风暴,个别人欢呼他为香港本土意识指明了方向,也有人批判这是在传播排外情绪,其中“族群抗争”与“中港区隔”的主张将毁灭香港的核心竞争力。不论如何,当分析近年来香港政治环境中不断高涨的本土化、民粹化与激进化趋势时,陈云与他的城邦论思想都是绕不开的界石。

二、城邦论思想的基本内容

陈云关于香港城邦论的思想主要体现在他撰写的《香港城邦论》、《香港遗民论》和《香港城邦论 II 光复本土》这三本著作中,[①]从内容的逻辑承接关系上分析,陈云的城邦论思想可大致归纳为三个部分:

(一)挑战:城邦自治契合香港的政治现实

陈云提出香港要着力于“现实政治”,香港要做的是在中国现代化过程中提供协助,但要取得应有的政治经济利益和荣誉身份,中国的现代化进程愈缓慢,香港的特权地位愈可持久。这是政治本位的问题,政治立足点的问题,政治方向盘的问题。[②] 而为了实现所谓的从“理想政治”到“现实政治”的蜕变,他主张港人需要摒弃长期内化于心的“中国大一统”、“中华文化一体”和“港人报国”理念,并借用金庸小说中的词汇,将其比喻为港人要解“中国情花之毒”。[③] 他认为香港人当前要放弃参与中国政治的任何观念,专注于本土政治,对于中国内地既不关心,也不仇视,要做到没有希冀,只为自己打算。他公开指出“忘掉中国,香港本位,香港优先”是香港城邦论的要旨所在。[④]

(二)深化:城邦自治具有历史正当性

香港虽然存在本土意识,但这种意识远未达到能让港人“忘掉中国”的程度。换句话说,与“台独”、“疆独”和“藏独”的主张相比,香港激进势力所

---

① 由于陈云在网络上提出的观点经常出现自相矛盾的情况,从学术批评的角度,本文的分析主要建基于他目前出版的三本有关城邦自治论的书籍。

② 陈云著:《香港城邦论》,香港天窗出版社2013年版,第15页。

③ 陈云著:《香港遗民论》,香港次文化有限公司2013年版,第27~29页。

④ 陈云著:《香港城邦论》,香港天窗出版社2013年版,第16页、第175~178页。

能调动的知识资源相当有限。香港自古就是由中央政府管治的地方政权,即使在1842年被英国人占据之后,也未被认为是独立政权,而是大英帝国的海外殖民地。从本地人口构成来看,香港人主要是中国内地的移民及其后代,与中国内地不仅同文同种,甚至同宗同族。

在此背景下,为了给激进的本土论述寻求历史正当性,陈云先后拟制了"香港城邦"和"香港遗民"这两个概念。前者比附古希腊和欧洲早期的城邦概念,认为香港自从被英国占领开始,就形成了城邦格局,为了保护香港城邦地位,港人必须通过族群斗争的手法捍卫并加强本土意识。[①] 后者借用王夫之"遗民抗衡满清"的概念,认为中国内地经历"文化大革命"之后传统文化的精锐尽失,反而香港保留了繁体字和传统中国的礼乐文明,进而提出"中华正朔在香港"的命题,其目的在于利用上述命题,将港人对中华文化的认同转移到对香港族群认同上,并通过这样的转移逐步削弱港人的国家意识。[②] 上述命题是否符合历史与事实,陈云心知肚明,他在书中公开讲,这些概念或许有所造假,有所想象,但总比眼见香港沦丧而不去建设,只知批判要好。[③]

(三)落点:城邦自治包含的核心内涵

在完成对城邦自治论的历史性证成后,陈云顺理成章地提出了建立香港城邦,甚至实现所谓"中华邦联"的具体构想。究其实质,他的设想包含两大核心内涵:煽动两地冲突与香港变相独立。

1. 煽动两地冲突

陈云指出城邦论要为港人树立族群意识,凭借这种意识就可以保卫香港族群的生存空间,建立自己的政治主张。将中国内地和香港在发展中的正常摩擦扭曲为两地之间存在族群冲突,从而配合他提出的——香港本土政治应该以族群政治为主要内容的想法。基于此,就不难理解为什么他会认同"蝗虫论"这种明显的歧视性主张,他就是要借此煽动港人排斥内地人

---

① 陈云著:《香港城邦论》,香港天窗出版社2013年版,第63页、第67页、第69页、第75~76页、第80页、第92页、第96页;陈云:"香港城邦自治运动总纲"第1~3点,资料来源http://hkam2011.blogspot.com/2011/06/blog-post_25.html,2015年3月25日访问。

② 陈云著:《香港遗民论》,香港次文化有限公司2013年版,第52~58页、第130页;陈云著:《香港城邦论II光复本土》,香港天窗出版社2014年版,第198~212页。

③ 陈云著:《香港遗民论》,香港次文化有限公司2013年版,第128页。

的情绪。更为甚者,与提倡以包容心态看待两地矛盾的本土论述不同,陈云在书中公然煽动港人暴力抗争。[①]

2. 香港变相独立

煽动两地冲突的目的在于实现香港的变相独立。对于城邦自治论是否就是“港独”,由于参照系不同,结论也有所区别。如果从香港本土意识右翼的内部派系来看,应该承认陈云确实在其书中,以及他参与起草的《香港城邦自治运动总纲》中都反对香港独立,[②]并由于在此问题上的分歧,致使他在本土组织内部遭到攻讦。不过与我们反对“港独”的核心主张不同,他反对香港短期内独立,不是由于他认同中央对香港的全面管治权,而是因为条件尚不成熟,独立成本太大。他主张香港要学习商末的大臣箕子,身在商朝但有所不为,顺时而动。

陈云的如意算盘是:希望香港向独立方向前进,保持随时独立的可能。至于具体何时独立、以何种方式独立、以什么名义独立则可以根据中国内地的政治发展予以应变。很显然在这点上,他吸收了近期香港部分学者提出的“次主权”、“次国家”以及“准国家”等概念,具有一定的迷惑性。他明言今后香港将以自治城邦为基地,以主权实体身份重组所谓“中华邦联”。[③] 由是观之,网络世界封他为“港独教父”也算实至名归。

综上所述,城邦论思想从批判香港反对派主流意识切入,通过虚拟香港城邦地位、华夏正统等手段,从而实现挑拨两地矛盾,香港变相独立的目的。

三、城邦论思想在香港本土意识脉络中所处的相位

陈云关于城邦论的思想之所以能够在香港社会获得一定影响,主要在于它迎合了香港这一阶段本土意识中激进势力的诉求。鉴于此,除了对其

---

① 陈云著:《香港遗民论》,香港次文化有限公司 2013 年版,第 179 ~ 184 页、第 201 页、第 225 页。

② 陈云著:《香港城邦论》,香港天窗出版社 2013 年版,第 210 页;陈云:“香港城邦自治运动总纲”第 8 点,资料来源 http://hkam2011. blogspot. com/2011/06/blog - post_25. html ,2015 年 3 月 25 日访问。

③ 陈云著:《香港城邦论 II 光复本土》,香港天窗出版社 2014 年版,第 8 页;陈云著:《香港城邦论》,香港天窗出版社 2013 年版,第 207 ~ 210 页、第 222 ~ 224 页;陈云:“香港城邦自治运动总纲”第 7 点,资料来源 http://hkam2011. blogspot. com/2011/06/blog - post_25. html ,2015 年 3 月 25 日访问。

论述的基本内容加以归纳外，还要将该理论嵌入香港本土意识的发展脉络中进行思考，如此才能对其理论特质予以准确定位。香港本土意识从发端到今日，大致可以分为三个阶段。[①]

（一）精英本土意识（19 世纪中后期 ~ 20 世纪中期）

通常的说法认为香港的本土意识产生于 20 世纪六七十年代，但如果仔细审视香港历史，就会发现 19 世纪末华人精英中就已经产生了以香港为家的意识。这些“以香港为居住地的买办资产阶级”不仅依靠殖民体系获取到巨额财富，而且也在殖民教化下认同英国文明所代表的价值。鉴于此，虽然这些华人精英并不否认自己中华民族的血脉，并积极支持内地的近代化革新，但是他们鄙夷内地同胞，认为自己是迥异于前者的“高等华人”，并希望以“接受西方文明洗礼的香港人”身份获得英国管治者的认同。[②] 由此，香港精英本土意识得以滋生。

应该看到，这种本土意识之所以是“精英式”的，一方面是因为华人精英不愿意将这种本土意识与香港底层民众的乡族意识连接起来，这与他们想要维持“高等华人”身份的初衷相悖，会使他们失去“勾结式殖民结构”中所享有的特权地位；[③]另一方面是由于当时香港的环境也限制了这种本土意识的大众化，在第二次世界大战前相当长的时间段内，大多数华人都只视香港为谋生之地，盼望能早日赚足金钱衣锦还乡，他们并不会携带家人来港，亦没有打算以香港为终老之地。因应这种精英本土主义，英国管治者建立了不同层级的行政吸纳机制予以消化（保良局、东华医院、团防局、洁净局、立法局、行政局），牢牢地将华人精英的本土意识纳入规划好的权力阶梯内，成为配合殖民管治的辅助力量。[④] 由此可见，在这一阶段的本土意识并没有

---

① 当然对此也有不同看法，如另一名本土意识领域的激进派学者李怡就认为香港本土意识产生于这几年。参见李怡：“从无到有的香港本土意识的兴起”，载香港《苹果日报》2013 年 11 月 20 日。

② 徐承恩著：《城邦旧事：十二本书看香港本土史》，香港青森文化出版社 2014 年版，第 62 ~ 63 页、第 69 ~ 72 页；罗永生著：“香港本土意识的前世今生”，载钱永祥总编：《思想，香港：本土与左右》，台湾联经出版事业股份有限公司 2014 年版，第 116 页。

③ 罗永生：“香港本土意识的前世今生”，载钱永祥总编：《思想，香港：本土与左右》，台湾联经出版事业股份有限公司 2014 年版，第 117 ~ 118 页。

④ 徐承恩著：《城邦旧事：十二本书看香港本土史》，香港青森文化出版社 2014 年版，第 141 ~ 142 页、第 150 ~ 152 页。

扩展到广大香港民众心中,对于他们只存在国家认同、民族认同,而不存在香港认同。这从当时香港华人数次参与民族主义抵制运动可以得到佐证。①

(二)大众本土意识(20世纪60年代~香港回归前后)

20世纪六七十年代上述情况发生变化,本土意识开始在香港广大民众中得到拓展。② 应该说这是诸多因素综合作用的结果,其中最主要的原因在于代际交替,③第二次世界大战后的婴儿潮以及随后的边境管制,使香港出现了土生土长的一代人。对其特点,香港著名文化人也是当事人的陈冠中总结为十点,④其要旨在于,这代人对香港没有祖辈的过客心理,香港不仅是他们唯一的家园,而且较之于内地同胞,香港人是他们引以自豪的身份象征。这种潜在的心理认知,在20世纪60~90年代的历次社会运动中被不断催化,形成了这一时期香港大众本土意识的基本品性。

在这其中,首当其冲的就是1967年的社会骚动,这次由左派主导的政治运动,错估了当时内地的政治形势以及港人对殖民统治的支持程度,促使当时港人,特别是青年人更加认定要以香港为家,并开始将社会运动的对象转向本土的社会民生议题。当这种诉求在麦理浩总督的"黄金十年"内得到有力回应后,香港本土认同的程度得到进一步提升。在此背景下,回归问题摆在了所有港人面前,毫无疑问面对这一历史性时刻,过往集中于本土社会和民生议题上的力量不可避免地转向到政治议题上,香港本土意识直接介入政治领域自此开始。以政治民主为诉求的香港本土政治性团体趁机坐大,他们的主张也成为此后相当长时间内香港本土意识在政治领域的主要

---

① [英]高马可著:《香港简史——从殖民地到特别行政区》,林立伟译,香港中华书局2013年版,第94~95页。

② 同上书,第213~214页;马杰伟、曾仲坚著:《影视香港:身份认同的时代变奏》,香港中文大学香港亚太研究所2010年版,第9~11页。

③ 实际上我国台湾地区的本土意识发展也是由"战后世代"推动的,参见陈中宁:"觉醒:台湾、香港的公民力量之本土篇——本土意识、政治转型与精英斗争",资料来源 http://www.taiwansig.tw/index.php?option=com_content&task=view&id=5690&Itemid=117,2015年3月25日访问。

④ 陈冠中著:《下一个十年:香港的光荣时代?》,香港牛津大学出版社2008年版,第34~37页。

诉求。①

纵观本土意识在这一阶段30余年的发展历程，不仅实现了从精英向大众的转型，而且完成从社会民生议题到政治议题的转化。但是应注意到与上阶段相同的是，这一时期的本土意识仍是以中华民族论述为底色的，也就是说，当时香港社会无论各派都是在“中国香港”的语境下讨论本土问题。20世纪末，香港人心中民族认同被强化了，中国内地与香港同处一个命运共同体的意识被唤醒与加强。② 这种本土意识所建立的，大体上是一种中国内地从经济到民主都需要香港救赎的高傲香港主义。

（三）本土意识的左右两翼（2003年至今）

如果一定要给第三阶段本土意识划定个开始节点，2003年恐怕是最合适的时间。首先，这一年香港发生了“七一大游行”，中央适时改变了对港的具体工作方针，从“不干预”到“不干预，有所为”；其次，这一年中央应香港特区政府要求，开始推行“自由行”，后来在媒体上被大肆炒作的“内港矛盾”正发端于此；再次，这一年前后香港知识界在原有的殖民史观和爱国史观之外，有人开始论述一种以“香港为本位”的历史观，要求重塑“香港人的香港史”；③最后，这一年前后，香港“双普选”问题开始发酵，此后整个香港社会都被逐步拉入“何时实现双普选”的政治争拗内。正是在上述政治氛围中，香港成长于回归前后的新时代进入社会，有人开始要求用自己的方式表达本土诉求。

与上两波本土意识存在一以贯之的论述不同，这一阶段本土意识呈现出多山头的特点。到目前为止，大致可以划分为左右两翼，④虽然他们在以本土为中心、反对建制上具有共同点，但是之间的分歧也不可小觑，有时甚

---

① 徐承恩著：《城邦旧事：十二本书看香港本土史》，香港青森文化出版社2014年版，第230～233页、第238～240页；司徒华著：《大江东去：司徒华回忆录》，香港牛津大学出版社2011年版，第140页、第246～247页、第372～373页。

② 罗永生：“香港本土意识的前世今生”，载钱永祥总编：《思想，香港：本土与左右》，台湾联经出版事业股份有限公司2014年版，第126页、第130～131页；马杰伟、曾仲坚著：《影视香港：身份认同的时代变奏》，香港中文大学香港亚太研究所2010年版，第70页。

③ 关于香港学界对本地史观的变化，参见陈学然著：《五四在香港：殖民情景、民族主义及本土意识》，香港中华书局2014年版，第3～14页。

④ 张铁志：“香港本土有两种”，载香港《苹果日报》2013年7月16日。

至对抗得更为激烈。①

具体来看,香港本土左翼是从保育运动发展而来,希望通过对香港旧建筑的保护,召唤港人在巨大无力感下消极的怀旧情绪,并将其转化为积极的、守卫本土文化和历史记忆的力量。在价值观上他们秉持多元文化主义的本土理念,对底层弱势群体,包括内地新移民都持包容态度。虽然在广义上也认同反对派的主张,但是他们对反对派的政客性思维、体制性抗争都有所不满,他们期望可以根据个人意志"直接行动"。而香港本土右翼则是从 2011 年在"反双非"、"反蝗虫"、"光复上水"等运动中逐步形成的。与本土左翼最主要的不同之处有两点:其一,论述和行动具有典型的民粹主义特征,否定多元文化主义的价值,鼓吹内地与香港特区之间存在斗争,热衷利用极端表达方式来推动本土运动。其二,就是支持"港独"。在发展的过程中由于抗争理念不同,本土右翼内部又分化出"港独派"和"城邦自治派",前者要求香港特区从政治上、文化上都彻底与内地切割,以追求香港独立为目标。而后者以陈云为掌门人,则一直对承继中华传统文化念念不忘,并且批评短期"港独"成本太大,需要等待时机再有所图。②

(四)城邦论思想的特质

通过上述梳理,可以清楚地辨识出香港城邦论包含着明确的民粹主义、激进主义和"港独"主张,但在此之外,陈云城邦论思想内部还存在若干对张力,这些张力使它区别于过往和现今的其他本土意识主张,构成他的理论特质。其一,中国意识和本土意识的张力。基于民粹主义的立场,陈云对中国内地政权和内地同胞均持排斥和鄙夷的态度,但是由于无法割舍他自己一贯以来对中华传统文化的认同感,所以又不得不拟制出"中华正朔在香港"这个命题,企图通过历史虚构去调和中国意识和本土意志之间的张力。这种主张一方面拒绝中国政权的法统,另一方面又企图承继中华文化道统的

---

① 较为代表的就是"左胶"这个网络名词的兴起,该词最初是香港本土右翼批评本土左翼盲目以普世价值、包容心态去帮助内地新移民的行为。参见叶荫聪、易汶健:"本土右翼与经济右翼:由香港网络上一宗争议说起",载钱永祥总编:《思想,香港:本土与左右》,台湾联经出版事业股份有限公司 2014 年版,第 158 页注释 6、第 165 ~ 166 页。

② 叶荫聪著:《为当下怀旧:文化保育的前世今生》,香港中文大学香港亚太研究所 2010 年版,第 29 ~ 44 页;罗永生:"香港本土意识的前世今生",载钱永祥总编:《思想,香港:本土与左右》,台湾联经出版事业股份有限公司 2014 年版,第 137 ~ 141 页;黄国钜:"从悲剧看香港的命运",载钱永祥总编:《思想,香港:本土与左右》,台湾联经出版事业股份有限公司 2014 年版,第 173 ~ 177 页。

想法，与当年香港右派民族主义的主张具有相似之处。不过也因为这种"骑墙"的理念，受到了香港更为激进的"港独派"批判，提出陈云其实也没有解除"中华情花毒"。[①] 其二，现实政治和神化政治的张力。陈云城邦论的理论起点在于批判当下香港反对派的理想政治，并提出香港城邦论是以现实政治为基础而构建的理论。但是纵观其论述的基本笔调，则充满了神化政治的特质。与其说他是在构建一种理论，不如说他是在传播一种宗教。[②]（无怪乎叫他教主）具体来讲，相较于理论的逻辑严密性而言，陈云更在乎的是所使用的修辞是否能够带来阅读者的非理性快感，是否能够煽动起港人对中国内地的仇恨，这是最典型的偏执狂政治。由此可见，陈云的论述恰恰是反现实的，他希望借各种知识杂乱堆砌后产生的神秘感去缓和部分港人在大变局下不知如何自处的内心恐惧。

四、城邦论思想的危害与应对之策

认清城邦论思想本质的目的在于昭示其危害，并提出对策。在展开具体论述之前，必须冷静的看到，目前以城邦论思想为代表的"港独"势力在香港社会中并非主流，[③]其影响力在媒体的渲染下有被夸大的成分。对此中央政府既要重视这股思潮的危险走向，但在此过程中也要避免被他们的行为牵引，作出过度反应，[④]需知"悲情牌"一直是这些激进势力骗取港人同情的有利工具。

（一）城邦论思想的危害

从该思想对目前香港的政治环境影响来看，其危害大致包括以下几个

---

① 罗永生："香港本土意识的前世今生"，载钱永祥总编：《思想，香港：本土与左右》，台湾联经出版事业股份有限公司2014年版，第141～142页。

② 关于陈云理论中所使用的神化性政治语言，参见岑朗天："'本土派'论述的神化操作"，载钱永祥总编：《思想，香港：本土与左右》，台湾联经出版事业股份有限公司2014年版，第217～220页。

③ 目前无论是中国内地还是香港的学者都不认为香港已经存在成建制的分离主义势力。参见韩姗姗："从擅闯驻港军营看'港独式'激进运动：特征、原因及危害"，载《港澳研究》2014年第1期。香港中文大学在本土势力最集中的"占中"现场，咨询参与者对"港独"的看法，其中75.1%的人不认同"港独"。资料来源 http://specials. mingpao. com/cfm/News. cfm? News = aad914df23750540c8fe411732d47722acdc4d6132f6542c808c19792a76640d8a82，2015年3月25日访问。

④ 英国人当年处理马文辉港独诉求时采取的外松内紧策略值得借鉴，参见添马男："港独阳谋"，载香港《苹果日报》2015年1月19日。

方面:

1. 在两地民众间树立对抗情绪

在回归后,特别是"自由行"政策推出之后,中国内地和香港两地之间居民往来日益密切,来港旅游、购物甚至置业的内地人逐年递增。这在有力推动香港经济复苏的同时,也确实产生出"房价升高"、"水客"、"双非"等问题,但这些问题完全可以通过政策层面的调整予以改善。城邦论却打着为港人出头、争权益的幌子,将这种经济社会结构调整中出现的摩擦煽动成"内港冲突",不遗余力地在两地之间制造分化,妄图使本不矛盾的"中国人身份"和"香港人身份"变成非此即彼的选项。① 这种分化一方面会使香港产生怀疑中央政府、鄙夷内地同胞的情绪;另一方面也会使内地产生出香港看不起内地同胞,仍旧眷恋英国殖民统治的看法。这种在两地民众中制造矛盾的做法,将对中央管治香港带来不可估量的危害。

2. 为香港政治激进势力提供理论支撑

香港政治日趋激进是一个值得警惕的现象,环顾世界民主发展史,激进势力能否被控制好,往往决定民主的品质。2011 年之前,虽说反对派一直不愿承认中央政府对港管治权,但至少在表面上仍同意要在《香港特别行政区基本法》框架下规划香港的政治发展。特别是在 2010 年,中央政府在与香港民主党协商后,通过了双方都能接受的《超级区议会方案》,使香港民主发展没有重蹈覆辙,得以在 2012 年取得实质性进步。但对于这样的进步,香港激进势力是不乐见的,因为循序渐进的发展将使他们难以摆脱被边缘化的命运,但他们对此又无可奈何,除了谩骂外他们没有提出体系化理论的能力。因此,瞅准这一机会,陈云推出"城邦自治"的理论,积极为香港激进势力提供理论支撑,成为他们迷惑与煽动港人的重要抓手。这套理论不仅是在对抗中央的管治权,也在侵蚀多元包容、和平仁爱、人权法治等香港立身的核心价值。很难想象如果让这种思想坐大,香港未来将走上一条什么道路。

3. 将香港本土意识拉向"台独"的道路

香港本土意识期望加强港人的主体性,但这种主体性诉求并非必然导向要求政治上的独立。实际上香港很多支持本土意识的知识分子,多次强

① 陈冠中著:《下一个十年:香港的光荣时代?》,香港牛津大学出版社 2008 年版,第 84 页。

调“港人”和“中国人”不是一个二元对立的身份认同，他们所强调的仍是在《香港特别行政区基本法》框架下，如何巩固香港的自治权力。① 而以城邦论为代表的“港独”思想，客观效果上正企图将香港的本土意识拉上寻求政治独立——这条“台独”曾经走过的道路上。我国台湾地区的本土意识在20世纪七八十年代迅速发展，而其中的主力军恰恰是台湾光复后成长起来的“战后世代”。这些从小接受国民党传统爱国主义教育的一代人，基于对现实政治的失望与不满，滋生出在台湾乡土历史文化中寻根的诉求，这股思潮于文学领域率先发酵(20世纪70年代的“乡土文学论战”)，之后在1979年“美丽岛事件”的催化下渗入政治领域，并伴随党外运动在台湾地区的迅速崛起，之前的民主化诉求也很快被台湾化、本土化所取代，最终发展为完整的“台独”思想。对照港台两地本土意识的发展脉络，应该看到它们确实具有相似之处，如果听任城邦自治论在香港肆意泛滥，香港本土意识就存在实现“台独式”进化的危险。②

(二)应对城邦论等“港独”思想的对策建议

对策建议的效果来自对问题内在本质和外在环境的准确判断。回到本文主题，需要看到城邦论之所以能在香港掀起一些风浪，不是由于陈云的学识或该理论的思想深度，而是在于它抓住了港人，特别是青年人当前的心理，切合了香港当下的政治氛围。与香港所有政治问题一样，解决问题的关键还在于中央，借用李飞在“8·31政改决定”高官简介会中的一句话，就是“中央不该做的事情，没有做，该做的事情，有些也没有做”。③ 由此出发，本文提出以下两点建议：

1. 建立能够持续加强港人民族认同和国家认同的制度

民族认同和国家认同不能只是一种理念，它需要制度予以支撑，没有制

① 梁文道：“主体性的禁忌”，载本土论述编辑委员会、新力量网络主编：《本土论述2010：香港新阶级斗争》，台湾漫游者文化出版社2011年版，第34~35页。

② 对此问题，不论是在我国香港特区还是台湾地区已经有人在鼓励这种转变。参见李怡：“‘港独’主张是香港民主的思想火种”，载香港《苹果日报》2014年4月16日；陈中宁：“觉醒：台湾、香港的公民力量之本土篇——本土意识、政治转型与精英斗争”，资料来源 http://www.taiwansig.tw/index.php? option = com_content&task = view&id = 5690&Itemid = 117，2015年3月25日访问。

③ 李飞：《全国人大常委会决定的政治和法律内涵——在香港特别行政区政府高级官员简介会上的讲话》，资料来源 http://www.locpg.hk/jsdt/2014-09/01/c_126942832.htm，2015年3月25日访问。

度支撑的理念是没有根的,是会变化的。以“港独”为例,一般认为这股思潮以陈云出版的《香港城邦论》为滥觞,但翻查香港历史,当年马文辉筹组的民主自治党和以钟祖康为代表的势力都曾经直接或间接地提出过类似主张,不过这些声音当年都没有在香港社会引发反响。① 究其原因,主要得益于当时港人对中华民族,对国家统一具有认同感。鉴于此,就算今日的“港独”思潮只停留在部分势力的理念层面,但这股涌动的暗流已足以促使中央政府尽快着手建立能主动持续性加强港人民族认同的制度,改变过去只有在中国内地遇到自然灾害或外交事件时,港人民族认同才被动唤起的状态。只要这点立得住,“港独”思想在香港就没有市场,之后培养国家认同的命题就可以在潜移默化中分步完成。具体来看,“第23条立法”自然必不可少,但除了这种防范性方法外,还应配合更为积极的政策来实现上述目的。比如,国防和外交是较好展现国家理念的领域,应该分批、分步地开放给香港的青年精英们,将这些香港未来管治者的视野从香港扩展到中国整体上来,吸纳他们入主流,推荐他们上大舞台,这样的锻炼不仅可以使他们对民族、对国家有更为真切的认知,而且可以增强他们的政治大局意识,协助香港培养未来合格的管治团队。“争民心”的首要在于抓住香港年轻一辈精英的心。

2. 丰富“一国两制”的具体内涵,祛除滋生“港独”的社会土壤

“一国两制”思想降低了香港回归的政治成本,但也增加了中央对香港的管治成本,这主要体现在“保持不变的心态”与“瞬息万变的现实”之间的矛盾。提出香港回归问题伊始,中英两国政府以及香港社会最大的共识点在于“保持不变”,各方都认为只要延续香港之前形成的管治手法和经济体制,就能保证香港在回归后继续繁荣稳定。但是实际上,回归后内港两地之

① 贝加尔:“港独之父马文辉:六十年代的民主运动(上)”,资料来源 https://sparkpost.wordpress.com/2012/12/04/ma-man-fai-1/ ,2015年3月25日访问;“港独之父马文辉:六十年代的民主运动(下)”,资料来源 https://sparkpost.wordpress.com/2012/12/11/ma-man-fai-2/ ,2015年3月25日访问;罗永生:“香港本土意识的前世今生”,載钱永祥总编:《思想,香港:本土与左右》,台湾联经出版事业股份有限公司2014年版,第120~121页、第140页。

间经济结构[①]以及香港内部的政治生态都发生了巨大变化,[②]鉴于此,静态不变思维下的治港蓝图已经难以有效应对内外环境提出的新挑战,中央政府应该进一步丰富"一国两制"的内涵,要害在于调整中央政府管治香港的逻辑与定位。[③]

既然"一国"是"两制"的前提,那么中央政府理应代表所有港人,这其中不仅包括工商界人士,也包括底层民众。中央政府要将香港社会以往的矛盾以及新产生的问题框定为是在"一国"之下对"两制"具体做法的探讨,而非是以中央政府为争议一方的内港对立,后者恰恰是"港独"势力希望看到的。具体而言,中央惠港政策的核心应有利于降低贫富差距、增加社会不同阶层的流动以及调整香港经济产业结构。要让香港普罗大众因这些政策的推行获得实在的幸福感,如此,便可彻底戳破激进势力一直以来在港人中着力编织的谎言:香港只有按照他们的理论进行激进抗争,才能解决目前的管治困境和社会问题。当中央政府将香港社会核心矛盾从过去的话语形式中抽离出来并加以妥善解决之时,滋生"港独"理论的土壤也就不存在了。

---

① 关于两地经济结构最典型的就是GDP比重的变化,根据世界银行的数据,1997年中国内地和香港特区的GDP分别约是9527亿美元和1774亿美元,两者之比大致是5.37:1;在回归10年后的2007年,相同问题的数据变为16.5:1,(中国内地34,941亿美元,香港特区2116亿美元)再到2013年变为33.7:1(中国内地92,403亿美元,香港特区2740亿美元)。资料来源 http://data.worldbank.org/indicator/NY.GDP.MKTP.CD, 2015年3月25日访问。此外,在人均GDP等方面的数据也说明了上述趋势,具体分析参见郑宏泰、尹宝珊:"香港本土意识初探:身份认同的社经与政治视角",载《港澳研究》2014年第3期。

② 关于香港政治生态在回归后变化的简略梳理,参见孙成:"香港新政治秩序的建立——评刘兆佳《回归后的香港政治》",载邹平学主编:《港澳基本法实施评论》(2014年卷),法律出版社2015年版,第196~201页。

③ 香港特区也有学者基于这一问题意识,认为港人也要反思求变,这当然是必须的,但限于本文角度不再赘述,有兴趣可参见吕大乐:"终于需要面对未来:香港回归及其设计上的错误",载钱永祥总编:《思想,香港:解殖与回归》,台湾联经出版事业股份有限公司2011年版,第89~101页。

2014年基本法实施大事记

2014 年《香港特别行政区基本法》实施大事记

1 月

1 日

▲国务院港澳事务办公室发言人就“香港人优先”组织成员擅闯驻港部队营区并被香港特别行政区警方拘捕一事回答新华社记者提问。

▲香港特区警务处中区重案组 1 日中午在港岛拘捕涉嫌在 2013 年 12 月 26 日下午擅自闯入位于中环军营的解放军驻港部队总部的两名男子。

2 日

林郑月娥表示，根据《中华人民共和国香港特别行政区驻军法》和《香港特别行政区公安条例》，在没有许可下擅闯军事用地，都是违法。

3 日

▲香港特区政制及内地事务局局长谭志源近日表示，香港特区进行政改如同处理玻璃器皿，需要小心处理，不应该鲁莽行动。

▲一名男子涉嫌闯入位于中环的解放军驻港部队总部被香港警方拘捕。

5 日

香港特区行政会议成员叶刘淑仪表示，驻港部队军营附近是禁区，踏入禁区便属违法。

6 日

▲香港特区政务司在政务司司长官邸举办新年首场“政改饭局”。

▲香港高等法院原讼法庭法官陈江耀获委任为土地审裁处庭长。

7 日

香港特区政府食物及卫生局局长高永文表示暂时不会取消限奶令。

13 日

▲香港特区行政长官梁振英出席“第七届亚洲金融论坛”。

▲ 香港终审法院首席法官马道立宣布 2014 年法律年度开启。

▲香港著名经济学家、香港科技大学经济学系主任雷鼎鸣表示“占中”隐藏的风险将严重影响内地与外国对香港的信心。

15 日

▲香港特区行政长官梁振英发表 2014 年施政报告。

▲吴绍林先生获委任为土地审裁处成员。

16 日

时任香港青年联会主席霍启刚近日接受总部位于香港的《亚太日报》记者专访强调香港青年在参与政改以及推进特区政制发展问题上的重要性。

17 日

香港特区政府公布公职人员酬酢馈赠新指引。

18 日

香港特区行政长官梁振英发表《香港家书》,强调 “派钱”政策将告一段落。

20 日

香港特区行政长官梁振英表示香港特区政府十分关注外佣被虐打的事件,强调香港是法治社会,不容许任何暴力行为。

21 日

▲全国人大内务司法委员会副主任王胜明访问司法机构。

▲香港警方与香港特区劳工处组成的 6 人调查团抵达印度尼西亚爪哇,并向怀疑被虐的印尼女佣记录口供。

23 日

▲香港特区政府接获摩尔多瓦共和国和马拉维共和国的正式通知,香港特区护照持有人可免签前往两国旅游。

▲“2013 特区政府施政十件大事评选”颁奖典礼在香港会议展览中心举行。

24 日

▲香港特区行政长官梁振英率百多位工商界代表出席在福建福州举行的“闽港经贸交流会”。

▲驻香港部队举行今年首次例行性海空联合巡逻。

30 日

涉嫌擅闯香港中环驻港部队军营的 3 男 1 女,在香港东区裁判法院开庭受审。

2 月

5 日

香港特区政府正式对菲律宾实施首阶段制裁。

11 日

▲香港特区行政长官梁振英表示他注意到近日有香港立法会议员建议港府向外地游客征收“陆路入境税”,并认为建议不可行。

▲香港的大学教育资助委员会公布数字显示,内地生已成为香港高校研究生的主体。

12 日

英国外交与联邦事务部亚太司司长李丰(Stephen Lillie)访问司法机构。

13 日

▲香港特区政府前政务司司长许仕仁被控贪污案,涉案的新鸿基地产联席主席郭炳联及时任主席郭炳江分别被香港特区律政司加控罪名。

▲欧盟使团团长 18 人代表团访问司法机构。

14 日

香港特区行政长官梁振英访问广州并与中共中央政治局委员、广东省委书记胡春华会面。

17 日

▲香港一组织发起“反内地自由行游客”示威活动引起混乱。

▲香港与以色列签订产业研发双边合作谅解备忘录。

22日

▲香港特区行政长官梁振英与访港的美国众议院外委会主席爱德华·罗伊斯率领的代表团会面。

▲香港特区立法会以30票赞成,6票反对,6票弃权,三读通过《印花税修订条例草案》。

23日

香港团体20多名成员在太子金都商场附近派发单张、贴纸,欢迎各地前来的旅客来港,又邀请市民签名支持有关活动。

24日

内地75所高等院校将对香港学生豁免联合招生考试,依照香港中学文凭考试的成绩,录取香港学生。

25日

▲香港特区行政长官梁振英下午在礼宾府与访港的黑龙江省省长陆昊会面。

▲原定9月初在香港举行的亚太经合组织财政部长会议,会议时间延后至2014年9月下旬之后,地点改于北京举行。

27日

由香港青年联会、香港菁英会及香港华菁会联合主办的"香港政制改革青年讲座"在香港会议展览中心举行。

3月

4日

▲香港特区政府政务司司长林郑月娥撰文表示,政改咨询期已经过了一半时间,现时社会上分歧最大的是香港特区政府行政长官的提名程序。

▲到访北京的香港特区行政长官梁振英与上海市委书记韩正会面。

5日

香港特区行政长官梁振英应全国人民代表大会常务委员会的邀请列席第十二届全国人大第二次会议的开幕式。

10日

国务院总理李克强在十二届全国人大二次会议上作政府工作报告时提出"进一步扩大内地与港澳合作,促进港澳自身竞争力提升"。

11 日

▲粤港合作联席会议第 19 次工作会议在香港特区政府总部举行。

▲龙剑云获委任为高等法院司法常务官,何志贤获委任为高等法院高级副司法常务官,区域法院法官邝卓宏获委任为终审法院司法常务官及高等法院高级副司法常务官,祁士伟及劳杰民获委任为区域法院法官,李庆年获委任为总裁判官。

17 日

怀着千亿上市计划的中国内地电子商务巨头阿里巴巴 16 日宣布到美国上市,意味着阿里巴巴放弃来香港上市。

20 日

新西兰总理约翰·基访港与香港特区行政长官梁振英将于周五在礼宾府会面。

22 日

香港特区行政长官梁振英在礼宾府与访港的美国众议院“美中工作小组”共同主席里克·拉森和查尔斯·波斯坦尼率领的代表团会面。

4 月

2 日

谭思乐获委任为区域法院法官。

9 日

外交部发言人洪磊在例行记者会上表示,香港特区的政制发展是中国的内政,任何外国势力都不得干涉。

10 日

▲香港特区行政长官梁振英在海南博鳌表示,上海与香港市场建立互联互通机制,可促进两地资本市场健康发展。

▲香港交易所表示,注意到中央政府明确表示,将积极创造条件,建立香港与上海股市交易互联互通机制,两地监管机构也原则上批准计划。

11 ~ 13 日

香港特区立法会议员到访上海。这次上海之行包括:上海市领导与议员会面;参观考察上海市城市发展;与港澳办主任王光亚及全国人大常委会副秘书长兼香港基本法委员会主任李飞会面,就内地与香港关系、香港政制发展及香港社会经济发展等议题互动交流。

19 ~ 22 日

香港特区终审法院首席法官马道立于马来西亚吉隆坡主持由林肯法学院马来西亚校友会举办的第五届敦胡先翁讲座，拜访马来西亚首席大法官，向当地大学生发表演讲，以及与马来西亚律师公会会面。

22 日

菲律宾马尼拉市长埃斯特拉达抵达香港机场，就香港人质事件正式道歉及商讨赔偿，同行包括代表总统贝尼尼奥阿基诺的内阁部长及全国警察首长。

23 日

香港特区政府及菲律宾政府就人质事件发表联合公告，称双方就马尼拉人质事件港府所提诉求达成共识。

24 日

香港特区行政长官梁振英在行政长官办公室会见由马西森率领的美国国会议员代表团。

29 日

香港特区立法会金融服务界议员张华峰联同证券商协会、香港证券学会、香港证券及期货专业总会等多个团体在香港《东方日报》等媒体刊登"香港金融服务界联合声明"反对"占领中环"。

5 月

2 日

新加坡最高法院主簿符志福率领三人代表团访问司法机构。

7 日

外交部发言人华春莹表示，政制发展问题是香港的内部事务，是中国的内政，中方要求美方停止对香港政改指手画脚。

9 日

香港政府在《香港特别行政区政府宪报》刊登《2014 年竞争(修订)条例草案》。

13 日

香港特区行政长官梁振英在瑞典斯德哥尔摩展开其首次到欧洲官式访

问的行程。

17 日

香港特区商务及经济发展局局长苏锦梁在青岛出席亚太区经济合作组织（亚太经合组织）贸易部长会议。

18 日

香港特区海关与中国内地海关总署关于《香港认可经济营运商计划》与《中华人民共和国海关企业分类管理办法》的互认安排在 4 个陆路口岸，即落马洲、文锦渡、沙头角及深圳湾正式实施。

19 日

▲香港特区行政长官梁振英与访港的江西省委书记强卫会面。

▲香港特区政府政务司司长林郑月娥在奥地利首都维也纳与多名当地高层官员会面。

▲香港特区食物及卫生局局长高永文在瑞士日内瓦以中国代表团成员的身份出席世界卫生组织第六十七届世界卫生大会。

21 日

香港特区行政长官梁振英与访港的莫斯科市长索比亚宁会面。

22 日

香港特区行政长官梁振英与访港的时任深圳市委书记王荣和深圳市市长许勤会面。

23 日

国务院港澳办主任王光亚接见到访北京的港区省级政协委员会联谊代表。

26 日

▲香港特区行政长官梁振英在行政长官办公室与访港的时任国家食品药品监督管理总局局长张勇会面。

▲香港特区行政长官梁振英出席香港工业安全周零意外的授旗典礼。

26～27 日

中华人民共和国最高人民法院副院长李少平率领十人代表团访问司法机构。

30 日

香港特区政务司司长林郑月娥与英国国会的跨政党国会中国事务小组

代表团会面。

6月

3日

香港特区政务司司长林郑月娥访问马来西亚马六甲、吉隆坡及槟城。

4日

▲香港特区政府前政务司司长许仕仁、新鸿基地产联席主席郭炳联及时任主席郭炳江涉贪案在香港高等法院正式开审。

▲香港特区行政长官梁振英与访港的河南省省长谢伏瞻会面。

5日

香港特区政府公布《内地与香港关于建立更紧密经贸关系的安排》补充协议十中有关检测和认证的措施的实施详情。

6日

《2014年区域法院平等机会(修订)规则》于《香港特别行政区政府宪报》刊登。

10日

中央政府发表《"一国两制"在香港特别行政区的实践》白皮书。

12日

香港特区行政长官梁振英在礼宾府与访港的时任台北市市长郝龙斌会面。

13~14日

13日晚,香港特区立法会财务委员会计划当晚就新界东北发展前期工程拨款申请表决,部分反对新界东北发展的示威者暴力冲击立法会大门,会议被迫因安保问题结束,未就拨款申请进行表决。14日,香港特区政府发言人强烈谴责示威者的激烈暴力行为。香港警方于13日和14日凌晨拘捕13名冲击香港特区立法会大楼的示威人士。

14日

"2014未来之星——香港传媒专业大学生国情课程班"在北京人民大会堂举行结业典礼。

15日

香港特区行政长官梁振英就示威者以暴力行为冲击立法会大楼表示强

烈谴责。

16 日

高等法院上诉法庭法官伦明高获委任为高等法院上诉法庭副庭长、高等法院原讼法庭法官麦伟德获委任为高等法院上诉法庭法官。

18 日

“占领中环”行动委托香港大学民意研究计划展开网络模拟“全民投票”。

19 日

▲《东周刊》号外披露，西方情报机构一直在香港活动，介入香港政治。

▲4 名港人擅闯解放军驻港部队军营案在东区裁判法院宣判，带头闯军营的“香港人优先”成员招显聪罪名成立，被判入狱 2 个星期、缓刑 12 个月。

20 日

▲由全国港澳研究会主办，香港智经研究中心、香港“一国两制”研究中心、香港政策研究所及香港可持续发展研究中心共同协办的“香港经济发展面临的机遇与挑战”研讨会在香港举行。全国港澳研究会会长陈佐洱教授出席研讨会并致辞。

▲国务院港澳办、中联办、香港特区政府纷纷表示，“占领中环”策动的“全民投票”是非法的。

25 日

▲2013 年年底与“港独”组织“香港人优先”成员一起擅闯解放军驻港部队军营的一名 15 岁少年在香港东区裁判法院被颁 12 个月保护令，并要遵行宵禁令。

▲“‘一国两制’在香港的实践——香港白皮书座谈会”在京举行。

26 日

粤港发展策略研究小组在添马政府总部主办 2014 年粤港高等教育合作研讨会。

27 日

外交部驻港公署网站刊登公署发言人答记者问表示，政制发展问题是香港的内部事务，是中国的内政，他国无权干涉。

29 日

中国人民解放军驻香港部队举行了“军营开放日”活动。

30 日

香港特区终审法院其他普通法适用地区非常任法官郝廉思勋爵及简嘉麒勋爵的任期获延续 3 年。

7 月

1 日

香港特区行政长官梁振英出席"活力·爱@庆回归"庆祝香港回归祖国 17 周年系列活动。

3 日

香港特区行政长官梁振英在礼宾府与访港的马其顿共和国总理尼科拉·格鲁埃夫斯基会面。

6 日

彭定康在接受英国《金融时报》访问时声称"中国政府发布的'一国两制'白皮书试图削弱香港的司法独立"。

7 日

香港特区前政务司司长许仕仁及新鸿基地产联席主席郭炳联及时任主席郭炳江等人怀疑贪污案继续审讯,新鸿基地产执行董事黄植荣作供。

8 日

香港特区平等机会委员会(平机会)宣布就"歧视条例检讨"展开为期 3 个月的公众咨询。

13 日

香港特区工联会发起"反暴力、反拉布"游行。

15 日

香港特区政府公布政改首轮公众咨询报告,总结公众对提名委员会组成、人数及香港特首候选人上限等意见。

19 日

▲由政制及内地事务局主办的"《基本法》定制度·稳根基齐认识"巡回展览在屯门举行。

▲香港特区行政长官梁振英在行政长官办公室就政制发展会见传媒。

25 日

香港特区行政长官梁振英与访港的世界银行集团行长金墉博士会面。

26 日

香港特区行政长官梁振英出席青年专业论坛 2014 致辞。

27 日

香港特区“保普选、反‘占中’大联盟”发起的“保和平，保普选，反暴力，反‘占中’”行动已累计收集签名 93 万多个。

31 日

由香港特区政制及内地事务局主办的“《基本法》定制度·稳根基齐认识”巡回展览在奥海城举行。

8 月

1 日

▲资深大律师周家明获委任为高等法院原讼法庭法官。

▲2014 年美中关系全国委员会福布莱特海外研修组九人代表团访问司法机构。

17 日

香港特区发生的反“占中”大游行吸引 19.3 万人参加。

18 日

▲香港特区行政长官梁振英会见美国国会议员舒斯特率领的美国国会代表团。

▲香港特区“保普选、反‘占中’大联盟”18 日召开记者会宣布共收到超过 150 万个签名。

19 日

全国港澳研究会举办的第二期中青年学者港澳研修班在香港交流学习。

21～22 日

▲受十二届全国人大常委会委员长会议委托，全国人大常委会办公厅在深圳举办三场座谈会，就香港特别行政区 2017 年行政长官和 2016 年立法会产生办法是否需要修改问题，听取香港社会各界人士意见。21 日上午听取了香港特区全国人大代表和全国政协委员、香港基本法委员会委员以及省级政协部分香港委员的意见，21 日下午听取了香港特区立法会议员的意见，22 日上午听取了行政长官选举委员会委员及香港社会各界人士的意见。

座谈会由全国人大常委会副秘书长李飞主持。国务院港澳办主任王光亚、中央政府驻港联络办主任张晓明、全国人大常委会法工委副主任张荣顺出席座谈会。共有 564 位香港社会各界人士出席三场座谈会,其中发言 74 人次。李飞表示,将认真梳理座谈会上各方面人士发表的意见和建议,并向委员长会议和全国人大常委会如实汇报。

▲香港特区行政长官梁振英 21 日与日本香港友好议员联盟副会长兼日本国会参议院议员羽田雄一郎率领的访港代表团会面。

▲国务院港澳事务办公室副主任周波 22 日在接受新华社记者专访时表示中央政府有决心、有诚意尽最大努力争取实现 2017 年香港特区行政长官普选。

▲最高人民法院二级大法官胡云腾率领四人代表团访问司法机构。

23 日

法国驻华大使白林女士访问司法机构。

26 日

十二届全国人大常委会第十次会议举行分组会议,审议《关于香港特别行政区 2017 年行政长官及 2016 年立法会产生办法是否需要修改的报告》。

29 日

由深圳市人民政府金融发展服务办公室及深圳市前海深港现代服务业合作区管理局主办的“前海金融创新——进展与机遇研讨会”在香港举行。

31 日

全国人民代表大会常务委员会就香港特区行政长官普选问题和 2016 年立法会产生办法作出决定。

9 月

1 日

全国人大常委会副秘书长李飞、全国人大常委会法工委副主任张荣顺、国务院港澳事务办公室副主任冯巍在香港亚洲国际博览馆出席关于香港政制发展的简介会。

4 日

香港特区行政长官办公室发言人就前港督彭定康言论作出三点回应。

5 日

▲英国高等法院法官比尔斯(Birss)访问司法机构。

▲美国大学国际商业仲裁中心总监 Horacio GRIGERA NAÓN 博士访问司法机构。

8 日

英格兰及威尔斯大律师理事会主席,御用大律师 Nicholas Lavender 访问司法机构。

10 日

香港特区行政长官梁振英在英国《金融时报》发表题为《香港不应错失首次普选机会》的文章。

11 日

▲诱拐儿童公约泰国中央机关八人代表团访问司法机构。

▲香港高等法院上诉法庭法官朱芬龄出席于澳洲悉尼举行的第七届澳洲司法行政事务研究院上诉法官会议。

19 日

香港特区行政长官梁振英与访港的新加坡总理李显龙会面。

21 日

香港特区政府保安局副局长李家超表示警方已做充分的准备应对“占领中环”。

22 日

国家主席习近平在人民大会堂会见了董建华为团长的香港工商界专业界访京团。

23 日

香港特区行政长官梁振英出席“香港科技经济论坛”。

24 ~ 26 日

香港特区终审法院首席法官马道立出席于马来西亚吉隆坡举行的 2014 年国际马来西亚法律会议及发表演讲。

25 日

“学联”举行罢课集会并通宵包围礼宾府。

26 日

▲“学民思潮”号召中学生罢课。

▲香港罢课集会人士冲击政府总部和立法会,闯入公民广场。

28 日

▲"支援学界全民抗命联合阵线"正式成立。

▲"占中"发起人戴耀廷宣布正式启动"占领中环"。

▲国家副主席李源潮在北京会见了全国港澳研究会港澳会员国庆访京团,他重申了中央对港澳的方针政策,希望港澳社会各界共同维护港澳大局的稳定,共同促进港澳的繁荣发展;希望港澳专家加强对港澳新情况新问题的研究,务实探讨、凝聚共识,把"一国两制"理论和实践研究提高到新水平。

▲香港特区行政长官梁振英表示香港特区政府坚决反对"占领中环"以违法方式占领公共地方。

29 日

香港特区政府政务司司长林郑月娥表示香港特区政府决定再寻找一个更适当的时机推出政改第二阶段的公众咨询。

10 月

7 日

香港学联与特区政府 7 日晚举行会议,就政改对话达成共识,敲定将于 10 日进行首次公开对话。香港特区政务司司长林郑月娥为首的"政改三人组"及学联秘书长周永康等将会出席。

8 日

香港大律师公会发表声明,呼吁香港社会各界应在《香港基本法》的框架下理性讨论政改问题,"占领中环"参与者所谓的"公民抗命"不能成为违法活动的理由。

9 日

▲鉴于"占中"团体等公布新一轮不合作运动,香港特区政府政务司司长林郑月娥表示双方原定 10 日的对话基础被动摇,不可能有建设性的会面,决定暂不会面。

▲香港市民前往美国驻港总领事馆,抗议美国干预香港事务、支持违法"占领中环"集会示威。

10 日

香港特区行政长官梁振英在美国《纽约时报》撰文,称香港特区或外国都没有人可以漠视中央的合法权力。

13日

香港特区行政长官梁振英在广州主持泛珠论坛行政首长联席会议。

17日

▲中国证监会与香港证监会共同签署了《沪港通项目下中国证监会与香港证监会加强监管执法合作备忘录》。

▲前任英国最高法院副院长霍普勋爵访问司法机构。

18日

香港特区行政长官梁振英颁授勋衔及奖状予出席的265名受勋人士。

21日

▲香港特区行政长官梁振英表示,"占中"有外部势力参与的讲法并不是猜测,将在适当时候作适当考虑以决定会否披露证据。

▲香港政改咨询专责小组成员——香港特区政务司长林郑月娥、律政司长袁国强和政制及内地事务局局长谭志源、时任副局长刘江华以及特首办主任邱腾华,在香港医学专科学院与学联秘书长周永康、副秘书长岑敖晖、常务秘书钟耀华及常委罗冠聪和梁丽帼就政制发展问题对话。

23日

▲香港特区高等法院颁布书面判词,解释星期一晚颁下的禁制令的理据,认为"占中"漠视他人利益,不是"公民抗命"。

▲香港特别行政区全国人大代表发表声明,呼吁香港市民要尊重法治,并提醒广大市民要以香港的整体利益为重,停止非法占领。

27日

违法"占中"已届一个月,香港高等法院决定延长禁止霸占旺角部分路段及金钟中信大厦出入口的禁制令。

28日

香港中文大学校长沈祖尧在社交网站发表博客,呼吁参与"占领"行动的学生回家。

29日

全国政协第十二届常委会第八次会议表决通过了《关于撤销田北俊中国人民政治协商会议第十二届全国委员会委员资格的决定》。

31 日

全国政协经济委员会副主任、香港中国商会主席陈经纬表示,“占中”肆意破坏法治,挑战警方执法,漠视法庭权威,造成社会的分化和撕裂,严重破坏了香港百年享誉全球的“法治”这一核心价值。

11 月

11 日

欧洲联盟(欧盟)与香港特别行政区政府(特区政府)在布鲁塞尔举行第八次年度系统对话会议。

15 日

“第十届北京 · 香港经济合作研讨洽谈会”在香港揭幕。

19 日

中国海事仲裁委员会(海仲委)宣布设立香港仲裁中心。

20 日

吴重仪女士、香淑娴女士、朱仲强先生、杜洁玲女士、水佳丽女士、郑金莲女士、陈炳宙先生、李绍豪先生、周至伟先生、朱婉仪女士、陈大为先生、黄雅茵女士、黄士翔先生、苏嘉贤女士、李家乐女士及何俊尧先生获委任为裁判官,喻竞天先生、莫子聪先生、梁雅忻女士、余振邦先生及林希维先生获委任为特委裁判官。

24 日

▲香港特区行政长官梁振英与访港的以色列特拉维夫市长胡尔代会面。

▲国务院法制办公室副主任甘藏春访问司法机构。

25 日

香港警方出动 6000 名警察,协助执达主任移除在旺角占领区的障碍物。

28 日

大批示威人士在旺角区非法集结、阻塞道路及严重破坏公共秩序和公共安全。

29 日

香港特区终审法院首席法官马道立出席“2014 年法律周开幕典礼”。

12月

10日

“2014港台经贸合作论坛”在台北举行。

15日

香港警方成功清除了“占中”人士在铜锣湾的占领区。

19日

粤港共建的国家超算中心广州南沙分中心将落户广州市南沙区香港科技大学霍英东研究院。

23日

香港特区政府前政务司司长许仕仁、新鸿基地产联席时任主席郭炳江等5人涉贪案在香港高等法院宣判。

26日

▲国务院总理李克强在中南海紫光阁会见来京述职的香港特别行政区行政长官梁振英。

▲国家主席习近平在中南海瀛台涵元殿会见了来北京述职的香港特别行政区行政长官梁振英。

2014年《澳门特别行政区基本法》实施大事记

1月

2日

▲澳门特区立法会举行全体会议引介、一般性讨论及表决《不动产的租金调整制度》法案。

▲澳门特区行政会完成讨论《预防和控制环境噪音》法律草案和《修改关于批准澳门特别行政区政府承担债务的第5/2003号法律》法律草案。

3日

澳门特区行政会完成《修改关于批准澳门特别行政区政府承担债务法律》草案。

7日

李刚接任中联办主任。

9日

澳门特区行政长官崔世安召开联席会议，评估本澳对于邻近地区H7N9禽流感疫情的防疫工作，并审视已订定的各项应对预案。

10日

▲澳门特区行政长官崔世安在政府总部会见澳门美术协会会长黎鹰一行。

▲澳门特区行政长官崔世安出席澳门广西社团联合总会、澳门广西联谊总会和澳门广西总商会新一

届会长、理监事就职典礼。

16 日

澳门特区行政长官崔世安出席中央人民政府驻澳门特别行政区联络办公室甲午年新春酒会并致辞。

20 日

▲澳门特区行政长官崔世安会见到访的秘鲁国会主席奥塔罗拉(Fredy Otárola)。

▲澳门特别行政区政府与广东省人民政府在珠海签署了《粤澳供水协议之补充协议》。

▲澳门特别行政区政府与珠海市人民政府签署了《关于建设第四条对澳供水管道工程及平岗—广昌原水供应保障工程的备忘录》。

22 日

澳门特区行政会完成讨论《修改法务局的组织及运作》和《2013/2014 学年大专学生学习用品津贴》行政法规草案。

24 日

内地公安机关与澳门警方合作第十七次工作会晤在澳门举行。

27 日

▲澳门特区行政长官崔世安批示成立人才发展委员会。

▲中联办主任李刚表示,目前自由行规模适度,不宜盲目扩大,为旅客提供优质服务很重要。

▲澳门特区行政长官办公室主任谭俊荣与访澳的香港政制及内地事务局局长谭志源会面,就加强澳门与香港的合作进行交流。

▲澳门特区政府发言人办公室举行新闻发布会,公布特区政府设立由行政长官崔世安担任主席的人才发展委员会。

28 日

澳门特区行政长官崔世安出席横琴长隆国际海洋度假区首个主题公园——海洋王国揭幕仪式。

2 月

5 日

澳门特区政府透过第 16/2014 号行政长官批示,公布将《低层楼宇共同设施维修临时资助计划》的申请期延长一年至2015年2月9日。

10日

澳门特区立法会通过了第10/2013号法律《土地法》,将于2014年3月1日起生效。

11日

澳门特区行政长官崔世安出席澳门工会联合总会2014年甲午年新春联欢晚会暨第三十三届理监事就职仪式。

12日

澳门特区行政长官崔世安应邀出席澳门中华总商会举行甲午年春茗。

14日

澳门特区行政长官崔世安率特区政府代表团前往广西南宁,出席在当地举行的"感受澳门"大型活动开幕式。

16日

澳门特区环境保护局举办《制订澳门重大固定空气污染源排放标准及完善监管制度》公众咨询会。

17日

▲澳门特区立法会举行全体会议,引介、一般性讨论及表决《动物之法律地位及保护》法案。

▲澳门特区行政长官崔世安在政府总部与国务院侨务办公室副主任何亚非会面,就澳门更好发挥推动侨务的作用交换意见。

▲《澳门与台湾间航空运输协议》在澳门正式签署。

19日

▲澳门特区行政长官崔世安在政府总部与广东省委常委、珠海市委书记李嘉一行会面。

▲澳门特区政府官员列席立法会全体会议,就15份议员提出的口头质询作出回应。

20日

▲澳门特区行政长官崔世安及深圳市市长许勤率领双方官员出席2014年深澳合作会议。

▲澳门特区行政长官崔世安和深圳市市长许勤等在深澳合作会议上见证澳门贸易投资促进局与深圳市经济贸易和资讯化委员会签署《关于加强

经贸交流与合作的协定》。

▲澳门特区行政长官崔世安和深圳市市长许勤等在深澳合作会议上见证澳门旅游局与深圳市文体旅游局签署《旅游合作备忘录》。

21 日

▲澳门特区行政会完成讨论《文化遗产委员会》、《城市规划委员会》和《城市规划法施行细则》行政法规草案。

▲澳门特区政府在社会协调常设委员会执行委员会会议上，引介物管行业清洁保安员最低工资立法草案。

24 日

▲澳门特区土地工务运输局继续举行多场《城市规划法》及新《土地法》的讲解会。

26 日

▲澳门特区行政长官崔世安先后到路环和氹仔各区视察并参与座谈会，了解民生和营商环境。

27 日

澳门特区行政会完成讨论《食品中禁用物质清单》行政法规草案。

28 日

澳门特区《私立学校通则》法律草案开展第二阶段公众咨询。

3 月

1 日

澳门特区《土地法》、《城市规划法》、《文化、遗产保护法》正式实施。

3 日

澳门特区行政长官崔世安在政府总部召开亚太经合组织（Asia - Pacific Economic Cooperatim，APEC）旅游部长会议筹组委员会会议。

4 日

▲澳门特区行政长官崔世安中午启程前往北京，应邀列席 3 月 5 日举行的第十二届全国人民代表大会第二次会议开幕式。

▲澳门特区行政长官崔世安出发赴京列席全国人大会议开幕式前，表明有意角逐下届行政长官选举，争取连任继续为澳门服务。

▲澳门特区行政长官崔世安在北京与广东省省委书记胡春华及省长朱

小丹会晤,双方就持续深化粤澳合作交换意见。

5日

国务院总理李克强在政府工作报告中指出,将进一步扩大内地与港澳合作,促进港澳自身竞争力提升。

6日

中共中央政治局常委、全国人大常委会委员长张德江,出席澳区全国人大代表团全体会议时发表重要讲话,对澳门代表提出三点希望。

10日

▲澳门特区政府接获摩尔多瓦共和国驻华大使馆通知,澳门特区护照持有人可免签证入境摩尔多瓦共和国逗留最多90日。

13日

澳门特区经济财政司司长谭伯源与日本驻港总领事野田仁(Hitoshi Noda)于2014年3月13日在澳门签署《税收信息交换协定》。

17日

▲澳门特区行政会完成讨论《延长工作收入补贴临时措施的实施期间》行政法规草案和《调整公共行政工作人员的薪俸、退休金及抚恤金》、《修改第17/2009号法律〈禁止不法生产、贩卖和吸食麻醉药品及精神药物〉》法律草案。

▲澳门特区行政长官在第12期《澳门特别行政区公报》公布第13/2014号行政命令,订定2014年6月29日为行政长官选举委员会委员的选举日。

25日

纪念《澳门特别行政区基本法》颁布21周年庆祝系列活动记者会召开。

27日

澳门特区行政长官崔世安出席主题为"澳门回归十五年:发展与改革"的纪念澳门特别行政区基本法颁布21周年学术研讨会。

29日

澳门特区拱北口岸自助通关专用通道首日试行。

30日

澳门特区时任行政法务司司长陈丽敏表示,除现在实施的司法协作协议外,澳门特区政府已与内地和香港特区展开更多刑事司法协作的讨论,相关工作正积极进行。

31 日

澳门特区行政长官选举管理委员会主席及委员正式就职。

4 月

4 日

▲澳门特区行政会完成讨论并公布专为澳门特区政府传送基本电视频道的全资公司的行政法规。

▲澳门特区新闻局局长陈致平表示,新闻局已完成澳门特区《出版法》咨询意见的整理汇编。

8 日

澳门特区行政长官崔世安在政府总部会见新成立的青年团体澳门菁英会。

10 日

▲国务院总理李克强与出席博鳌亚洲论坛 2014 年年会的港澳政府代表团成员和企业家合照。

▲正在海南省出席博鳌亚洲论坛 2014 年年会的澳门特区行政长官崔世安与国际特殊奥运会主席蒂姆·施莱佛(Timothy Shriver)会面。

11 日

澳门特区政府官员列席立法会全体会议,对议员就公共利益事项提出的辩题作出回应。

14 日

▲澳门特区行政长官崔世安与葡萄牙教育和科技部部长克拉托(Nuno Crato)会面。

▲澳门特区行政会完成讨论《公共部门劳动合同制度》、《因劳动关系而产生的债权的保障》法律草案。

20 日

▲澳门特区行政长官崔世安透露已向中央申请以有偿租赁方式在横琴争取更多土地支持中小企“走出去”,并申请水域,已获中央批复开展调研。

▲澳门特区行政长官批示增发 200 个八年的士牌。

22 日

澳门特区行政长官选举管理委员会举行会议,邀请民政总署代表商谈 6

月29日选举委员会委员选举的投票地点及票站安排。

23日

澳门特区立法会举行全体会议,细则性讨论及表决《调整公共行政工作人员的薪俸、退休金及抚恤金》法案,以及引介、一般性讨论及表决《公共部门劳动合同制度》法案。

26日

澳门特区政府代表团与国家旅游局代表在海南省三亚市就2014年9月在澳门举办的"第八届APEC旅游部长会议"举行对接工作会议。

28日

澳门特区行政长官批示核准《文化产业基金资助批给规章》。

5月

7日

澳门特区行政长官批示豁免公开竞投批给维澳莲运巴士服务标段。

9日

全国人大法律委员会主任委员乔晓阳在澳门特区发表主题演讲时说,宪法是全体中国人民的共同意志。要把"一国两制"和《澳门特别行政区基本法》进一步实施好、贯彻好,最重要的是要牢固树立宪法观念和意识。

10日

"澳人澳地"正式命名"澳门本地居民置业安居计划"。

16日

葡萄牙总统席尔瓦访澳。

17日

国家公安部在广东试点启用电子往来港澳通行证。

18日

澳门特区立法会第二常设委员会签署《候任、现任及离任行政长官及主要官员的保障制度》法案意见书。

25日

澳门特区《候任、现任及离任行政长官及主要官员的保障制度》法案触发社会强烈回响,逾万人下午游行要求撤案。

27 日

▲澳门特区立法会全体会议议决是否接纳特首请求，中止细则性审议、表决《候任、现任及离任行政长官及主要官员的保障制度》法案议程。

▲澳门特区数千居民包围立法会。出席议员全票通过即场中止法案的细则性审议、表决。

28 日

澳门特区第四届行政长官选举委员会委员候选名单确定。

29 日

澳门特区行政长官崔世安宣布撤回《候任、现任及离任行政长官及主要官员的保障制度》法案。

6 月

10 日

澳门特区行政长官崔世安表示澳门特区政府将坚定不移地支持葡萄牙文化在澳门的发展。

12 日

澳门特区行政会完成讨论《物业管理范畴的清洁及保安雇员的最低工资》法律草案。

19 日

澳门特区行政会公布《动物保护法》草案。

28 日

澳门特区横琴新区正式封关运作。

29 日

澳门特区第四届行政长官选举委员会委员选举 29 日上午开始投票。

7 月

1 日

澳门特区《物业管理范畴的清洁及保安雇员的最低工资》法案获立法会一般性通过。

2 日

澳门特区终审法院核实了总核算委员会送交的 2014 年行政长官选举委

员会委员选举的总核算结果，并予以公布。

3 日

▲澳门特区行政长官选举管理委员会举行会议，商讨及定出行政长官选举候选人的提名期和竞选活动期等几项重要日程。

▲澳门特区行政长官选举管理委员会举行会议，商讨及定出往后选举程序中的几项重要日程，包括行政长官选举候选人的提名期和竞选活动期。

4～5 日

澳门特区行政法务司司长陈丽敏与香港特区律政司司长袁国强及保安局局长黎栋国会面，讨论两地司法协助等事宜。

7 日

三个小团体发起筹备所谓的“民间公投”，目标针对本澳选举制度及即将举行的第四届澳门特区行政长官选举。

9 日

澳门特区行政长官崔世安在政府总部会见澳门弱智人士服务协会会长姚继光及代表，就完善智障人士及弱势群体的服务交换意见。

10 日

澳门特区行政会公布新城填海 A 区新规划概念方案。

11 日

澳门特区行政长官崔世安表示，特区政府非常乐意听取居民的意见，但居民的表达必须在和平及合法的前提下进行。“民间公投”是背离《澳门特别行政区基本法》的行为，政府不予认同。

14 日

▲澳门特区第四任行政长官选举管理委员会日前发布的“行政长官参选人须知”。

15 日

▲澳门特区行政长官选举管理委员会举行会议，邀请了参与 6 月 29 日选委选举日工作的投票站执行委员会主席和协调员出席，就当天投票的具体工作安排和问题交流意见。

▲澳门特区政府于金光大道的喜来登酒店主办《第 17 届亚太区打击清洗黑钱组织年会》（APG Annual Meeting）。

16 日

2014 年粤澳合作联席会议在澳门举行，澳门特区行政长官崔世安及广东省省长朱小丹在 2014 年粤澳合作联席会议上见证《关于合作建设中山翠亨新区的框架协定》的签署仪式。

18 日

▲第七次港澳合作高层会议在澳门举行。

▲澳门特区法务局为 450 名濠江中学的高三学生们举办了“《澳门基本法》关于行政长官选举讲座”。

19 日

澳门特区政府启动检讨《经济房屋法》公开咨询。

21 日

澳门特区行政长官选举管理委员会举行会议，讨论 8 月 31 日行政长官选举的投票地点安排和程序等事宜。

24 日

澳门特区法务局分别于 7 月 18 日及 7 月 20 日为镜平中学举办了“《澳门基本法》关于行政长官选举讲座”。

25 日

▲澳门特区行政长官崔世安在政府总部会见香港政协青年联会一行。

▲澳门特区行政长官崔世安在澳门特区政府总部与中国人民解放军驻澳部队新任司令员王文大校会面。

29 日

澳门特区民署前管委会主席谭伟文、副主席李伟农等四人涉渎职案，全部无罪释放。

30 日

▲根据澳门特区第 220/2014 号和第 221/2014 号行政长官批示，澳门特区行政长官已委任新一届的澳门大学议庭成员及校董会成员。

▲澳门特区拱北口岸出境随车人员查验厅启用。

31 日

▲澳门特区行政长官崔世安表示，澳门特区政府尊重终审法院不审理有关“民间公投”宣传活动的上诉之裁定。

▲澳门特区行政法务司司长陈丽敏重申，就初级法院合议庭裁定四名

民政总署人员在涉嫌渎职案中获判无罪,澳门特区政府尊重司法独立及法院作出的裁判。

8月

2日

澳门特区政府正就“轻轨澳门半岛线北段”进行公开咨询。

4日

澳门特区行政长官崔世安致函中央政府,关注云南鲁甸地震,并表示澳门特区将尽最大程度努力支援抗震救灾。

5日

▲澳门特区行政长官崔世安在政府总部会见澳门公务专业人员协会会员大会主席陶永强及理事长官世海一行。

▲澳门特区行政长官崔世安在政府总部会见澳门公职人员协会一行。

▲澳门特区行政长官崔世安在政府总部会见澳门退休、退役及领取抚恤金人士协会会长方永强及理事长马慈国一行。

6日

▲澳门特区行政长官崔世安在政府总部会见澳门建筑业发展关注小组。

▲澳门特区行政长官崔世安再度致函中央政府,表示特区政府决定拨款1亿澳门元,支援云南鲁甸地震的救灾工作。

8日

▲澳门特区行政长官崔世安在政府总部会见国家旅游局旅游促进与国际合作司司长李世宏率领的工作组,听取第八届亚太经合组织旅游部长会议筹备进展简报,并为圆满办好会议交换意见。

▲APEC旅游部长会议筹组委员会在澳门特区举行亚太经合组织旅游部长会议第4次对接工作会议,对各工作方案进行细节性讨论。

10日

由中国法学会主办,澳门特区法务局组织参与的“2014年港澳青年内地法律制度研修班”于8月10日至16日在北京及内蒙古举行。

11日

▲澳门特区行政长官崔世安在政府总部会见澳门潮汕文化协会三位创

会会长许世元、刘毅良及李莱德一行。

▲中国人民解放军驻澳门部队司令员王文大校及政治委员马必强少将率团访问警察总局。

12 日

澳门特区行政长官选举管理委员会举行会议,讨论行政长官候选人政纲宣讲及答问大会、行政长官选举日的工作安排,并将发出有关行政长官选举指引。

13 日

澳门特区立法会细则性通过《预防和控制环境噪音》法案。

17 日

澳门特区行政长官崔世安及行政长官办公室,办公室主任、政府发言人谭俊荣首次从传媒报道中得悉仇国平向媒体表示其不获澳门大学续约。澳门特区行政长官崔世安在出席公开场合时回答记者提问指出,多年来从无参与及干预澳门大学的管理,澳门特区政府尊重澳门大学的人事管理自主。澳门特区政府重申,政府尊重及维护言论自由、学术自由,并将一如既往,不干预本澳各大专院校的学术自主及行政运作。

19 日

澳门特区行政长官选举管理委员会举行会议,主要讨论两份即将发出的管委会指引,内容涉及 8 月 31 日选举日当天,选举委员会委员如何有效填划选票、选票保密性、在票站内和票站建筑物范围须遵守的规定等。

22 日

澳门特区《修改第 16/2012 号法律〈房地产中介业务法〉》法案日前已获澳门特区立法会细则性通过。

25 日

▲澳门特区《社会房屋轮候家团住屋临时补助发放计划》延长一年。

▲澳门特区特区政府公报刊登了第 7/2014 号法律《修改第 16/2012 号法律〈房地产中介业务法〉》及第 17/2014 号行政法规。

26 日

▲中国人民解放军驻澳门部队司令员王文大校及政治委员马必强少将率团访问治安警察局。

▲澳门特区行政长官选举管理委员会宣布,第四任澳门特区行政长官

选举日的票站设置和投票程序将有别于以往,所有选举委员会委员必须到相关区域内领取选票后进入单独的划票间内填划选票,以进一步提高对投票意向的保密性。

31 日

▲澳门特区第四任行政长官选举举行,400 名选举委员会委员中有 1 人请假,有 396 名选委到场投票。崔世安当选成为第四任行政长官候任人,取得有效票 380 张,得票率达 95.96% 。

▲国务院港澳办对崔世安先生当选为澳门特区第四任行政长官人选表示祝贺。

9 月

3 日

▲澳门特区行政长官崔世安、全国政协副主席何厚铧、中联办主任李刚、时任外交公署特派员胡正跃、驻澳部队司令员王文,以及澳门特区政府各部门负责人等出席纪念抗日战争胜利纪念日仪式。

▲粤港澳三方共同签署的《粤港澳区域大气污染联防联治合作协议书》正式生效。

▲澳门特区经济财政司司长谭伯源分别与英国财政部金融次长大卫 · 高克(David Gauke) 以及根西岛财政和资源部长加文 · 圣皮雅(Gavin A. St. Pier)在伦敦签署《税收信息交换协定》。

4 日

澳门特区第四任行政长官选举结果获终审法院确认。

5 日

▲澳门特区行政长官崔世安上午与国家航天局副局长张建华及代表团会面。

▲澳门特区经济财政司司长谭伯源与阿根廷联邦行政总监李加度 · 埃切加赖伊(Ricardo Echegaray)在布宜诺斯艾利斯签署《税收信息交换协定》。

6 日

澳门特区行政长官崔世安与时任文化部部长蔡武会面。

7 日

▲澳门特区行政长官崔世安将率澳门特区政府代表团前往福建厦门,

出席第十八届中国国际投资贸易洽谈会。

▲中国—葡语国家经贸合作论坛(澳门)常设秘书处副秘书长韦尚德及姗桃丝率团随澳门代表团赴厦门出席“第十八届中国国际投资贸易洽谈会”并设置葡语国家馆，同时参加各项主要活动。

8 日

《澳门特别行政区公报》刊登特区终审法院有关澳门特区第四任行政长官选举结果的公告。

10 日

澳门特区行政长官崔世安会见浙江省委副书记王辉忠一行。

12 日

▲澳门特区民政总署及卫生局组代表团到广州，出席“第十届泛珠大会食品药品监管专题磋商会”。

▲澳门特区民政总署与泛珠三角省区食品药品监管部门代表于会上共同签署《关于进一步深化泛珠三角区域食品药品监管合作备忘录》。

13 日

国务院副总理汪洋在澳门出席第八届亚太经合组织(APEC)旅游部长会议开幕式并发表题为“共创亚太旅游合作与发展新未来”的演讲。

16 日

澳门特区审计署以观察员身份参与葡语国家联盟最高审计机关(OISC/CPLP)第八届会员大会，审计长何永安率团出席。

17 日

▲国务院总理李克强签署国务院令任命崔世安为中华人民共和国澳门特别行政区第四任行政长官。

▲逾 200 位葡萄牙语大学联会(Associação das Universidades de Lrngua Portuguesa，AULP)成员代表云集澳门大学新校园出席葡萄牙语大学联会第二十四届会议开幕仪式。

19 日

2014 年珠澳环保合作工作小组会议澳门召开。

22 日

▲国务院总理李克强在中南海紫光阁向崔世安颁发任命崔世安为澳门特区第四任行政长官的国务院令。

▲国家主席习近平在人民大会堂会见了当选并获任命的澳门特区第四任行政长官崔世安。

25 日

澳门特区行政长官崔世安在政府总部会见广东省委常委、珠海市委书记李嘉一行。

26 日

澳门特区行政长官崔世安在政府总部会见 2014 年世界闽南文化节(澳门)筹备委员会主任陈明金。

10 月

6 日

澳门特区行政长官崔世安应文化产业基金邀请出席在万豪轩举行的座谈会。

8 日

澳门特区行政长官崔世安表示将先后于 2014 年 11 月和 2015 年第一季,分两次发表施政报告,以确保政府在换届期间继续保持良好运作。

10 日

由澳门特区政府法律改革及国际法事务局与特区政府财政局联合推出的“关于消除无记名股票及修改《商法典》咨询文本”的公开咨询工作正式展开。

11 日

澳门特区行政长官崔世安率澳门特区政府代表团前往广州,出席第十届泛珠三角区域合作与发展论坛暨经贸洽谈会。

12 日

澳门特区行政长官崔世安主持第十届泛珠大会高层论坛。

15 日

澳门特区行政长官崔世安出席“2014/2015 司法年度开幕典礼”。

16 日

澳门特区立法会举行全体会议,讨论 2015 年财政年度立法会本身预算案的全体会议议决案。

21日

澳门特区时任行政法务司司长陈丽敏一行在北京与公安部就两地移交逃犯安排进行会谈。

23日

澳门特区行政长官崔世安与出席“第十九届澳门国际贸易投资展览会”的中华全国工商业联合会副主席苏志刚会面。

24日

▲澳门特区《动物保护法》呈上澳门特区立法会大会并获全体出席议员一般性通过。

▲澳门特区行政长官崔世安在礼宾府与葡萄牙波尔图市市长鲁伊·莫雷拉会面。

▲澳门特区行政法务司司长陈丽敏代表行政长官出席莫桑比克驻澳总领事馆开幕仪式。

25日

澳门特区行政长官崔世安出席第十一届世界华商高峰会。

27日

▲江西省委书记强卫与澳门特区行政长官崔世安共同启动江西—澳门旅游官方网站互链仪式。

▲第三届世界旅游经济论坛定于澳门威尼斯人酒店举行,主题是“海上丝绸之路:由澳门出发”。

▲澳门特区政府公报刊登《太阳能光伏并网安全和安装规章》行政法规。

▲澳门特区《建筑及城市规划范畴内的认可、登记、注册和执业资格法律制度》法案正在立法会细则性审议。

28日

第三届“内地与港澳禁毒执法合作研讨会”在澳门司法警察局总部大楼举行,时任国家公安部禁毒局刘跃进局长、澳门中联办警务联络部于成平部长、香港警务处陈健雄总警司及澳门司法警察局黄少泽局长担任研讨会开幕式的主礼嘉宾。

30日

《澳门与台湾间航空运输协议》在我国台湾地区完成相关法律程序。

31日

“内地与澳门科技合作委员会第八次会议”于澳门喜来登酒店顺利举行。

11月

11日

澳门特区行政长官崔世安于2014年11月10日列席立法会全体会议时宣布,2015年将延续一系列民生纾困及扶助措施,建议继续发放现金分享,永久居民9000澳门元、非永久居民5400澳门元,发放敬老金7000澳门元。

30日

国务院任命澳门特区第四届政府主要官员和检察长。

12月

3日

全国人大常委会副秘书长、全国人大常委会澳门基本法委员会主任李飞出席“澳门基本法与特区发展”专题讲座。

8日

▲全国人大常委会委员长张德江在北京会见了来京出席“澳门特别行政区成立十五周年成就展”开幕式的澳门特区行政长官崔世安。

▲中共中央政治局常委、全国人大常委会委员长张德江,中共中央政治局委员、国家副主席李源潮,国务委员杨洁篪,全国政协副主席何厚铧,澳门特区行政长官崔世安、国务院港澳办主任王光亚和澳门中联办主任李刚出席“同心协力　共创繁荣——澳门特别行政区成立15周年成就展”开幕式并担任主礼嘉宾。

11日

澳门特区行政长官崔世安完成第四届澳门特别行政区行政会委员的委任工作。

18日

▲莲花—横琴口岸18日凌晨零时起正式实行24小时通关,成为粤澳两地首个旅客和客车24小时通行的口岸。

▲《〈内地与澳门关于建立更紧密经贸关系的安排〉关于内地在广东与

澳门基本实现服务贸易自由化的协议》在澳门签署。

19 日

▲国家主席习近平在澳门会见澳门特区行政长官崔世安时表示中央政府全力支持特首和特别行政区政府的工作。

▲国家主席习近平出席澳门特区政府欢迎晚宴并发表重要讲话。

20 日

▲庆祝澳门回归祖国 15 周年大会暨澳门特别行政区第四届政府就职典礼在澳门东亚运动会体育馆举行，习近平主席出席。在习近平的监誓下，崔世安宣誓就任澳门特区第四任行政长官，并带领澳门特区第四届政府主要官员宣誓就职。

26 日

▲国家主席习近平在中南海瀛台涵元殿会见了来北京述职的澳门特区行政长官崔世安。

▲国务院总理李克强在中南海紫光阁分别会见来京述职的香港特区行政长官梁振英和澳门特区行政长官崔世安。

征稿启事及稿件体例

征稿启事

1.《港澳基本法实施评论》是深圳大学港澳基本法研究中心在成立5周年之际的2014年推出的学术年刊,每年出版一卷。2014年卷(总第1卷)、2015年卷(总第2卷)由法律出版社出版。

2. 本卷旨在展开对基本法实施进行公开和定期的学术评价,展示内地和港澳等学界对基本法实施的观察与评价,促进同行的交流和沟通。本卷侧重发表境内外专家学者对基本法实施中的制度运行、重要事件、难点或热点问题的评论文章,亦欢迎学界同行对基本法实施中争议性问题的学术争鸣文章。本卷致力于建立共识性的基本法理论体系和学科体系,使其成为内地和港澳乃至国外学者加强联系和交流的平台与纽带。

3. 设有年度特稿、专题述评、书评等栏目。十分欢迎海内外学者赐稿,从法学、政治学、管理学、经济学、社会学等多学科角度展开对基本法实施的学术评价和理论实践研究。本卷坚持理论创新和学术导向,突出问题意识和对策研究,特别欢迎理论联系实际、针对港澳基本法实施中的复杂、敏感和重大的学术理论和实践对策问题的力作,十分推崇具有国际视野、突出中国立场、重视调查研究以及符合港澳区情、政情、社情、民情的佳作。

4. 选稿准则:欢迎名家、大家赐稿,鼓励年轻才俊投稿;提倡有的放矢、言之有物,持之有故;追求客观中立,欢迎立场鲜明;提倡浓缩提炼,反对平铺直叙;提倡小题大做,欢迎大题小做。

5. 投稿应遵循严格的学术规范,尊重他人的智力成果,对论著的引述和引用,应有准确规范的注释。稿件篇幅奉行有话即长,无话即短的原则,长者一般不超过 2.5 万字,短者不少于 3000 字。稿子所采用的资料、数据必须准确可靠;文字通顺、简明、精练,无逻辑性错误;文风上既要保证用语的规范、科学、准确,又要尽量兼顾优雅、活泼,避免死板、僵硬的文字,以增强可读性。

6. 以中文为主,也欢迎海外学者以英文投稿。来稿请以纸质版邮寄的同时发送电子版到编辑部邮箱,稿件请附个人简介,包括作者姓名、学位、职称、工作单位、研究方向、通信地址、联系电话、电子邮箱、个人银行账号、开户银行名称。

7. 编辑部在收到稿件的 3 个月内通知作者是否录用稿件。逾期 3 个月未获用稿通知的,作者可以自行处理稿件。对通知录用的稿件,编辑部有权进行学术性删改和根据本书稿件体例进行技术性整理。稿件刊发后将支付稿酬,根据稿件质量,稿酬标准为每千字 200 ~ 300 元,对特别优秀的稿件经编辑委员会审议可以突破最高稿酬标准。

8. 2016 年卷(总第 3 卷)组稿截止之日为 2016 年 4 月 30 日。

9. 稿件不代表本刊观点,文责作者自负。

10. 编辑部地址及联系方式如下:

编辑部地址:广东省深圳市南山区深圳大学科技楼 12 楼港澳基本法研究中心《港澳基本法实施评论》编辑部,518060

电话:(0755)26733053　26733093

传真:(0755)26733054

电子邮件:jbfpl@ szu. edu. cn

网址:http://cbl. szu. edu. cn/index/

稿件体例

一、格式要求

1. 稿件首页包括中文标题、作者信息（姓名、单位、通信地址、邮政编码、联系电话、电子邮件等）。

2. 稿件次页包括中文标题、英文标题、中文摘要（300 字以内）、中文关键词（3～5 个）、英文摘要（300 字以内）、英文关键词（3～5 个）。

3. 稿件系科研项目成果，须注明项目名称及项目编号。

二、编写体例

1. 标题

文章标题居中；

"一、（一）、1."三级标题均占一行，前面空两格。

（一）级标题根据行文需要可有可无；做标题时，单占一行，行末不带标点；

1. 级标题根据行文需要，可有可无。根据文中具体内容，可作为标题（单占一行，行末无标点），也可作为叙述要点（行末有标点，其后文字接排，常用于段首）。

2. 结构顺序依次为：

一、

（一）

1.

（1）

3. 字体要求

(1)文章标题用三号宋体。

(2)文内一级标题用小三号宋体,二级及三级标题以及正文均用4号宋体。

(3)案例、实例用小4号楷体。

三、技术规范

1. 书中法律、法规等法律文件的表示方法

(1)全文第一次出现时用全称,其后用简称,如:《中华人民共和国香港特别行政区基本法》(以下简称《香港基本法》)。

(2)在专指某法典时,加书名号,其他叙述时不加书名号,例如,《宪法》第5条规定……我国宪法在……方面规定……

2. 中文注释规范

(1)一律用页下注的方式;脚注的编号格式为①、②、③等,编号方式为"每页重新编号"。

(2)间接引用时,应注明"参见"字样;引用原文时,直接说明出处。

(3)转引时,将原始资料出处按上述要求注出,用句号结束。用"转引自"表明转引,再把载有转引资料的资料出处注出来。

例如:胡乔木著:《胡乔木回忆毛泽东》,人民出版社1992年版,第88~89页。转引自杨玉圣著:《中国人的美国观——一个历史的考察》,复旦大学出版社1996年版,第183页。

(4)中文注释图书行文顺序:作者名,书名,出版社名及出版年,页码。

①专著

例如:吴冷西著:《十年论战——1956~1966中苏关系回忆录》(上),中央文献出版社1999年版,第13页。

(作者为三人以上)王利明等编著:《民法新论》(上),中国政法大学出版社1988年版,第22页。

(集体作者)监察部政策法规司编著:《行政监察必备》,中国政法大学出版社1988年版,第5页。

②编著\主编

例如:王卫权编著:《民法总则案例教程》,中国人民大学出版社2002年版,第136页。

③译著

应在著者前用方括弧标明原著者国别,在著者后标明译者姓名。

[美]格伦顿、戈登、奥萨魁著:《比较法律传统》,米健、贺卫方、高鸿钧译,中国政法大学出版社 1993 年版,第 85 页。

④期刊杂志

例如:阎学通:“中国面临的国际安全环境”,载《世界知识》2000 年第 3 期。

⑤报纸

例如:符福渊、周德武:“安理会通过科索沃问题决议”,载《人民日报》1999 年 6 月 11 日。(此例适合署名文章)

“朝韩首脑会晤程序大多达成协议”,载《中国青年报》2000 年 5 月 12 日。(此例适合不署名文章或新闻报道)

⑥会议论文

例如:任东来:“对国际体制和国际制度的理解和翻译”,提交给“全球化与亚太区域化国际研讨会”的论文,南开大学,2000 年 6 月 5 日至 16 日,第 2 页。

⑦学位论文

例如:孙学峰:“中国国际关系理论研究方法 20 年——1979 ~ 1999”,中国现代国际关系研究所 2000 年硕士学位论文,第 39 页。

3. 英文注释规范

书名或期刊名应用斜体,出版社用正体以示区分。例如:

Tommy Zamora, “Is there Customery International Economic Law?”, *German Yearbook of International Law*, Vol. 32, 1989, pp. 8 – 42. (或 p. 6).

具体例示:

一是著作类

Robert Gilpin, *Economy of International Relations*, Princeton: Princeton University Press, 1986, p. 5.

二是文集中的论文

K. J. Leyser, “The Polemics of the Papal Revolution ”, in Berly Smally ed., *Trends in Medieval Political Thought*, Oxford: Oxford University Press, 1965, 3rd ed., p. 53.

三是期刊中的论文

Alessandro Giuliani, "The Influence of Rhetoric of the Law of Evidence and Pleading", *Judical Review*, 62(1969), 231.

图书在版编目(CIP)数据

港澳基本法实施评论. 2015年卷:总第2卷 / 邹平学主编. —北京:法律出版社,2016.2
ISBN 978-7-5118-9199-0

Ⅰ.①港… Ⅱ.①邹… Ⅲ.①特别行政区基本法—香港—文集②特别行政区基本法—澳门—文集 Ⅳ.①D921.94-53

中国版本图书馆CIP数据核字(2016)第040124号

责任编辑/沈小英 刘晓萌 **装帧设计**/李 瞻

出版/法律出版社 **编辑统筹**/财经出版分社
总发行/中国法律图书有限公司 **经销**/新华书店
印刷/北京京华虎彩印刷有限公司 **责任印制**/吕亚莉

开本/720毫米×960毫米 1/16 **印张**/17 **字数**/260千
版本/2016年3月第1版 **印次**/2016年3月第1次印刷

法律出版社/北京市丰台区莲花池西里7号(100073)
电子邮件/info@lawpress.com.cn **销售热线**/010-63939792/9779
网址/www.lawpress.com.cn **咨询电话**/010-63939796

中国法律图书有限公司/北京市丰台区莲花池西里7号(100073)
全国各地中法图分、子公司电话:
第一法律书店/010-63939781/9782 **西安分公司**/029-85388843 **重庆公司**/023-65382816/2908
上海公司/021-62071010/1636 **北京分公司**/010-62534456 **深圳公司**/0755-83072995

书号:ISBN 978-7-5118-9199-0 **定价:**48.00元